W0394808

Im Knaur Taschenbuch Verlag sind bereits folgende Bücher des Autors erschienen:
Sexknigge für Frauen: Ein Mann verrät, wie SIE die perfekte Liebhaberin wird

Im Knaur Taschenbuch Verlag ist außerdem erschienen:
Marcie Mai, Sexknigge für Männer: Eine Frau verrät, wie ER der perfekte Liebhaber wird

Über den Autor:
Jan van Amstel, geboren 1952 in Den Haag, studierte Soziologie und Psychologie mit den Forschungsschwerpunkten interkulturelle Kommunikation und menschliche Sexualität. Nach zehn Jahren als Weltreisender ließ er sich als Partnerschaftstherapeut in Amsterdam nieder. Von 1993 bis 1999 lebte er in Berlin, bevor er mit seiner Frau und seinen drei Kindern in die Nähe von Amsterdam zog, wo er heute noch lebt und erfolgreich als Therapeut und Autor tätig ist.

Jan van Amstel

COUNTDOWN ZUM GLÜCK

SO FINDEN UND BEHALTEN SIE DIE RICHTIGE FRAU

Knaur Taschenbuch Verlag

Besuchen Sie uns im Internet:
www.knaur.de

Sagen Sie uns Ihre Meinung zu diesem Buch:
leidenschaft@droemer-knaur.de

Originalausgabe Juni 2005
Copyright © 2005 by Knaur Taschenbuch.
Ein Unternehmen der Droemerschen Verlagsanstalt
Th. Knaur Nachf. GmbH & Co. KG, München
Alle Rechte vorbehalten. Das Werk darf – auch teilweise – nur mit Genehmigung des Verlags wiedergegeben werden.
Konzept und Realisation:
Ariadne-Buch, Christine Proske, München
Redaktion: Cornelia Rüping
Umschlaggestaltung: ZERO Werbeagentur, München
Umschlagabbildung: Mauritius Images, Mittenwald
Satz: Ventura Publisher im Verlag
Druck und Bindung: Clausen & Bosse, Leck
Printed in Germany
ISBN 3-426-62931-3

5 4 3 2 1

INHALT

Vorwort

Lieber Leser,

gehören auch Sie zu den Männern, die mit den Frauen (zumindest derzeit) wenig Glück haben? Dann sind Sie nicht allein! »Frauen sind blöd«, so denken viele von uns. Denn oft fahren sie auf Blender ab, die zwar aussehen wie George Clooney, sonst aber wenig zu bieten haben. Doch wie findet man die Frau, der Charakter, Ehrlichkeit und Humor wichtiger sind als ein wohlgeformter Bizeps und ein Waschbrettbauch? Welche Frau passt überhaupt zu Ihnen? Wo finden Sie sie, und vor allem: Wie kriegen Sie sie an die Angel – und zwar nicht nur für eine Nacht, sondern dauerhaft?

Ebenso wie Tangotanzen, Spaghettikochen oder die Kunst der Kommunikation gehört auch Flirten zu den Dingen, die sehr viel mit der richtigen Strategie, mit Übung und »Technik« zu tun haben. Um das »Gewusst-wie« geht es in diesem Buch. Sie lernen alle wichtigen Tricks und Kniffe kennen – oder sagen wir besser: Sie bekommen Einblick in bewährte psychologische Strategien und erfahren, was bei Frauen »funktioniert« und was Sie sich besser gleich sparen können.

Mit diesem Buch möchte ich Ihnen das Handwerkszeug und eine Wegbeschreibung anbieten. Es liegt an Ihnen, ob Sie dieses Angebot nutzen. Eins können Sie mir glauben: Wenn es um Flirten, Liebe und traute Zweisamkeit geht, macht einzig Übung den Meister. Und dass der noch nie vom Himmel gefallen ist, wissen Sie ja längst … Also: Ran an die Frauen, denn Flirten lernt man nur in freier Wildbahn! Und mal ehrlich: Was kann schon Schlimmes passieren, außer dass Sie anfangs ein paar Körblein sammeln? Eben, nicht das Geringste. Und vergessen Sie nie: Nur wer wagt, gewinnt – ob im Job, im Leben oder in der Liebe …

WEIL SIE ES VERDIENT HABEN

Zufriedenheit ist das eine, Glück das andere: Was den meisten zufriedenen Männern im Leben noch fehlt (obwohl es viele kaum über ihre Männerehre bringen würden, dies zuzugeben), ist die richtige Frau – eine perfekte Partnerin, mit der das Liebesglück ein Leben lang dauern kann! Und genau darum geht es in diesem Buch. Vorbei sind die Zeiten, wo man sich hinter tollen Geschichten (ob erfunden, von Kumpels abgekupfert oder sogar selbst erlebt) versteckt hat. Vorbei auch die Zeiten, in denen man lange Nächte damit vertan hat, von seiner Traumfrau nur zu träumen, während das Bett neben einem kalt und leer blieb. Gehen Sie es an! Finden Sie die Frau, die Sie wirklich glücklich macht – und zwar nicht nur für ein paar Tage oder Wochen.

Die Sehnsucht nach Liebe ist da, der Wille, eine feste Bindung einzugehen, ebenfalls? Dann fehlt Ihnen jetzt nur noch die Richtige zum Glück. Und die ist näher, als Sie glauben. Mit dem entsprechenden Know-how ist es relativ einfach, sie zu orten und dann auch an die Angel zu kriegen!

Finden Sie die richtige Frau zum Glück!

Frauen sind komplizierte Wesen. Sicher haben Sie schon das eine oder andere Mal die Erfahrung gemacht, dass der Umgang mit ihnen nicht immer leicht ist. Und glücklich machen sie einen auch nicht so ohne weiteres ... Das ist eigentlich kein Wunder. Denn der Unterschied zwischen Männern und Frauen ist sehr viel größer als der kleine Unterschied, an den wir normalerweise denken.

Die richtige Frau für Sie muss vor allem eine sein, die optimal zu Ihnen passt. Für Ihren Chef, Ihren Bruder oder Ihren besten Freund kann diese Frau eine absolute Katastrophe sein, aber das ist halb so wild – ganz im Gegenteil, dann können Sie sicher sein, dass keine leidigen Konkurrenzsituationen entstehen. Leider hat Mutter Natur bei der Suche nach dem großen Liebesglück einen kleinen Haken eingebaut: Wer eine Frau fürs Leben finden will, muss zuerst den Feind im eigenen Kopf austricksen – die eigenen Hormone. Nun ja, im Kopf stecken sie natürlich nicht, sondern ein paar Etagen tiefer ... Trotzdem können sie einem das klare Denken ganz schön schwer machen. Testosteron und Co. sind zwar unheimlich wirkungsvoll, wenn es darum geht, uns verrückt nach einer bestimmten Frau zu machen, aber leider sind sie nur auf eines programmiert: auf Fortpflanzung. Ob Frauen, die biologisch gesehen gut zu unseren Genen passen, auch wirklich liebenswert sind oder nur gemeine Luder mit Kurven an den richtigen Stellen – das interessiert den männlichen Urinstinkt herzlich wenig. Wenn Sie nicht auf der Hut sind, springen Sie möglicherweise immer wieder auf Frauen an, die zwar Ihrem Erbgut viel zu bieten haben, Sie aber leider nie im Leben glücklich machen werden.

Das bedeutet nicht, dass eine Frau, die bei Ihnen die Sicherungen durchbrennen lässt, nicht auch die perfekte Partnerin sein *kann* – es bedeutet nur, dass nicht alle diese Frauen auch etwas für das große Liebesglück taugen. Die richtige Auswahl ist also alles. Und wer weiß, welche Art von Frau wirklich zu ihm passt, findet die Richtige umso schneller.

Strategie ist alles – und kleine Tricks können auch nicht schaden!

In den folgenden Kapiteln verrate ich Ihnen, wie Sie die richtige Frau zum Glück finden und mit ihr eine erfüllende Partnerschaft erleben können. Sie wünschen sich eine Frau, die Sie liebt, die Ihnen treu ist und die Ihnen jeden Wunsch von den Augen abliest? Kein Problem! Die Frau fürs Leben zu finden ist vor allem eine Frage der richtigen Strategie.

Sicher sind Sie auch schon das eine oder andere Mal bei einer Frau gelandet, die sich bald als echter Fehlgriff erwiesen hat. Das ist halb so wild! Mit den richtigen Mitteln können Sie Ihre Trefferquote in Zukunft deutlich erhöhen. Das Beste daran ist, dass Sie sich dabei nicht auf die Launen des Schicksals verlassen müssen – Sie haben es selbst in der Hand, Ihr Schicksal in die richtigen Bahnen zu lenken! Welche Art von Frauen Sie anziehen, hängt vor allem davon ab, wie Sie sich selbst präsentieren. Die Vertreterinnen des weiblichen Geschlechts sind bei weitem nicht alle gleich – doch zum Glück auch wieder nicht so unterschiedlich, dass die Suche nach der Richtigen zur Suche nach der berühmten Nadel im Heuhaufen wird. Es gibt verschiedene Frauentypen, von denen manche Ihren Vorstellungen ganz und gar nicht entsprechen werden – andere dafür aber umso mehr!

Mit einer kleinen Vorauswahl können Sie den Kreis der in Frage kommenden Damen erheblich eingrenzen. Natürlich müssen Sie dazu erst einmal überlegen, was Sie sich von Ihrer Traumfrau wünschen – und all die Märchen vergessen, die andere gerne über die Vorzüge von Blondinen, Heimchen am Herd, Kurvenwundern oder rothaarigen Satansbraten erzählen.

Jäger und Gejagte

Sobald Sie wissen, nach welcher Art von »Beute« Sie Ausschau halten, kann es auch schon losgehen. Für die Suche gibt es ein paar wirkungsvolle Angel-Tipps, denn so unterschiedlich die lieben Damen auch sind, sie ticken ähnlich. Männer, die es schaffen, jeder Frau den Kopf zu verdrehen, setzen ein paar besondere Jagdstrategien ein: Sie machen sich mit den Eigenheiten ihrer »Beute« vertraut, kennen die besten Reviere und wissen, welche Sorte Frau sich wo tummelt. Sie lassen sich eine Menge Zeit, um das ideale Exemplar an Land zu ziehen, und setzen dafür geschickt ihren besten Köder ein: sich selbst.

Deshalb ist eines der wichtigsten Dinge, dass Sie sich in den Augen Ihres potenziellen Fangs so interessant und unwiderstehlich wie möglich machen. Wie Sie das schaffen, werden Sie detailliert erfahren. Und weil beim Erobern die eine oder andere Abkürzung möglich ist (und es diverse Fettnäpfchen gibt, die man besser umgehen sollte), lernen Sie alles, was Sie über das Flirten wissen sollten. Von den besten Locations über die richtigen Bedingungen bis hin zu den Tücken und Besonderheiten weiblicher Gesprächsführung – Sie werden auf alles optimal vorbereitet! Flirten ist eine Kunst für sich, doch mit den richtigen Tricks kann auch der schüchternste Mann zum Charmeur werden! Dazu gehört es auch, die eigene Körpersprache gezielt einzusetzen und die Ihrer Auserwählten richtig zu deuten. Außerdem verrate ich Ihnen, was Frauen an uns Männern wirklich anziehend finden – und natürlich auch, wie Sie dieses Wissen nutzen können. So wird es für Sie zum Kinderspiel, der richtigen Frau den Kopf zu verdrehen.

Die Kunst der Verführung

Wer erst einmal die richtige Frau an Land gezogen hat, der ist schon halb am Ziel: Die erste Etappe auf dem Weg zum großen Liebesglück hat er geschafft. Doch jede Traumfrau will immer wieder erobert werden. Ob beim ersten Date oder ersten Sex – für alles gibt es wichtige Strategien, die dafür sorgen, dass es wie am Schnürchen läuft. Vom besten Ort für das erste Treffen über todsichere Romantik-Tipps bis hin zu Strategien, mit denen Sie jede Frau verführen – nach der Lektüre dieses Buches werden Sie sich bestens auskennen. Und Sie erfahren, wie Sie während jeder Phase des Kennenlernens feststellen können, ob die Auserwählte auch wirklich die richtige Frau zum Glück ist. Sicher stimmen Sie mir zu, dass man das besser früher als später herausfinden sollte.

Auch mit dem Sex ist das manchmal so eine Sache: Wer keinen hat, will ihn unbedingt, aber wenn es dann endlich so weit ist, dass die ersten Intimitäten mit der Traumfrau bevorstehen, weiß man manchmal gar nicht recht, was man mit ihr anstellen soll. Natürlich würde das kein Mann der Welt jemals zugeben, aber die Erfahrung zeigt doch, dass auch der Selbstbewussteste in solchen Augenblicken manchmal Nerven zeigt. Damit die schönste Nebensache der Welt nicht unverhofft zu einer stressigen Leistungsschau wird, sollten Verführungsstrategien mit dem passenden Drumherum kombiniert werden. Zu diesem Thema gibt es mehr zu sagen, als man(n) denkt!

Ausdauertipps für Liebende

Die passende Frau ist gefunden und erobert, aber trotzdem klappt es mit dem Liebesglück auf Dauer manchmal nicht so ohne weiteres. Schon mancher Mann hat die Erfahrung gemacht, dass die Beziehung mit der wunderbarsten Frau der Welt sich unvermutet in eine kleine Katastrophe verwandeln kann. Dabei hat weder das Schicksal seine Hände im Spiel, noch muss es daran liegen, dass man doch nicht so gut zusammenpasst. Der schlimmste Feind des Liebesglücks ist fast immer das schnöde Alltagsleben! Damit aus der ersten Verliebtheit auch das große Glück wird, kann man mit ein paar kleinen Tricks etwas nachhelfen. Außerdem werde ich Ihnen verraten, weshalb es ganz in Ihrer Hand liegt, die Liebe in Ihrer Partnerschaft nie untergehen zu lassen – und wie Sie das am besten anstellen. Glauben Sie mir: Der Countdown zum Glück läuft bereits!

Nur mut und nicht verzagen – *Keine ist wie eine*

Sie haben die Nase von der Damenwelt gestrichen voll? Weil Ihre Ex Sie betrogen hat? Weil ihre finanziellen Ansprüche Sie das letzte Hemd gekostet haben? Weil sie im Bett furchtbar langweilig oder den ganzen Stress eigentlich gar nicht wert war? Wie auch immer Ihre Erfahrungen aussehen mögen, bedenken Sie: Keine ist wie eine! Erinnern Sie sich lieber an Großmutters Worte: Auf jedes Töpfchen passt ein Deckelchen! Sie haben eben einfach nur noch nicht die Richtige gefunden …

Jeder von uns war wohl schon mehr als einmal in die falsche Frau verknallt, und das ist sogar gut so! Auch wenn's manchmal ganz schön wehtut: Es gibt keine bessere Methode, um herauszufinden, wie die Richtige nicht sein sollte. Nur wenn Sie wissen, was Sie nicht möchten, können Sie entdecken, was Sie stattdessen wollen, und die Sache mit neuer Energie angehen. Und Hand aufs Herz – in jungen Jahren sieht Mann die Liebe doch oft aus einem ziemlich eingeschränkten Blickwinkel, der nicht unbedingt auf das Glück für den Rest des Lebens, sondern vielmehr auf den schnellen Kick für die nächste Nacht gerichtet ist. Zum Glücklichsein gehört aber nun mal ein bisschen mehr als nur eine befriedigte Libido, und so sind die ersten Anläufe schon fast zwangsweise zum Scheitern verurteilt.

Ganz egal, wie viel Pech Sie mit den Frauen bisher auch hatten – das ist kein Grund, den Kopf hängen zu lassen. Immerhin sind Sie mit diesem Problem in bester Gesellschaft: Von zehn Männern haben durchschnittlich acht schon einmal so richtig daneben gegriffen und sich von einer Frau das Herz brechen lassen. Ob Filmstar, Konzernboss oder Straßenkehrer – keiner ist davor gefeit (übrigens auch die Frauen nicht). Dass Katastrophen passieren, lässt sich also nicht vermeiden, wohl aber, dass man die falschen Schlüsse daraus zieht.

Wer fortan einen großen Bogen um weibliche Wesen macht und keine auch noch so interessante Frau mehr eines Blickes würdigt, wird seine Traumfrau wohl kaum finden. Und auch nicht derjenige, der weniger depressiv als vielmehr aggressiv reagiert, indem er alle Skrupel beiseite schiebt und es der Damenwelt mit gleicher Münze heimzuzahlen versucht. Eine gute Portion Gelassenheit und eine Prise Selbsterkenntnis führen hingegen ganz automatisch auf den richtigen Weg.

Ganz egal, ob Sie Fehler gemacht haben oder Ihre Partnerin oder ob das Problem in der unpassenden Kombination lag – schlechte Erfahrungen sind dazu da, um herauszufinden, wie man es beim nächsten Mal besser machen kann. Nehmen Sie sich Zeit, um sich genau anzusehen, was eigentlich schief gelaufen ist: Das hat nichts mit Schuldzuweisungen zu tun, denn die führen nur immer weiter in die Sackgasse. Wenn Sie das Steuer im Auf und Ab des Liebeslebens selbst in die Hand nehmen möchten, brauchen Sie einen klaren, objektiven Blick. Und etwas inneren Abstand, um aus dem Karussell negativer Emotionen aussteigen zu können.

Es ist noch kein Meister vom Himmel gefallen ...

... und schon gar nicht in Sachen Liebe. Ich will es noch einmal ganz deutlich sagen: Natürlich gibt es diese berühmten Pärchen, die sich schon in der Schulzeit gefunden haben und dann ein Leben lang miteinander »durchhalten«. Es gibt sie ungefähr genauso häufig wie Lottogewinner, die den Jackpot knacken – zerbrechen Sie sich also bloß nicht den Kopf darüber, wenn Sie nicht zu ihnen gehören! Stattdessen sollten Sie sich lieber gezielt auf die Suche nach der Richtigen machen und Ihrem Glück ein wenig auf die Sprünge helfen. Und wie jede Suche, so beginnt auch die Suche nach der Traumfrau im Kopf.

Den ersten Schritt in die richtige Richtung haben Sie schon gemacht: Immerhin ist Ihnen überhaupt aufgefallen, dass Ihnen etwas zum Glück fehlt, nämlich die richtige Frau – sonst würden Sie dieses Buch wohl kaum in den Händen halten. Und ob Sie es glauben oder nicht: Die meisten Männer finden vor allem deshalb nicht die passende Partnerin, weil sie gar nicht erst auf die Idee kommen, einmal gezielt nach ihr zu suchen!

Das ist allerdings auch gar nicht so einfach. Wenn Sie sich einmal unter männlichen Singles umhören, werden Sie schnell entdecken, dass jeder sich zwar in irgendeiner Weise die perfekte Frau wünscht; wenn Sie aber nachfragen, wie diese Frau genau sein soll, bekommen Sie wahrscheinlich nur ein paar äußere Beschreibungen zu hören: blond, hübsch, schlank oder dergleichen mehr. Mit konkreten Ideen darüber, wie sie denn nun sein soll, die Frau fürs Leben, sieht es meist zappenduster aus.

Zu dumm, denn wer sein Ziel nicht kennt, kann auch nie dort ankommen. Und es gibt ja auch viele interessante Dinge, die einen eine ganze Weile vom Ziel Traumfrau ablenken können – zum Beispiel Abenteuer, Karriere, Freundschaften, Partys oder auch einfach nur Sex. Kein Wunder also, dass es mitunter ganz schön lange dauern kann, bis Mann auf die Idee kommt, dass es noch etwas anderes geben sollte. Und auch kein Wunder, dass so wenige Männer eine klare Vorstellung davon haben, wie sie sich ihre Liebste denn backen würden, wenn sie die Wahl hätten.

Vom richtigen Zeitpunkt

Als kleine Jungs wollen die meisten von uns Piloten oder Baggerfahrer werden, aber wer denkt als Kind schon über die Zukunft oder gar über Frauen nach? Auch als Teenager planen wir selten weit in die Zukunft. Jetzt kommt erst einmal die Ausbildung, ansonsten ist jede freie Minute ganz für Spaß und Abenteuer reserviert. In jungen Jahren fällt es gerade uns Männern oft sehr schwer, ernsthaft über eine gemeinsame Zukunft mit einer Frau nachzudenken, was natürlich nicht heißt, dass es nicht jede Menge Platz für romantische oder erotische Träumereien gäbe.

Und dann taucht ganz plötzlich der Gedanke auf, dass es eigentlich doch ganz schön wäre, eine Frau kennen zu lernen, mit der wir all unsere Pläne und Träume verwirklichen können. Jetzt fangen die Probleme erst so richtig an – und schuld daran ist unsere innere Uhr. Auch wenn sie nicht ganz so aufdringlich tickt wie die so genannte biologische Uhr, die bei den Damen regelmäßig für Torschlusspanik-Reaktionen sorgt. Kein Wunder: Männer sind eben auch nur Menschen, und so ist es verständlich, dass auch wir uns im Lauf unseres Lebens verändern und dabei eine Reihe von Phasen durchmachen. Jede bringt gewisse Prioritäten mit sich, während andere Themen eher verblassen. Und wie es scheint, steht jetzt das Thema »Frau fürs Leben« für Sie an – und somit ist jetzt genau der richtige Zeitpunkt, um in diese Richtung etwas mehr Gas zu geben.

Gefühlschaos? Nein danke!

Wenn es um Frauen geht, gehören Gefühle natürlich dazu – immerhin sprechen wir hier von Liebe. Im Gefühlschaos versinken muss man deswegen allerdings nicht, denn wirre Gefühle und ein chaotisches Innenleben helfen Ihnen nicht weiter. Viel wichtiger ist es, eine sinnvolle Strategie zu entwerfen, die Ihre Trefferquote erhöht und Ihnen hilft, die Frau zu finden, die zu Ihnen passt. Und immerhin haben Sie als Mann die Möglichkeit, relativ rational an die Sache heranzugehen, was nichts mit Gefühlskälte zu tun hat, es aber um einiges leichter macht, eine Strategie zu entwickeln, die zur wahren Liebe führt.

Frustrierte Abende mit rührseligen Filmen und tonnenweise Eiscreme oder stundenlange Krisensitzungen mit Freundinnen und astronomisch hohe Telefonrechnungen sind und bleiben die Domäne der Frauen. Wenn es darum geht, das Vergangene beiseite zu schieben und wieder nach vorne zu schauen, sind wir Männer oft eindeutig im Vorteil. Und auch wenn Frauen es als »Verdrängung« interpretieren mögen: Der entschlossene Schritt nach vorn ist wichtig, denn er hilft dabei, die Lähmung zu überwinden, die uns nach Enttäuschungen oft viel zu lange beherrscht. Nur so können Sie sich darüber klar werden, welche Art Frau Sie suchen und welche es auf keinen Fall sein sollte. Wie gesagt: Gefühle gehören natürlich dazu – aber lassen Sie sich nicht von ihnen überrollen! Bleiben Sie auf jeden Fall Herr der Lage! So fällt es Ihnen viel leichter, gezielt vorzugehen, und auch der Erfolg stellt sich schneller ein – und darum geht es ja schließlich. Die unerfüllte große Liebe, die perfekte, aber unerreichbare Frau – das sind Themen, die sich gut für spannende Hollywoodfilme oder herzzerreißende Romane eignen. Aber wenn es darum geht, im ganz normalen Alltag glücklich zu werden, sollten Sie den Traum von der ewig fernen Prinzessin möglichst schnell zu Ende träumen. Drei Schritte führen zum greifbaren Beziehungsglück:

1. Zunächst ist ein bisschen Gedankenarbeit nötig, um herauszufinden, wie die Richtige denn nun sein soll.
2. Dann müssen Sie herausfinden, wo Sie finden, was Sie suchen, und Ihr Jagdrevier abstecken.
3. Schließlich bleibt noch die große Aufgabe, Ihre »Beute« dann auch wirklich an die Angel zu kriegen und auf Dauer zu halten.

Bei allen drei Schritten sind Gefühle ein wichtiger Faktor, aber wer sich völlig den Kopf verdrehen lässt, macht vielleicht im richtigen Moment das absolut Falsche, bekommt das Timing nicht hin oder weiß einfach nicht mehr, was er sagen soll, wenn er vor seiner Traumfrau steht. Wer dagegen seine Hausaufgaben gemacht hat und genau weiß, was er will, der kann auch die richtigen Situationen herbeiführen und im geeigneten Moment seinen Gefühlen freien Lauf lassen. Sie werden sehen, dass das alles gar nicht so schwierig ist, wie es Ihnen im Augenblick vielleicht noch vorkommt …

Leichen im Keller

Eines ist ganz klar: Schlechte Erfahrungen in der Vergangenheit können einen starken Eindruck hinterlassen. Manchmal nehmen sie einem sogar alle Lust, noch einmal etwas Neues anzufangen. Deswegen sollten Sie sie auch nicht auf die leichte Schulter nehmen, sondern ruhig einmal prüfen, ob und welche Spuren sie möglicherweise hinterlassen haben. Nur so können Sie Lasten abwerfen, statt sie noch jahrelang mit sich herumzutragen. Besser ist es, sich jetzt ein paar Gedanken darüber zu machen, als später die Chance seines Lebens zu verpassen, nur weil ein unentdeckter Teil im eigenen Unterbewusstsein befürchtet, dass sich auch die Traumfrau irgendwann in einen Drachen verwandeln könnte. Und glauben Sie mir: Das Unterbewusstsein kann einem die Sache gründlich vermiesen!

Es gibt ein paar Klassiker unter all den Dingen, die

Frauen uns Männern antun können, und diese hinterlassen meist typische Spuren im männlichen Ego. Wer sie kennt und erkennt, kann sie mit einfachen Mitteln wieder ausbügeln. Also: weg damit!

Belogen und betrogen?

Fangen wir ruhig mit dem Albtraum eines jeden Mannes an: Seine Liebste betrügt ihn mit einem anderen. Dies bedeutet meistens das Ende einer Beziehung, denn welcher Mann möchte seine Partnerin schon mit einem anderen teilen? Die schlimmste Variante: wenn sie mit einem seiner Freunde oder gar seinem besten Freund ins Bett geht. Leider gar nicht mal so selten, aber dennoch für die meisten Seitensprungopfer absolut unverzeihlich.

Das Schlimmste am Betrogenwerden. Das Vertrauen in der Partnerschaft wird gründlich zerstört. Schließlich ist etwas heimlich passiert, von dem man annehmen sollte, dass es überhaupt nicht vorkommt. Und war es nicht allen Männern zu allen Zeiten immer am wichtigsten, dass ihre Frau das Bett ausschließlich mit ihnen teilt? Auch klar, dass in dieser zugegebenermaßen etwas egoistischen Einstellung ein uraltes genetisches Erbe zum Vorschein kommt: Welcher männliche Vertreter gleich welcher Art wollte schon im Schweiße seines Angesichts und unter Einsatz seines Lebens fremden Nachwuchs durchfüttern und verteidigen? Sie vielleicht? Wohl kaum! Schließlich ist Mann ja immer noch sich selbst (und den eigenen Genen) am nächsten.

Auch wenn es heutzutage nicht mehr allein um die Weitergabe des eigenen Erbguts geht, ist die Untreue immer noch das, was viele Männer am meisten fürchten. Schließlich muss man sich in jeder Lebenslage aufeinander verlassen können, damit eine Partnerschaft funktioniert: Die Partnerin kennt intime Details, die man auch seinen Freunden nicht erzählen würde, geschweige denn dem Chef oder dem Finanzamt. Sie ist eine Partnerin in jeder Hinsicht, nicht nur Geliebte, sondern auch Freundin, Vertraute und Mitwisserin bei all unseren kleinen oder großen Geheimnissen – zumindest bei den allermeisten ... Aber wie soll man jemandem vertrauen, der einen in der intimsten aller Angelegenheiten hintergeht?

Wer betrogen wurde, fühlt sich dementsprechend schlecht. Klar, dass man sein Herz nicht mehr so leicht verschenkt, wenn man einmal so hintergangen wurde. Und trotzdem kommt der Wunsch auf, jemanden zu haben, mit dem man sein Leben (und sein Bett) teilen kann. Was also tun?

Kennst du eine, kennst du alle? Von wegen ...

Zunächst einmal sollte man sich vor Vorurteilen hüten! Selbst unsere negativsten Erfahrungen spiegeln nur das wider, was uns mit *einer* Frau in *einer* bestimmten Konstellation und innerhalb *einmaliger* Umstände widerfahren ist. Und ebenso, wie jeder Moment sich vom vorhergehenden unterscheidet, gibt es auch zwischen den Frauen enorme Unterschiede! Natürlich nehmen manche von ihnen es mit der Treue nicht so ernst und naschen lieber in fremden Gärten. Natürlich gibt es die, die jedem Charmeur mit dunklen Augen und verführerischer Stimme erliegen. Oder die, die sich schon nach einer Woche mit demselben Mann im Bett langweilen und sich folglich kaum für eine wirkliche Beziehung eignen.

Aber einmal ganz ehrlich: Sind derlei Phänomene in unserer Männerwelt nicht mindestens genauso weit verbreitet? Und trotzdem weiß ich, dass nur ein verschwindend kleiner Anteil meiner Freunde in die Kategorie der Aufreißer fällt. Wie sieht es in Ihrem Bekanntenkreis aus? Wahrscheinlich kaum anders – und das ist keine Überraschung, denn nicht alle Männer sind Casanovas und nicht alle Frauen Vamps. Ganz im Gegenteil: Die überwiegende Mehrheit ist absolut treu, sobald sie einmal einen festen Partner hat. Für Frauen ist die Treue sogar oft noch viel wichtiger als für uns Männer!

Wer jetzt sagt: »Okay, das ist ja alles gut und schön, aber wenn es doch vielleicht an mir liegt, dass meine Ex mich damals betrogen hat?«, dem kann ich nur antworten: Es liegt nicht an Ihnen! Es war schließlich die Entscheidung dieser Frau, mit einem anderen ins Bett zu gehen, denn Sie werden sie ja kaum dazu gedrängt haben. Und wenn die Gute anschließend versucht hat, Ihnen dafür die Schuld in die Schuhe zu schieben, weil Sie ihr womöglich zu wenig Aufmerksamkeit, Zuwendung, Zeit oder Liebeskunst geboten haben, dann vergessen Sie das lieber gleich wieder! Vielleicht war Ihre Ex in jeder anderen Hinsicht ein Engel. Aber wenn sie Sie betrogen und es dann noch geschafft hat, Ihnen einzureden, dass Sie selbst schuld daran wären, dann ist sie teuflisch genug, um sofort von der Liste möglicher Traumfrauen gestrichen zu werden!

Denken Sie immer daran: Sie verdienen es, die für Sie beste Frau der Welt zu bekommen! Unter all diesen vielen unterschiedlichen Frauen, die dort draußen herumlaufen, gibt es zweifellos einige, die so gut zu Ihnen passen, dass Sie mit ihnen rundum glücklich wären. Und ich garantiere Ihnen: Wenn Sie erst einmal die Richtige gefunden haben, werden Sie über die kleinen und großen Missgeschicke der Vergangenheit nur noch lachen können.

Um Geld und Liebe gebracht ...

Fast ebenso schlimm, wie im Bett hintergangen worden zu sein, ist es, wenn man sich nach einer Beziehung eingestehen muss, dass man ausgenommen wurde wie die sprichwörtliche Weihnachtsgans. Es schmerzt schon sehr, zu sehen, dass der Ex das Bankkonto wohl doch wichtiger war als die Liebe. Und manch einem geht dann die Frage nicht mehr aus dem Kopf, ob die ehemalige Partnerin womöglich schon von vornherein nur auf die Finanzen aus war – ein ganz und gar unerquicklicher Gedanke.

Nun ja, es ist leider wahr, dass es in der Damenwelt auch Exemplare gibt, die bei allem, was sie tun, nur ihr eigenes Wohl im Sinn haben. Es reicht, in die Klatschspalten der Boulevardpresse zu schauen, um die eine oder andere zu entdecken, die ihren Mann erst um Herz und Verstand und später um seine Millionen gebracht hat. Da ist es doch ein Glück, kein Millionär zu sein; das verringert diese Gefahr deutlich!

Wenn Ihre liebe Ex Sie ausgenommen hat, gibt es immerhin einen Trost: Auch sie musste ja wenigstens das eine oder andere Opfer bringen, um ihr eigenes Opfer um den Finger zu wickeln. Es mag im ersten Moment etwas hart klingen, aber es lohnt sich, die Sache einmal aus diesem Blickwinkel zu betrachten: Hatte die gemeinsame Zeit nicht auch gute Seiten? Hat sie wenigstens am Sonntagmorgen Kaffee für Sie gekocht und ihn ans Bett gebracht? War sie ein echter Hingucker, den Neid aller anderen Männer und somit doch I(i)hr Geld wert?

Verstehen Sie mich bitte nicht falsch: Gemeinsame schöne Stunden sollten in keiner Beziehung der Welt in irgendeinem Verhältnis zum Geld stehen. In der Liebe, sofern sie diesen Namen wirklich verdient, kann das auch gar nicht passieren. Wenn die Beziehung jedoch von Anfang an auf wackeligen Füßen stand und schließlich die Scherben vor Ihnen liegen, dürfen Sie ruhig auch mal über die Gesetze des Marktes nachdenken, und sei es nur, um das eigene Ego wieder aufzubauen. Für eine interessante Reise legen Sie ja auch jede Menge Geld hin. Und wer weiß, ob Sie ohne diese verflixte Frau je herausgefunden hätten, wie aufregend spontane Wochenendtrips sein können. Oder wie Frauenaugen mit glitzernden Steinchen um die Wette strahlen. Und dass es Spaß macht, sich in dem teuren französischen Restaurant um die Ecke verwöhnen zu lassen. Und wer weiß – vielleicht konnte diese Frau Sie im Bett ja auch so um den Verstand bringen, dass Sie ihr die miese Abzocke insgeheim schon lange verziehen haben …

Katastrophen-Sex

Auch das kommt gar nicht so selten vor: Beziehungen, die schlicht und ergreifend an schlechtem Sex scheitern. Die Liebe ist da, das Zusammenleben harmonisch, aber im Bett herrscht absolute Windstille. Bei manchen Paaren will das erotische Zusammenspiel einfach nicht klappen. Und es gibt Frauen, die für einen Mann die schönste Nebensache der Welt zur schrecklichen Pflichtübung werden lassen können. Sei es, dass sie zu viele Tantra-Bücher gelesen haben und nun jede Nacht im athletischen Stellungskrampf zu enden hat, oder sei es, dass sie mit Sex überhaupt nichts anfangen können und auch nach einem Jahr noch am liebsten das Licht ausmachen, bevor sie sich in ihrem Holzfäller-Flanell-Pyjama unter der Bettdecke verstecken.

Manche Frauen widerstehen – und es würde zu weit führen, die tiefenpsychologischen Gründe dafür aufzudecken – allen Verführungskünsten ihres Partners und geben ihm jedes Mal das Gefühl, ein hormongesteuerter Egomane zu sein, während andere tausendundeine Regel für die Liebeskunst kennen und trotzdem kein bisschen sexy sind. Die Moral von der Geschichte: Es gibt Paare, die in sexueller Hinsicht einfach zu abweichende Wünsche und Vorstellungen haben, um miteinander glücklich werden zu können. Dabei macht es nicht den geringsten Sinn, einem der beiden Partner die Schuld dafür geben zu wollen, sie passen einfach nicht zusammen.

In ihrem tiefsten Inneren werden mir wohl alle Männer zustimmen: Schlechter Sex mit *einer* Frau ist kein Grund, es nicht mit einer anderen wieder zu versuchen. Man sollte nur nicht ins andere Extrem verfallen und es danach mit jeder probieren, die sich nicht gerade mit Händen und Füßen sträubt, denn auch so lässt sich kaum die richtige Frau fürs dauerhafte Glück finden.

Ziehen Sie einen Schlussstrich!

Ich könnte noch viele Seiten damit füllen aufzuzählen, was die »bösen Frauen« uns »armen Männern« so alles antun können. Doch anstatt eine solche Horrorliste zu verfassen, will ich lieber zum Thema kommen, das da lautet: Ziehen Sie so schnell wie möglich einen Schlussstrich! Das ist das beste Mittel, um mit vergangenen Beziehungsalbträumen aller Art ein für alle Mal aufzuräumen. Natürlich ist es wichtig, in der ersten Zeit nach dem Scheitern einer Partnerschaft noch einmal in sich zu gehen und darüber nachzudenken, wie schön die guten Zeiten waren, wie schlimm die schlechten. Oder darüber, was beide anders und besser hätten machen können und sollen. Für kurze Zeit gehört das einfach dazu, denn sonst können Sie kaum Bilanz ziehen, geschweige denn sich für das Neue öffnen.

Wenn dann alles bei ein paar Bierchen mit dem besten Kumpel gründlich durchgekaut und von allen Seiten beleuchtet wurde, sollte das Gedankenkarussell wieder zum Stillstand kommen. Die Beziehung ist nun einmal vorbei, und ihre gedanklichen und gefühlsmäßigen Nachwehen sollten es daher auch bald sein.

Echtes Glück beginnt im Kopf

So kraftraubend es auch gewesen sein mag, ein Beziehungsdrama sollte niemanden davon abhalten, die Frau fürs Leben zu finden. Doch fällt es relativ vielen Männern gar nicht so leicht, die Suche konkret zu starten. Klar, man träumt ja schon lange von der perfekten Partnerin, aber gezielt nach ihr suchen? Vor allem nach längerer Abstinenz gewinnt an diesem Punkt oft die Schüchternheit, und am Abend sitzt man doch wieder allein vor dem Fernseher ... So kann es natürlich nicht klappen! Ein bisschen Schüchternheit ist ja ganz liebenswert, mit ihr allein werden Sie aber nicht weit kommen. Der erste Schritt im Countdown zum Glück ist damit klar: Steigern Sie Ihr Selbstbewusstsein! Und natürlich gibt es dafür ein paar Tipps:

Wer bin ich?

Verschaffen Sie sich zunächst einmal einen Überblick, was Sie mit Ihrer Zeit tatsächlich anfangen: Was machen Sie beruflich? Was tun Sie in Ihrer freien Zeit? Treiben Sie Sport, sind Sie viel unterwegs, treffen Sie oft Freunde? Alles, was mehr oder weniger regelmäßig in Ihrem Tagesablauf vorkommt, ist ein fester Bestandteil Ihres momentanen Lebens – das gilt natürlich auch, wenn Sie Abend für Abend vor dem Fernseher sitzen.

Jetzt folgt der strategische Teil: Überlegen Sie, was Sie über all diese Dinge, die Sie so tun, Positives sagen können. Es hilft, wenn Sie sich zu allen Punkten jeweils folgende Fragen stellen:

- ⚥ Hat das, was ich mache, eine besondere Bedeutung für mich oder für andere (Freunde, Kunden, Kollegen, Familie)?
- ⚥ Bin ich in irgendeinem Aspekt dabei besonders gut? Weiß ich viel darüber?

⚦ Lerne ich durch das, was ich tue, immer wieder etwas Neues? Erweitere ich meine Fähigkeiten oder Erkenntnisse?

Sollten Sie zum Beispiel tatsächlich viele Abende vor der Glotze verbringen, ist das kein Grund, sich schlecht zu fühlen. Immerhin könnte dabei auch Folgendes herauskommen: Ich sehe ständig Nachrichten und Reportagen und bin immer über alles, was mich interessiert, bestens informiert. Ich kenne jeden neuen Film und kann meinen Freunden Tipps geben, was wirklich sehenswert ist. Durch die vielen Dokumentationen im Fernsehen erfahre ich immer wieder interessante Dinge, von denen ich vorher nichts wusste, und ich entdecke ganz neue Interessen. Alles klar?

Wenn Sie sich erst einmal bewusst gemacht haben, was Sie schon alles Interessantes und Wichtiges mit Ihrem Leben anfangen oder angefangen haben, wächst Ihr Selbstbewusstsein ganz von allein. Und je mehr Positives Sie in dem sehen, was Sie tun, desto stärker wird es. Vergessen Sie nicht: positiv oder negativ – das ist immer vor allem eine Frage der Sichtweise.

Diese kleine Denkaufgabe kann Ihnen noch weiter nützlich sein. Denn mit dem Ergebnis fällt es Ihnen viel leichter, wirklich wichtige Wünsche und Pläne fürs Leben zu erkennen und zu verfolgen. Dafür müssen Sie sich allerdings wirklich etwas Zeit zum Nachdenken nehmen! Sie wären erstaunt, wie viele Leute erst bei näherem Hinsehen bemerken, wie viel Zeit sie mit Unnützem vergeuden, statt das zu tun, was ihnen wirklich Freude macht.

Wenn Sie erkennen, was Sie wirklich erfüllt, wird Ihr Leben sich in einer sehr befriedigenden Weise verändern. Logisch, dass sich das auch auf Ihr Selbstbewusstsein auswirkt!

Selbstbewusst sein

Selbstbewusstsein und erotische Ausstrahlung gehen Hand in Hand – und werden Sie für das Objekt Ihrer Begierde unwiderstehlich machen. Nutzen Sie die Zeit, bis SIE in Fleisch und Blut vor Ihnen steht, um beides noch ein bisschen aufzupolieren. Wie bei (fast) allem im Leben gilt nämlich auch hier: Übung macht den Meister! Die wichtigsten Schritte auf dem Weg zu mehr Selbstbewusstsein sind ganz einfach:

- ⚥ Finden Sie heraus, welcher Typ Sie sind und wie Sie das am besten zur Geltung bringen. So fällt es Ihrer zukünftigen Herzdame viel leichter, gleich das Besondere an Ihnen zu entdecken.
- ⚥ Nehmen Sie sich etwas Zeit dafür, sich zu pflegen, anstatt den Zustand Ihrer Haare und Ihrer Haut dem Zufall zu überlassen. Kein Mann muss perfekt sein oder aussehen wie Hugh Grant, doch die meisten Frauen schätzen es sehr, wenn Männer sauber und gepflegt wirken.
- ⚥ Betonen Sie (innerlich wie äußerlich) Ihre Stärken und kaschieren Sie eventuelle Schwachstellen. Das hat nichts mit Verstellung zu tun, sondern zeigt Stil und Persönlichkeit.
- ⚥ Achten Sie auch auf das (zu Ihnen!) passende Outfit.

Schließlich wollen Sie durch Ihre tolle Ausstrahlung auffallen und nicht durch schlechten Geschmack.

⚥ Beschäftigen Sie sich mit der hohen Kunst der Verführung. Wer weiß, was er erotisch auf Lager hat (natürlich ohne damit zu prahlen), hat eine viel sinnlichere Ausstrahlung.

Was will ich eigentlich?

Kommen wir nun zum A und O einer geglückten Partnersuche: zum Ausgangspunkt – und der sind Sie. Keine Sorge, Sie müssen keine tief schürfende Persönlichkeitsanalyse über sich ergehen lassen, um die Frau Ihrer Träume zu finden. Aber was Sie auf jeden Fall wissen sollten, ist, was Sie wollen und was Sie erwarten – nicht nur von Ihrem Leben, sondern auch von Ihrer Traumfrau. Bevor Sie nun darüber nachdenken, wie Ihre optimale Partnerin sein sollte, beschäftigen Sie sich zuerst einmal mit einem noch viel wichtigeren Punkt: Wie sind Sie denn eigentlich so? Konkreter gesagt: Was haben Sie vor im Leben? Möchten Sie sesshaft werden, eine Familie gründen; geht Ihnen die Karriere über alles; lassen Sie keine Party aus? All das hat Einfluss darauf, welche Art von Frau zu Ihnen passt. Und damit Sie auf Anhieb die Richtige finden, müssen Sie sich zuerst einmal über Ihre eigenen Wünsche und Bedürfnisse im Klaren sein.

Natürlich wünschen Sie sich eine Frau, die Sie in jeder Hinsicht glücklich macht. Dabei hilft es ungemein, wenn Sie eine klare Vorstellung davon haben, was Sie zum Glücklichsein überhaupt brauchen. Was für den einen Mann der Himmel auf Erden ist, kann für den anderen schon die Hölle sein – und umgekehrt. Das gilt auch (und sogar ganz besonders) für Beziehungen. Der eine möchte so schnell wie möglich heiraten und mit seiner Frau zusammen viele Kinder erziehen, dem anderen ist nichts wichtiger, als um die Welt zu reisen oder seine Karriere aufzubauen. Die Frage ist daher: Was ist für Sie wichtig? Worauf kommt es Ihnen wirklich an?

Also Hand aufs Herz und raus damit: Welche Vorstellungen Sie auch immer von Ihrem Leben haben, jetzt ist es an der Zeit, sie einmal gründlich zu durchdenken. Immerhin möchten Sie jemanden finden, der die Zukunft so weit wie möglich mit Ihnen teilt. Am besten greifen Sie zu Papier und Stift und notieren alles, was Ihnen im Leben wirklich wichtig ist und was Sie unbedingt noch machen wollen. Seien Sie dabei ehrlich mit sich! Denn diese Bestandsaufnahme ist wichtig für Sie und für Ihr zukünftiges Glück. Denn falls Sie davon träumen sollten, eines Tages in einer Bambushütte auf einem einsamen Atoll in der Südsee von der Schweinezucht zu leben, sollten Sie sich vielleicht keine Partnerin suchen, deren Lebensziel darin besteht, bei Siemens in der Großstadt Karriere zu machen. Sollte Amors Pfeil Sie doch einmal aus unerwarteter Richtung treffen, ist es zudem hilfreich, wenn Sie vorab schon einmal über einen Kompromiss nachgedacht haben.

Verstehen Sie mich nicht falsch: Es geht nicht darum, dass Sie nur anhand Ihrer Interessen eine möglichst passende Partnerin suchen und am Ende eine »Vernunftehe« eingehen. Wo bliebe denn da die Liebe? Aber es ist nun einmal eine Tatsache, dass kein Mensch glücklich wird, wenn er für den Partner auf seine größten Wünsche und Träume verzichten muss. Daher gehört es einfach dazu, dass Sie sich ein paar Gedanken darüber machen, was Sie persönlich zum Glücklichsein eigentlich brauchen, bevor Sie mit der Suche starten. Luft und Liebe reichen vielleicht in der ersten Verliebtheit aus, um im siebten Himmel zu schweben. Wer aber länger mit seiner Liebsten glücklich sein will, braucht dafür schon etwas mehr gemeinsame Grundlagen. Ein bisschen brav durchgeführte Selbstreflexion kann hier wahre Wunder wirken!

MÄNNERALLTAG

ZWISCHEN LUDERN, ZICKEN UND PRINZESSINNEN

Gratuliere, den ersten Schritt für den Countdown zum Glück haben Sie schon hinter sich! Sie haben herausgefunden, was Sie wollen. Damit wenden wir uns nun der anderen Seite zu: den Frauen mit all ihren Eigenheiten! Es gibt sie wie Sand am Meer, und scheinbar sind sie alle unterschiedlich, jede hat ihre eigenen Vorzüge, Besonderheiten und nicht zuletzt auch Macken. Doch wie finden Sie die Richtige? Ganz einfach: Indem Sie Ihre bisherigen Erfahrungen zu Rate ziehen und Ihren gesunden Menschenverstand einschalten, um sich ein paar Gedanken über Ihre zukünftige Traumfrau zu machen. Klar, eine klasse Figur und ein hübsches Gesicht sollte sie schon haben, aber das ist doch noch lange nicht alles!

Die Frau Ihrer Träume muss in vielerlei Hinsicht zu Ihnen passen, damit Sie wirklich glücklich mit ihr sein können: Daher sollten Sie wissen, was Sie eigentlich gemeinsam mit ihr vorhaben. Ganz klar: Als Sport- und Naturfreak bleibt man einsam, wenn die Auserwählte höchstens für Ausflüge ins Einkaufszentrum zu begeistern ist. Wer von fünf Kindern träumt, wird sie mit der karriereorientierten Businessfrau kaum bekommen. Und wer die Welt kennen lernen und ständig auf Reisen sein möchte, wird mit einem überzeugten Hausmütterchen auch nicht das höchste Glück erleben. Wie Sie sehen, gibt es verschiedene Frauentypen, was die Vorauswahl etwas erleichtert. Natürlich ist jede Frau einzigartig – gottlob, denn sonst wäre es ja ganz schön langweilig. Trotzdem: Die meisten Frauen lassen sich mit etwas Übung einem der häufigsten Grundtypen zuordnen. Und mehr wollen Sie ja auch zunächst einmal gar nicht wissen, alles Weitere folgt später.

Welche Frau passt zu mir?

Vielleicht fragen Sie sich jetzt, wie um alles in der Welt Sie denn herausfinden sollen, welcher Typ Frau am besten zu Ihnen passt. Auch hierfür gibt es natürlich ein paar kleine Tricks. Zunächst einmal: Glauben Sie bloß nicht, dass irgendwo in einem verborgenen Winkel der Welt die Frau Ihres Lebens unerkannt auf Sie wartet und das Schicksal sie Ihnen einfach nur noch nicht gezeigt hat. Das passiert nur in Hollywood. Und da auch nur, weil Frauen solche Filme herzzerreißend schön finden und dann einen Vorwand haben, sich seufzend an unsere starken Schultern zu kuscheln.

Wenn Sie wissen, was Sie suchen, liegt es an Ihnen, die Initiative zu ergreifen und aktiv zu werden. Das mit dem Schicksal ist ja ein hübscher Gedanke – und sehr verlockend, weil man dabei nur abwarten müsste, bis einem die Richtige direkt in den Schoß fällt. Aber wie gesagt, in der Realität ist auch das ungefähr so wahrscheinlich wie sechs Richtige im Lotto. Warten Sie also besser nicht darauf, sondern nehmen Sie sich Zeit für eine kleine »Besinnungs-Übung«. Machen Sie sich eine Tasse Tee, setzen Sie sich aufs Sofa, schließen Sie die Augen und stellen Sie sich folgende Fragen:

- ⚥ Wie sieht mein Leben gerade aus? – Was habe ich schon alles hinter mir? Aus welchem Grund wünsche ich mir eine Partnerin? Welche Pläne habe ich für die Zukunft mit ihr? Machen Sie sich möglichst klare, detaillierte Vorstellungen.
- ⚥ Was für eine Frau wünsche ich mir? – Welche Eigenschaften braucht sie, um in meine/unsere Zukunft zu passen? Was wünsche ich mir von ihr? Was will ich mit ihr erleben? Anregungen hierzu finden Sie auf den folgenden Seiten.
- ⚥ Wie bekomme ich diese Frau? – Wo finde ich sie? Was habe ich ihr zu bieten? Wie lerne ich sie kennen? Dies sind die Themen der nächsten Kapitel. An dieser Stelle steht diese Frage nur, um klarzustellen, dass sie nicht die einzig wichtige auf dem Weg zur erfüllten Zweisamkeit ist.

Jetzt wird es Zeit, dass wir uns mit den verschiedenen Typen von Frauen beschäftigen. Sicher kommen Ihnen einige davon bekannt vor, aber kennen Sie auch deren Vorzüge und Eigenheiten?

Die Businessfrau – hart, aber (hoffentlich) herzlich

Jeder hat sie schon einmal gesehen – zumindest auf dem Bildschirm: eine meist gut aussehende, toughe Frau mit gepflegtem Äußeren, nicht zu sexy, aber auch nicht zu brav, die mit ihrem souveränen Auftreten die gesamte männliche Konkurrenz in die Tasche steckt. Meistens trägt sie ein schickes Kostüm oder einen sexy Hosenanzug, Handy, Laptop und teure Autos gehören zu ihrem Standard. Seit der Emanzipation taucht die Businessfrau in den verschiedensten Formen immer öfter im Fernsehen auf. Charakteristisch ist die Bedeutung, die Beruf und Karriere für sie haben. Sie gehen ihr über alles, das Privatleben liegt meist deutlich abgeschlagen auf den hintersten Rängen. Nicht nur im TV, sondern auch in der Realität sind die Businessfrauen auf dem Vormarsch. Obwohl es die Chancengleichheit auch heute noch nicht gibt, erarbeiten sich Frauen immer häufiger beachtliche berufliche Erfolge. Immer mehr Kleinunternehmen werden von Frauen gegründet und geleitet.

Was macht die Businessfrau aus? Vor allem, dass sie gelernt hat, wie wichtig es ist, sich durchzusetzen, weil man es nur so zu etwas bringen kann. Im Wettbewerb mit männlichen Kollegen und Konkurrenten entwickeln viele dieser Frauen eine Härte und ein Selbstbewusstsein, um die sie manche Männer nur beneiden können. Denn nach wie vor gilt meistens, dass Frauen, die Karriere machen wollen, ihre männlichen Mitbewerber in allen wichtigen Punkten deutlich übertreffen müssen. Neben der beruflichen Kompetenz sind die so genannten Softskills dabei besonders gefragt: Kommunikationstalent und Teamfähigkeit fallen Frauen von Natur aus leichter. Businessfrauen haben darüber hinaus Organisationstalent, Durchsetzungsvermögen, die Fähigkeit zur Selbstdarstellung und einen gesunden Egoismus – und von alledem meist eine ordentliche Portion!

Selbstständigkeit geht ihr über alles ...

Wer sich in eine typische Businessfrau verliebt, muss sich schon mal keine Sorgen mehr machen, wie er einmal Frau und Kinder versorgen soll. Die Businessfrau liebt ihre Unabhängigkeit und sorgt dafür, dass sie sie auch behält. Diese Frauen sind topp, wenn es darum geht, selbstständig zu handeln und zu entscheiden, und sie kümmern sich um all ihre Angelegenheiten am liebsten selbst. Genauso regelt sie praktisch fast alles allein, ohne ihren Partner um Hilfe zu bitten, egal, ob es um Reparaturen, Reisepläne oder Großeinkäufe geht. Sie hat schließlich Übung darin, Entscheidungen zu treffen und zu ihnen zu stehen – sonst wäre sie wohl kaum so erfolgreich geworden.

Bei der Businessfrau können Sie sich darauf verlassen, dass sie nicht Ihr gesamtes Vermögen zum Fenster hinauswirft und dann mit großen, unschuldigen Augen nach mehr fragt. Dafür ist sie viel zu vorausschauend – und es macht ihr zu viel Spaß, ihr eigenes, selbst verdientes Geld auszugeben und stolz darauf zu sein.

Eine weitere große Stärke der Powerfrau besteht darin, dass sie immer genau weiß, was sie will. Von ihr werden Sie kein stundenlanges »Ich weiß nicht ...«, »Sollen wir wirklich ...«, »Ich kann mich einfach nicht entscheiden ...« hören. Im Gegensatz zu den meisten anderen Frauen ist sich die Businessfrau genau darüber im Klaren, was zu ihr passt, was sie will, wie ihre Pläne aussehen und wie sie diese im Handumdrehen verwirklichen kann.

Auch ist sie vernünftig genug, um auf die vielen kleinen Spielchen zu verzichten, mit denen Frauen oft versuchen, ihren Willen durchzusetzen. Stattdessen sagt sie klipp und klar, was sie möchte. Und das Beste: Sie ist zu Verhandlungen genauso bereit wie zu sinnvollen Kompromissen. So wissen Sie immer genau, woran Sie sind.

Wenn Sie sich in eine Karrierefrau verlieben, wird sich sehr schnell zeigen, ob ihre Pläne zueinander passen – schließlich hat sie sehr klare Vorstellungen von ihrer Zukunft. Wenn die Businessfrau sich zu einer Partnerschaft entschlossen hat, wird sie auch (erst einmal) dabei bleiben. Und sie wird es sich zur Aufgabe machen, dass die Beziehung genauso erfolgreich läuft wie alles andere in ihrem Leben.

Zwar hat sie nicht viel freie Zeit, doch Sie können sich darauf freuen, mit der Businessfrau auch die schönen Seiten des Lebens zu genießen. Da ihre Finanzen es erlauben, legen Businessfrauen großen Wert auf eine gepflegte, schöne Wohnung, in der man sich wohl fühlen kann; sie wissen Kunst und Kultur zu schätzen und sind die ideale Begleitung für alle gesellschaftlichen Ereignisse. Bei alledem spielt Qualität immer eine große Rolle – genauso wie in ihren Beziehungen.

... deshalb ist es harte Arbeit, an sie heranzukommen!

Ganz klar, dass eine Businessfrau auch ihre Macken hat. Der größte Nachteil: Ihr Beruf steht immer an erster Stelle! Schon wenn alles normal läuft, arbeitet sie mehr als andere und hat wenig Zeit für einen Partner. Wenn dann noch Überstunden, zusätzliche Meetings oder Geschäftsreisen anstehen, wird es schwierig, sie überhaupt zu Gesicht zu bekommen. Das Leben der Businessfrau richtet sich in erster Linie nach ihrem Terminplaner. Selbst als Partner muss man sich daher frühzeitig um ein Date mit ihr bemühen.

Ein weiteres Problem ist, dass die Businessfrau schnell in Konkurrenzdenken verfällt – auch in der Partnerschaft. Kein Wunder: Wer von morgens bis abends im Wettbewerb steht, kann dies zu Hause kaum mit dem Mantel an der Garderobe ablegen. Klare Sache also, dass Sie ihr als Partner ein enormes Maß an Bewunderung und Anerkennung zollen müssen für all das, was sie täglich leistet – und das kann mit der Zeit anstrengend werden!

Überhaupt hat die Businessfrau nicht nur hohe Ansprüche an sich selbst, sondern immer auch an ihren Partner. Beruflich sollte er schon einigermaßen mithalten können. In aller Regel suchen sich Businessfrauen einen Mann aus, der auf ähnlichem Gebiet wie sie Karriere macht. Das ist immerhin eine Gemeinsamkeit, und das wichtigste Gesprächsthema steht damit auch schon fest.

Außerdem muss der Partner einer Businessfrau einen gewissen Status zu bieten haben, denn sie ist beruflich und finanziell unabhängig – das erwartet sie auch von ihm. Je erfolgreicher die Businessfrau ist, desto höher sind ihre Ansprüche. Da muss schon ein vorzeigbarer Mann her, mit dem sich ein repräsentabler Lebensstil führen lässt.

Das Schlimmste, was in der Beziehung zu einer Businessfrau geschehen kann, ist ein Karriereknick – da knickt meist die Beziehung gleich mit ein. Wenn Ihre sonst so erfolgreiche Partnerin mit beruflichen Misserfolgen zu kämpfen hat, kann sie schnell unausstehlich werden. Entweder gibt sie der ganzen Welt (und natürlich ihrem Mann) die Schuld an ihrem Pech, oder sie ist so frustriert und am Boden zerstört, dass alle Fürsorge der Welt sie kaum wieder aufrichten kann. Da sind gute Nerven Gold wert! Das gilt auch, wenn es bei Ihnen im Job bergab geht. Eine Weile wird die Businessfrau Ihnen sicher mit Rat und Tat zur Seite stehen, aber auf Dauer geht ihr die eigene Karriere vor. Wer dann nicht mehr mithalten kann, steht schnell allein im Regen. Sie erinnern sich: Die Businessfrau will einen Vorzeigepartner – schließlich soll er zu ihr passen.

Ein ganz eigenes Thema ist die Familienplanung. Nicht, dass sie ihr besonders wichtig wäre – ganz im Gegenteil. Eine Babypause wirkt schließlich in den seltensten Fällen karrierefördernd. Die meisten Businessfrauen wollen beruflich lieber erst so weit kommen, dass sie in jeder Hinsicht abgesichert sind und auf jeden Fall leicht wieder in einer entsprechenden Position einsteigen können – dann erst darf über Kinder geredet werden. Und auch wenn der Nachwuchs erst einmal da ist, bleiben für die Businessfrau die Prioritäten meist klar gesetzt: An erster Stelle steht der Beruf. Die Familie wird eher als gemeinsames Projekt betrachtet, um das sich der Partner auf jeden Fall genauso sehr kümmern muss wie sie selbst.

Existenzgründer gesucht!

Eine Beziehung mit einer solchen Frau ist nicht für jeden Mann das Gelbe vom Ei. Businessfrauen passen am besten zu Männern, denen Karriere und Beruf ebenfalls sehr wichtig sind – wichtiger als beispielsweise die Familienplanung. Wer beruflichen Erfolg überhaupt nicht auf der Liste seiner Lebensziele hat, wird mit der Businessfrau kaum auf Dauer glücklich werden – obwohl kurze, leidenschaftliche Affären nicht ausgeschlossen sind! Wer sich dagegen eine selbstständige Partnerin wünscht, die genauso ihren Mann im (Geschäfts-)Leben steht wie er selbst, kann hier schon eher das große Los ziehen. Noch besser passt es, wenn der Mann gemeinsam mit ihr eigene Projekte entwickeln oder eine neue Lebensgrundlage aufbauen möchte: Mit vereinten Kräften gelangt man schneller ans Ziel – und die ideale gemeinsame Basis für eine glückliche Zweisamkeit ist garantiert.

Die Businessfrau ist zufrieden, solange sie das Gefühl hat, dass sich die Dinge weiterentwickeln und man mit seiner Arbeit Erfolge erzielt. Beispielsweise können auch Künstler ihre Anerkennung gewinnen, wenn sie ihre vollendeten Werke einem begeisterten Publikum präsentieren.

Hausmänner

Wie bei jeder Regel, so gibt es auch bei »Karrierefrau braucht Karrieremann« eine inzwischen gar nicht mehr so seltene Ausnahme: Wenn Sie bereit sind, sich ganz und gar um Haus, Kinder und Küche zu kümmern, haben Sie bei manch einer Businessfrau durchaus gute Chancen. Immerhin können Sie ihr den Rücken freihalten, während sie das Geld verdient, und ihr zugleich den Traum von Kindern und trautem Heim erfüllen. Ihre Entscheidung zum Rollentausch sollte allerdings mit dem nötigen Selbstbewusstsein und einer guten Portion Humor einhergehen, denn nur so können Sie altmodischen Einstellungen zur Männer- und Frauenrolle gelassen entgegentreten.

Das Hausmütterchen – Sorge für mich!

Das Hausmütterchen ist in mancher Hinsicht das genaue Gegenteil der Businessfrau. Karriere machen interessiert sie nicht im Geringsten, und arbeiten gehen möchte sie eigentlich auch nicht unbedingt. Viel wichtiger ist es ihr, so schnell wie möglich ein schönes Heim für ihre Lieben zu schaffen. Das klingt in der heutigen Zeit ein bisschen nach einer aussterbenden Art, die aber weiter verbreitet ist, als Sie vielleicht denken. Irgendwie scheint es den Frauen doch in den Genen zu liegen – der Nestbautrieb lässt sich nur schwer völlig abschalten. Und trotz aller Emanzipation gibt es noch genügend Frauen, die es durchaus zu schätzen wissen, wenn sich ihr Mann um den finanziellen Teil des Lebens kümmert und sie selbst sich ganz der Familie und dem Haushalt widmen können.

Ein Hausmütterchen ist nicht immer auf den ersten Blick zu erkennen. Klar gibt es Frauen, die praktisch von Kindheit an ganz versessen darauf sind, eine eigene Familie zu haben – die sind aber praktisch immer schon vergeben, weil sie meistens gleich ihre erste große Kindergarten-Liebe heiraten. Die interessanteren, weil noch nicht vergebenen Hausmütterchen tarnen sich heutzutage meist geschickt als einer der anderen Frauentypen. Im

Zeitalter der Gleichberechtigung fällt es schwer, zu einer altmodisch erscheinenden Lebenseinstellung zu stehen ... Dennoch gibt es untrügliche Anzeichen dafür, dass sich ein Hausmütterchen hinter der trügerischen Fassade verbirgt:

- ⚥ Sehr viele Muttertypen verbringen viel Zeit damit, den Einstieg ins Berufsleben möglichst lange hinauszuzögern. Dafür wird ausgiebig studiert, gereist oder immer wieder eine neue Ausbildung angefangen. Während dieser Zeit ist das heimliche Hausmütterchen (ob bewusst oder unbewusst) ständig auf der Suche nach dem treuen Mann, der dann später einmal die Brötchen verdienen soll.
- ⚥ Um Hausmütterchen zu erkennen, hilft es, einen Blick in ihre Wohnung zu werfen. Ganz egal, was sie sonst im Leben gerade machen, diese Frauen sorgen dafür, dass ihr Zuhause immer gut funktioniert. Sogar wenn es dort unaufgeräumt wirkt, haben doch alle Dinge ihren festen Platz.
- ⚥ Besonders hilfreich bei der »Enttarnung«: Hausmütterchen können ihre Begeisterung für Kinder kaum verbergen, und so kommt im Gespräch schnell heraus, dass sie sich möglichst bald viele Kinder wünschen – das verrät sie immer!
- ⚥ Hausmütterchen sind besonders fürsorgliche Frauen, die sich um alle kümmern, die ihr am Herzen liegen, vor allem um Mann und Kinder. Ganz gleich, mit welchem Problem man zu ihr kommt, sie wird sich immer die Zeit nehmen zuzuhören und Ratschläge zu geben. Sogar mitten in der Nacht steht ihre Tür allen offen,

die sie brauchen. Vor allem bei Herzschmerz, Liebeskummer oder Streitigkeiten ist sie eine echte Hilfe und richtet jeden wieder auf. Wenn es dagegen um praktische Angelegenheiten geht, die nicht mit Haushalt, Familie und Partnerschaft zu tun haben, schickt sie lieber andere vor.

Wie die Businessfrau verfügt auch das Hausmütterchen über eine Menge Organisationstalent, um Haus und Familie immer im Griff zu haben. Bei allen Dingen, die in »ihren« Bereich fallen, kann sie sich auch gut durchsetzen. Nach Egoismus wird man bei Hausmütterchen vergeblich suchen. Sie sind ihren Lieben gegenüber die Selbstlosigkeit in Person. Allerdings können sie auch zu Löwinnen werden: Wenn sie glauben, sich und ihre Kinder verteidigen zu müssen, wird mit harten Bandagen gekämpft – notfalls auch gegen den eigenen Mann.

Liebe geht durch den Magen ...

Auf eines können Sie sich beim Hausmütterchen verlassen: Sie werden nie Hunger leiden. Als perfekte Hausfrau hat sie immer Vorräte im Haus, aus denen sich im Nu etwas Leckeres zaubern lässt. Auch sonst ist sie in ihren eigenen vier Wänden unschlagbar. Sie hält das allgemeine Chaos im Zaum und sorgt dafür, dass das Zuhause seinen Namen auch verdient. Das Hausmütterchen schafft um sich herum einfach eine ganz besondere und angenehme Atmosphäre: Bei ihr fühlen sich alle wohl – eben ganz wie »zu Hause bei Muttern«. Ihr sind Gäste immer willkommen, diese werden dann umsorgt und verwöhnt.

Da werden sonntags Kuchen gebacken, in der Weihnachtszeit duftet das ganze Haus nach selbst gebackenen Plätzchen, und auch in den grauen Alltag zaubert sie immer wieder kleine Überraschungen. Wer gerne Freunde und Bekannte mit nach Hause bringt, wird mit ihr nie eine böse Überraschung erleben. Deshalb kommen alle auch gerne wieder zu Besuch, vor allem die Freunde ihrer Kinder, die oft schwer wieder loszuwerden sind!

Eine große Stärke jedes Hausmütterchens ist ihr Improvisationstalent. Sie glauben, dass man aus einer Dose Erbsen, zwei Kartoffeln, einer übrig gebliebenen Essiggurke und den Resten von gestern kein vollwertiges und vor allem leckeres Essen zaubern kann? Dann haben Sie noch kein Hausmütterchen in Aktion gesehen. Sie wollen doppelt so viel im Kleiderschrank oder Kofferraum verstauen, als eigentlich hineinpasst? Kein Problem! Sie glauben, dass nutzloses Zeug wie leere Milchtüten auf den Müll gehört? Weit gefehlt! Sie schafft es, daraus ungewöhnliches Spielzeug zu machen.

Neben ihren Kindern ist dem Hausmütterchen natürlich noch jemand ganz besonders wichtig: ihr Mann. Ihm hat sie es schließlich zu verdanken, dass sie sich so ausgiebig um ihre Kinder und ihr Zuhause kümmern kann. Sobald die Kinder versorgt sind, wird sie sich daher in erster Linie ihm zuwenden und dafür sorgen, dass er sich wohl fühlt. (Bis die Kinder versorgt sind, kann es allerdings eine ganze Weile dauern.)

Das Hausmütterchen ist eine sehr aufmerksame Partnerin, auch wenn sie manchmal dazu neigt, ihren Liebsten ein wenig zu bemuttern. Wer abends nach Hause kommen und sich an einen gedeckten Tisch setzen will, liegt mit ihr genau richtig. Für den Mann bleibt im Haus nicht viel Arbeit übrig, außer wenn es um handwerkliche Angelegenheiten geht. So kann er sich nach getaner Arbeit zu Hause vollkommen entspannen und sich rundum verwöhnen lassen.

... und ihre Kinder gehen über alles

Das Hausmütterchen ist eine Mutter, wie sie im (Bilder-)Buche steht. Sie liebt Ihre Kleinen heiß und innig, egal wie viele es sind, und kennt nichts Schöneres, als sich um sie zu kümmern. Ob erste Zähnchen, aufgeschlagene Knie oder Liebeskummer im Teeniealter – sie wird mit all dem spielend fertig. Doch eines muss ganz deutlich gesagt werden: Die größte Stärke des Hausmütterchens ist manchmal auch ein Nachteil. So schön es auch ist, eine Frau zu haben, die sich voller Hingabe um den eigenen Nachwuchs kümmert, so störend kann das manchmal sein, wenn man sich selbst ihre Hingabe wünscht. Denn eines ist ganz klar: Wenn eines ihrer Kinder die Mama braucht, ist es völlig egal, was die gerade tut. Auch in der Nacht, wenn man vielleicht gerade mit viel interessanteren Dingen beschäftigt ist ... Wer ein Hausmütterchen liebt, sollte sich also von gelegentlichen Unterbrechungen nicht den Spaß verderben lassen!

Auch sonst wird das Hausmütterchen immer auf der Seite der Kinder sein: Ob die Sprösslinge nun Schlagzeug spielen lernen wollen, sich unbedingt einen Hund wünschen oder Papas Auto oder Geldbeutel ausleihen wollen – Mutter steht ihnen bei. Selbst gestandene Männer ziehen zu Hause regelmäßig den Kürzeren, wenn sie ihre

Interessen gegen die der Kinder durchsetzen wollen – der Typ »Hausmütterchen« kann dann unglaublich hartnäckig sein. Schließlich geht es um ihr Herzallerliebstes: ihre süßen Kleinen. Nichts kann ihre Liebe zu ihnen trüben: Ob sie das Auto zu Schrott fahren, alles Geld zum Fenster hinauswerfen oder die Kreditkarte an Freunde verleihen, sie wird sie immer wieder mit offenen Armen aufnehmen.

Ganz anders dagegen geht sie mit ihrem Mann um. Der soll sich wie ein anständiger Familienvater verhalten, seinen Kindern ein Vorbild sein und vor allem die Familie ernähren. Immerhin ist das ja seine Aufgabe. Hausmütterchen haben ganz konkrete Ansprüche an ihre Männer. Sie möchten nach allen Regeln der traditionellen Rollenverteilung leben: Sie kümmert sich um das Heim und die Kinder und er verdient das Geld und erledigt alle finanziellen Angelegenheiten. Das sollte ihm ihre Hingabe schon wert sein, denn mit diesen lästigen Dingen möchte sie sich nun wirklich nicht abgeben. Und das sollte jedem Mann klar sein, der sich in ein Hausmütterchen verliebt.

Wer sich eine in jeder Hinsicht selbstständige Frau wünscht, ist beim Hausmütterchen an der falschen Adresse. Zwar könnte sie sich durchaus um solche Sachen kümmern – viele von ihnen haben ja auch ihr Studium irgendwie organisiert –, aber sie will es einfach nicht. Diese Frauen können unglaublich stur sein, wenn es um ihre Vorstellungen vom Familienleben und die häusliche Aufgabenteilung geht. Wenn Sie von einem Hausmütterchen erwarten, dass sie arbeiten geht, beißen Sie auf Granit. Ihr ist die Arbeit zu Hause Erfüllung genug. Außerdem hätte sie nicht mehr ausreichend Zeit, sich um ihre Kinder zu kümmern, wenn sie einen Job annehmen würde – und das geht auf keinen Fall!

Dem Mann eines Hausmütterchens kann praktisch nichts Schlimmeres zustoßen, als aus irgendeinem Grund nicht mehr genug Geld nach Hause zu bringen. Immerhin sieht sie darin seine wichtigste Aufgabe (neben der als Vater natürlich). Sie wird mit allen Mitteln versuchen, dass er ihr wieder gerecht wird – wenn's sein muss, sucht sie ihm eben einen neuen Job.

Ein Fall für Familienväter

Wer sich eine richtige Familie wünscht, liegt mit dem Hausmütterchen genau richtig. Schließlich ist es in der heutigen Zeit für eine Frau nicht mehr selbstverständlich, zum Wohl ihrer Kinder auf eigene Interessen zu verzichten. Dem Hausmütterchen dagegen geht die Familie über alles – das sollte man zu schätzen wissen. Doch zu manchen Männern passt dieser Typ Frau überhaupt nicht. Wer keinen Wert auf Familie legt und stattdessen lieber die Welt sehen, reisen und viel unternehmen will, der bekommt mit dem Hausmütterchen bald Probleme – ihre biologische Uhr tickt nämlich immer. Völlig ungeeignet sind diese Frauen daher auch für Männer, die keine Kinder möchten. Schließlich versagt er ihr damit ihren größten Wunsch, und wir wissen ja alle, wie Frauen sein können, wenn sie nicht das bekommen, was sie wollen.

Das Hausmütterchen ist eine Vorzeigefrau, wenn es ums Familienleben geht und häufig Gäste zu bewirten sind. Solange sie einen Kinderwagen herumschieben und sich über ihre Kleinen unterhalten kann, ist sie ganz in ihrem Element. Doch außerhalb dieses Bereichs fühlt sie sich leicht unsicher. Daher ist sie als Begleitung für Partylöwen oder bei gesellschaftlichen Großereignissen nicht unbedingt geeignet. Wer sich aber vor allem zu Hause wohl fühlen und gemeinsam mit der Familie schöne Stunden erleben will, kann keinen besseren Fang machen!

Die Prinzessin – Diamonds are a girl's best friend!

Dieser Typ ist ein ganz besonderer, obwohl natürlich die meisten Frauen tief in ihrem Inneren etwas Prinzessinnenhaftes an sich haben. Die klassische Prinzessin war schon immer vor allem Papis Liebling – und hat alles von ihm bekommen, was sie sich nur gewünscht hat. Was dabei herauskommt, wissen wir ja: ein gerissenes kleines Luder, das uns alle um den Finger wickelt! Dabei ist die Prinzessin in vieler Hinsicht eigentlich ein Traum. Kein anderer Frauentyp versteht es so gut, sich verwöhnen zu lassen und das gemeinsame Leben in vollen Zügen zu genießen. Für die Prinzessin gehört ein bisschen Luxus einfach dazu.

Doch dieser Frauentyp hat noch eine andere Seite: Jede Prinzessin ist im Grunde auch ein besonders zartes, sensibles Wesen, das sich nichts sehnlicher wünscht, als dass sie ein strahlender Ritter vor den Gefahren der bedrohlichen Welt rettet. Er soll sie auf sein Schloss entführen, ihr zu Füßen liegen und ihr jeden Wunsch von den Augen ablesen. Dafür wird sie ihn zum glücklichsten

Mann der Welt machen. Schon seit überhaupt Geschichten erzählt werden, ist das so. Das Schöne daran: Es funktioniert immer noch! Eine Prinzessin möchte einen Mann, in dem sie den Helden sehen kann. Er soll stark und mutig sein und sich von nichts aus der Bahn werfen lassen. Obwohl die moderne Prinzessin freilich nicht mehr von Monstern bedroht wird und wir auch kein Schwert mehr brauchen, um sie zu retten, kann man mit einem strahlenden weißen Ross und einem hübschen kleinen Schlösschen immer noch die schönsten Frauen der Welt erobern – das blaue Blut ist dabei längst nicht mehr so wichtig …

Erobert werden wollen Prinzessinnen auf jeden Fall. Sie würden sich nie jemandem hingeben, der nicht vorher bewiesen hat, dass er es auch wert ist – Adel (selbst imaginärer) verpflichtet eben! Zugegeben, die klassischen Heldentaten sind heute einfach nicht mehr »in«. Trotzdem ist es auf vielerlei Weise möglich, eine Prinzessin zu beeindrucken, sogar ohne das eigene Leben aufs Spiel zu setzen. Besondere Erfolge jeder Art finden sie schon sehr anziehend, sei es nun im Beruf, im Sport oder im künstlerischen Bereich. Richtig interessant wird Mann aber vor allem, wenn er sie zudem noch mit Schätzen überhäufen kann. Teure Geschenke, vor allem Schmuck, elegante Einladungen oder ausgefallene Reisen, sind hier das Tüpfelchen auf dem i. Nur wer ihr genug Luxus bieten kann, bekommt auf Dauer den Schlüssel zum Herzen einer richtigen Prinzessin.

Und sie lebten glücklich bis ans Ende ihrer Tage ...

Wer das Herz einer Prinzessin erobert, kann zu Recht stolz auf sich sein. Nicht nur, dass er damit gezeigt hat, zu welchen besonderen Leistungen er fähig ist, nein, er hat auch noch eine von vielen Männern heiß begehrte Frau rumgekriegt – das ist schon ein Erfolg! Und dieser währt lange, denn Prinzessinnen sind in aller Regel treu. Das bleibt nicht die einzige Belohnung für den Helden, da sie es außerdem versteht, ihrem Liebsten das Leben richtig zu versüßen. Sie wird immer ein offenes Ohr für seine neuesten Heldentaten haben und mit Begeisterung auch das kleinste Detail erfahren wollen – Heldentaten, die für andere Frauen vielleicht nur langweilige Geschäftsberichte wären. Prinzessinnen dagegen stecken voller Anteilnahme und geben ihrem Mann das Gefühl, dass er täglich etwas Besonderes leistet. Na, wenn das keine Liebe ist!

Auch sonst sind Prinzessinnen erstklassig darin, einen Mann zu verwöhnen. Sie vermitteln ihm, dass er der Größte ist, lesen ihm seine Wünsche von den Augen ab und überraschen ihn immer wieder mit neuen unglaublichen Einfällen. Und was den Sex betrifft: So anstrengend es auch sein mag, eine Prinzessin erst einmal zu erobern, so sehr lohnt sich der Aufwand. Prinzessinnen sind die geborenen Verführerinnen, sie wissen einfach, wie sie einen Mann glücklich machen können! Mit ihrer Fantasie, ihrem Einfühlungsvermögen und meistens auch einer guten Portion Talent machen sie die schönsten Stunden zu zweit unvergesslich.

Prinzessinnen haben einen instinktiven Hang zum Luxus. Schöne Dinge ziehen sie magisch an. Dabei neigen sie nicht zum Geiz, sondern teilen diesen Luxus immer gerne mit Freunden – schließlich ist ein Leben im Überfluss nur halb so schön, wenn man dafür nicht auch ein bisschen bewundert wird! Prinzessinnen sind deshalb immer gesellige Wesen und gerne unter Menschen. Mit ihnen wird es nicht langweilig, denn wenn diese Gefahr droht, laden sie einfach schnell Freunde zum Essen ein – oder bekommen es hin, dass sie selber eingeladen werden. Am wohlsten fühlt sich eine Prinzessin, wenn sie es schafft, zur Highsociety zu gehören. Gesellschaftliche Ereignisse sind für sie einfach ein Muss, und sie versteht es hervorragend, dabei zu strahlen. Auch wenn es sich nicht wirklich um die Highsociety handelt, wird sie in ihren Kreisen den Kontakt zu jenen pflegen, die als »wichtig« oder »in« gelten – so sind Prinzessinnen eben.

Neben ihnen kann man gar nicht anders, als ebenfalls zu glänzen, denn die Ausstrahlung der Prinzessinnen färbt auf jeden ab, der ihr nahe ist. Wahrscheinlich liegt das an ihrem Talent, anderen zuzuhören und ihnen das Gefuhl zu geben, dass sie wirklich wichtig sind. Kein Wunder dass jeder (Mann) sich in der Gesellschaft einer Prinzessin einfach wohl fühlt. Und kein Wunder, dass dieser Frauentyp bei Männern besonders begehrt ist.

... wenn sie sich nicht vorher scheiden lassen

Ihr Hang zum Luxus kann manch einer Prinzessin (und ihrem Partner) zum Verhängnis werden. Hier kommt oft eine etwas dunklere Seite dieses hübschen Sternchens zum Vorschein: Will Mann ihre Aufmerksamkeit genießen, muss er ihr schon etwas bieten. Das klingt nicht nur etwas drastisch, sondern ist es leider auch. Eine Prinzessin sieht sich als etwas ganz Besonderes, und wer ihren Ansprüchen nicht genügt, wird leicht von ihr übersehen. Das bezieht sich vor allem auf die materielle Seite des Lebens. Man kann zwar durch herausragende Leistungen auf besonderen Gebieten und sogar mit purer Poesie ihr Interesse wecken, aber wenn einer Prinzessin nicht auch ein bisschen Luxus im Leben geboten wird, schläft es leicht wieder ein. Eine Prinzessin wünscht sich einfach einen gewissen Lebensstandard. Wer ihn ihr nicht verschaffen kann, hat bei ihr auf Dauer keine guten Aussichten.

Wer es einmal geschafft hat, eine Prinzessin für sich zu erobern, sollte daher dafür sorgen, dass ihr Lebensstil gesichert ist. Denn so treu die Prinzessin auch ist, gibt es doch eines, das sie in einer Beziehung nicht verkraftet: wenn es finanziell bergab geht. Ihr fehlt etwas Entscheidendes zum Glück, wenn sie sich nicht mehr das kleine bisschen Besonderheit gönnen, nicht mehr im neuesten Schick strahlen und keine rauschenden Feste mehr feiern kann. Und es gibt nichts Anstrengenderes, als eine unglückliche Prinzessin im Haus zu haben. Nach einer mehr oder weniger langen Phase des Jammerns, Nörgelns und Haderns packt sie irgendwann verzweifelt alles zusammen, was ihr vom Luxus geblieben ist, und verlässt das sinkende Schiff. Denn auch wenn Prinzessinnen wie alle Frauen prinzipiell ganz gut selbst ihr Geld verdienen könnten – darauf angewiesen sein möchten sie auf gar keinen Fall!

So tragisch muss es ja zum Glück nicht kommen.

Trotzdem sollte man den prinzessinnentypischen Hang zum Luxus immer im Auge behalten und nicht überhand nehmen lassen, sonst könnte bald der Ruin drohen. Wer will sich schon in die Schar mehr oder weniger berühmter Männer einreihen, die von einer luxussüchtigen Frau um Geld und Verstand gebracht wurden?

Apropos um den Verstand bringen: Auch davor sollten Sie sich bei einer Prinzessin immer hüten. So einfühlsam und verständig diese Frauen normalerweise sind, so listig können sie werden, wenn sie sich etwas in ihren hübschen Kopf gesetzt haben. Dann werden alle Waffen der Frau aus der Trickkiste geholt, um mit allen Mitteln darum zu kämpfen. Prinzessinnen können verlocken, schmeicheln und verführen, aber wenn sie damit nicht ans Ziel gelangen, können sie auch richtig zickig werden.

Wehe dem armen Eroberer, der von seinem Augenstern auf einmal mit Verachtung oder gar Sexentzug bestraft wird, hysterische Anfälle über sich ergehen lassen muss und ständig Vorwürfe über Vorwürfe zu hören bekommt! Wer dabei nicht schwach wird, der ist ein wirklicher Held – aber das wird seine Prinzessin leider nicht zu schätzen wissen … Auch ihr Hang zu Glanz und Glamour kann das Zusammenleben mit einer Prinzessin ziemlich stressig machen. Schließlich hat man ja nicht immer Zeit und Lust auszugehen, nur weil gerade die Party des Jahres stattfindet – die Prinzessin dagegen will sich kein wichtiges Ereignis entgehen lassen. In extremen Fällen muss man sie schon fast in Ketten legen, um ihren Hang zum Gesellschaftsrummel zu bremsen. (Vielleicht ist so ja die Geschichte vom bösen Monster und der Prinzessin im Turm entstanden …)

Drum prüfe, wer sich ewig bindet …

… zum Beispiel, ob sein Bankkonto auch ein entsprechendes Guthaben aufweist. Keine Sorge, nicht jede Prinzessin wird bei finanziellen Problemen zur bösen Hexe! Aber man sollte schon darauf achten, ihr etwas bieten zu können, denn nur eine glückliche Prinzessin macht auch ihren Liebsten zum glücklichsten Mann der Welt. Am besten passen Prinzessinnen zu Männern, die genau wie sie die schönen Seiten des Lebens zu schätzen wissen und dafür gerne Einsatz zeigen. Mit ihnen zusammen bilden sie ein unschlagbares Paar auf dem Weg zu gesellschaftlicher Anerkennung und Bewunderung. Wer selbst einen gewissen Hang zum Glamour hat und sich vor allem eine Frau an seiner Seite wünscht, mit der er sich in der Öffentlichkeit sehen lassen kann, sollte sich nach einer Prinzessin umschauen.

Der Wunsch nach Kindern stellt für eine erfolgreiche Beziehung mit einer Prinzessin kein Hindernis dar, aber es sollten ausreichend finanzielle Mittel vorhanden sein, damit der Lebensstandard durch den Nachwuchs nicht sinkt. Und es sollten natürlich hübsche und vorzeigbare Kinder werden – eine Prinzessin möchte sich schließlich nur mit kleinen Prinzen und Prinzesschen an ihrer Seite sehen lassen! Doch keine Sorge, was die Gene nicht zu leisten vermögen, kann manch schickes Baby-Outfit locker wieder glatt bügeln.

Neben einem kleinen bisschen Luxus ist es für die Prinzessin am wichtigsten, dass sie sich als etwas Besonderes fühlt. Wer es schafft, ihr dieses Gefühl zu geben, der hat den Schlüssel zum Glück eigentlich schon in der Hand. Mit etwas Geschick kann er die Prinzessin so glücklich machen, dass sie auch ihn zum glücklichsten Mann der Welt macht!

Das Girlie – Ich will Spaß!

Das Girlie sehen wir seltsamerweise vor allem in der Fernsehwerbung. Diese Art Frau geht mit ihren Freundinnen einkaufen, feiert Partys an allen denkbaren Orten und nimmt das Leben und den Job leicht – kein Wunder bei diesen Werbeeinnahmen ... Aber auch im wirklichen Leben versucht das Girlie, sich das Leben möglichst stressfrei und abwechslungsreich zu gestalten. Es ist frei, ungebunden und macht am liebsten immer gerade das, was ihm in den Kopf kommt. Seine Freiheit hat es sich oft erst erkämpfen müssen, deshalb ist sie ihm auch umso wichtiger, auch wenn es einiges dafür opfern muss.

Wie der Name schon sagt, sprechen wir hier zunächst einmal von sehr jungen Frauen. Das klassische Girlie hat seine Ausbildung gerade oder fast hinter sich und möchte jetzt vor allem eins: das Leben in vollen Zügen genießen! Ihm ist der Job schon wichtig, aber weniger, weil es Karriere machen möchte, sondern eigentlich nur, weil es ja schließlich Geld braucht, um sich zu amüsieren. Eine eigene Wohnung, ein buntes kleines Auto und genug Geld für Reisen, neue Klamotten und den wöchentlichen Ausgeh-Marathon gehören beim Girlie nämlich einfach dazu. Das Wichtigste ist Spaß, es will sich amüsieren und alles auskosten, was das moderne Leben zu bieten hat. Hin und wieder bekommt man gar den Eindruck, dass Girlies eine lebenslange Abstinenz nachzuholen haben. Immer ist Action angesagt! Keine coole Party, bei der diese Frau nicht dabei wäre, keine Super-Location, die sie nicht mindestens einmal sehen muss. Die meisten Girlies zieht es unwiderstehlich in die jeweils angesagtesten Städte der Welt, Hauptsache, dort lässt sich was erleben!

Es gibt immer wieder Frauen, die ihr ganzes Leben lang die Einstellung eines Girlies behalten. Das funktioniert ganz gut, denn schließlich muss man dazu nicht unbedingt jung, sondern vor allem immer up to date sein. Alles, was neu und »in« ist, übt eine ungeheure Anziehungskraft auf Girlies aus – vermutlich müssen sie sich deshalb so oft in der Werbung sehen. Echte Girlies machen bei jeder neuen Sportart mit, haben so viel Hightech-Schnickschnack, wie es der Geldbeutel eben zulässt, und sehen sich jeden Trend ganz aus der Nähe an. Nicht leicht, bei ihrem Tempo mitzuhalten ... Dafür bestechen Girlies durch Offenheit. Sie sehen sich alles erst einmal neugierig an, bevor sie darüber urteilen. Mit ihnen kann man Pferde stehlen und rauschende Nächte erleben, ohne dass sie jemals Gewissensbisse hätten – solange sie sich dabei nur amüsiert haben.

Lass uns was erleben!

Das Schöne an der Girlie-Frau ist die ansteckende Lebenslust, die sie versprüht. Wo ein Girlie auftaucht, bleibt die Stimmung nicht lange im Keller. Es ist Mittelpunkt jeder Party und bringt sie erst richtig in Schwung. Das Girlie ist die Erste auf jeder Tanzfläche, bei jedem Unsinn dabei und immer noch fit und munter, wenn andere schon schlappmachen – ein richtiger Energiekeks eben. Ein kleiner Schwips ist dabei fast obligatorisch, und manchmal schlagen Girlies auch richtig über die Stränge – aber das nehmen sie immer mit Humor. Party ist, wo sie sich aufhalten: an der Bar, in der Küche oder notfalls im Bad.

Auch für alle anderen Unternehmungen ist ein Girlie immer zu haben, wenn sie nur cool genug sind. Sonntagmorgens um sechs Uhr aufstehen, um im besten Skigebiet aufs Snowboard zu steigen? Es ist dabei! Zu fünft im Fiat Panda 500 Kilometer zum Festival des Jahres fahren? Kein Problem! Und an zwei durchgemachte Nächte noch eine dritte dranhängen? Warum nicht – solange nur gute Stimmung herrscht.

Wer ein Girlie kennt, ist immer informiert. Es präsentiert die neuesten Trends, bevor der Rest der Welt überhaupt weiß, dass es sie gibt. Nicht umsonst sind Girlies immer auf der Suche nach dem, was wohl als Nächstes »in« und schick sein wird. In jeder Frau dieses Typs steckt eine kleine Trendsetterin, und wenn sie nicht die Erste ist, die etwas Neues zur Schau stellt, dann versucht sie es doch zumindest zu übertrumpfen. Was macht es schon, dass sie nicht die Erste mit dem neuen iPod war, wenn sie jetzt dafür das allerneueste Mini-iPod-Modell ihr Eigen nennt? Und zwar in ihrer Lieblingsfarbe, der Farbe der Saison!

Ein Girlie an Ihrer Seite ist immer ein Auslöser für neidische Blicke bei allen männlichen Kollegen, glauben Sie mir! Girlies versprühen so viel Lebensfreude, dass sie eine fast magische Ausstrahlung haben. Außerdem sind sie immer auf dem neuesten Stand der Mode – und normalerweise verdammt gut darin, sich mit ihrem Outfit so richtig in Szene zu setzen. Wer unerkannt mit einem Girlie ausgehen will, hat schlechte Karten – Girlies sorgen einfach immer dafür, dass sie auffallen.

Mit solch einem Energiebündel wird natürlich auch die Beziehung nie fade. Ein Girlie weiß immer, wie es Schwung in den Laden bringt, sogar wenn man selber gerade mal nicht genügend Power übrig haben sollte. Wer mit einem Girlie zusammen ist, wird immer wieder staunen, wie schnell er seine Kraftreserven wieder auftanken kann. Auch die Nächte mit einem Girlie werden nie langweilig. Sobald es irgendwo von etwas Interessantem hört, will es das natürlich auch ausprobieren.

Girlies haben kein Problem damit, ihre Zeit auszufüllen und sich allein zu beschäftigen. Sie werden nie quengelnd darauf warten, dass ein Mann endlich den Fernseher ausschaltet und ein interessanteres Abendprogramm gestaltet, sondern die Sache einfach selbst in die Hand nehmen. Und will man lieber einmal nur mit den Kumpels losziehen – kein Problem. Das Girlie hat sicher auch schon Pläne, was es mit ihren Freundinnen unternehmen möchte. Diese Frau wird nie wie eine Klette an ihrem Mann hängen – dafür hat sie viel zu viel Initiative und Unternehmungsgeist im Blut.

Fun, fun, fun

Klar, dass so ein Wirbelwind von Frau natürlich auch seine Macken hat. Ihre größte ist, dass sie Langweiler einfach nicht ertragen kann. Und für ein Girlie ist man leicht ein Langweiler. Dazu genügt oft schon der Vorschlag, den Abend gemütlich zu Hause auf der Couch zu verbringen ... Für ein Girlie »langweilige« Situationen können schnell zur Qual werden. Ob es das Geschäftsessen mit Kunden ist, die einfach nicht zum Lachen zu bewegen sind, oder der obligatorische Familienbesuch zu Weihnachten – entweder versucht diese Frau, mit Gewalt Stimmung in die Sache zu bringen (und tritt dabei manchmal voll ins Fettnäpfchen) oder sie will so schnell wie möglich weg. Weit weg. Möglichst dahin, wo es laut und lustig ist!

Ihre ständige Partystimmung lässt Girlies manchmal etwas oberflächlich wirken, und gelegentlich stimmt dieser Eindruck leider auch. Zwar können auch diese Frauen manchmal ganz gut zuhören oder sich zu mehr Ernst zwingen, aber besonders glücklich sind sie dabei nicht. Wer gerne ernsthafte Diskussionen führt, wird schnell an die Grenzen der Belastbarkeit stoßen – ein Girlie sieht einfach keinen Sinn darin, sich den Kopf über sowieso unlösbare Dinge zu zerbrechen.

Eine Girlie-Frau sucht eigentlich nach einem Mann, der mit ihr mithalten kann und für alles offen ist, und dafür muss er ihr schon sehr ähnlich sein. Sie hält nichts von ernsthaften Typen, die sich vor allem für ihren Beruf interessieren oder ihr Leben mit einer Familie in feste Bahnen lenken wollen. Wer mit ihr zusammen sein will, der muss ihr reichlich Abwechslung und Unterhaltung bieten, damit sie sich nicht langweilt!

Ihr Freiheitsdrang ist ein anderer Punkt, an dem Beziehungen mit Girlies immer wieder scheitern. Es ist schwierig, jemanden zu binden, der die meiste Zeit lieber mit Freunden unterwegs ist, um aufregende Dinge zu erleben. Manche Girlies gehen so weit, dass sie sich bei aller Liebe im Grunde eine offene Beziehung wünschen, bei der die Partner sich auch einmal mit anderen vergnügen dürfen. Wer auf Treue Wert legt, sollte von solchen Experimenten lieber die Finger lassen, denn das Girlie wird alle Möglichkeiten, die man ihm zugesteht, zweifellos auch ausnützen. Wer sich dagegen genauso wenig festlegen will wie eine Girlie-Frau, für den ist sie ideal.

Immerhin muss man sich als Partner eines Girlies keine Sorgen machen, dass es seine Ausschweifungen verheimlicht. Girlies sind von Grund auf ehrlich und stehen zu dem, was sie tun – auch wenn es manchmal schmerzt. Sollte eine dieser Frauen also doch einmal in einem fremden Bett gelandet sein, wird sie es auf jeden Fall früher oder später zugeben. Wenn sie dazu noch zerknirscht um Verzeihung bittet, kann der Auserwählte davon ausgehen, dass er ihr doch so einiges bedeutet! Wie gesagt, es ist alles nur eine Frage der eigenen Einstellung …

Her mit den Individualisten!

Eine Girlie-Frau ist in den seltensten Fällen geeignet für Männer, die sich eine klassische Familie wünschen. Dafür ist ihr ihre Freiheit und ihr Vergnügen zu wichtig, und wer sie dazu bringt das aufzugeben, macht sie auf Dauer nur unglücklich. Dafür passt das Girlie perfekt zu Ihnen, wenn Sie mit dem traditionellen Beziehungsmodell auch nicht allzu viel anfangen können und das Leben ähnlich sehen wie sie. Wenn Sie eine unkomplizierte Beziehung möchten, in der beide Partner möglichst viel Freiraum behalten, sind Sie bei einem Girlie genau an der richtigen

Adresse. Erst recht, wenn es Ihnen wichtiger ist, Spaß zu haben und verrückte Dinge zu erleben, als sich für Ihre Partnerin einschränken zu müssen.

Natürlich ist das Girlie auch die ideale Begleitung, wenn man mit einer jungen, lebenslustigen Frau glänzen möchte. Zu viel sollte man sich von einer solchen Verbindung jedoch nicht erwarten – das Girlie wird nur so lange mitmachen, wie es ihm Spaß macht. Wenn man es schafft, dass diese Frau sich dabei nie langweilt, kann die Sache auch länger gut gehen. Und wer weiß, vielleicht hilft sie einem ja sogar dabei, eingefahrene Gleise zu verlassen und seinem Leben eine ganz neue Richtung zu geben?

Der perfekte Partner für ein Girlie sollte vor allem jung, ungebunden und unternehmungslustig sein. Wer dazu noch das eigene Leben lieber ungewöhnlich lebt und sich dafür eine Partnerin wünscht, die manchmal einfach nur ein Kumpel ist, der liegt mit einem Girlie genau richtig.

Die Abenteuerin – zwischen *Camel* Trophy und *Marlboro* Man

Die Abenteuerin ist ein ganz ausgefallener Typ Frau – aber nicht der Paradiesvogel im Hühnerstall, sondern eher das Krokodil! Sie sollten sie sich nicht als weiblichen Crocodile Dundee vorstellen und leider auch nicht wie Lara Croft. Abenteuerinnen sind all die Frauen, die ständig auf der Suche nach dem Außergewöhnlichen durch die Welt ziehen. Zum Glück brauchen sie dafür nicht unbedingt das Vermögen des reichen Erbonkels (obwohl es natürlich hilft), und auch Buschmesser und Tropenhut gehören nicht zu ihrer Grundausstattung – zumindest nicht in unseren Breitengraden. Zu Hause wird man eine echte Abenteuerin jedoch nur selten antreffen, es sei denn, es lässt sich gar nicht vermeiden, weil sie mal wieder Geld verdienen muss.

Abenteuerinnen verbringen so viel Zeit wie möglich auf Reisen, immer auf dem Weg ins große Abenteuer. Sie besitzen mindestens einen riesigen »Hier-ist-wirklich-Platz-für-alles-Rucksack«, meistens sogar zwei (für verschiedene Klimazonen). Gut verstaut in allen Ecken ihrer heimischen Notunterkunft findet sich eine komplette Survival-Ausrüstung. Vom Bergschuh über den Benzin-Campingkocher (höhentauglich bis 5000 Meter!) bis hin zum Schlangenbiss-Notfallset darf hier nichts fehlen. Und ob Sie es glauben oder nicht: Sie hat das alles schon mindestens einmal wirklich gebraucht! Diese Frauen könnten tatsächlich bei der *Camel* Trophy mitmachen. Sie sind extrem selbstständig, ungebunden und wollen so viel wie möglich von der Welt sehen. Dabei suchen sie immer wieder Extremsituationen, in denen sie sich beweisen können. Wenn sie schon nicht allein durch die Weiten der Sahara wandern können, unternehmen sie wenigstens Extrem-Bergtouren auf die höchsten Alpengipfel. »Extrem« ist überhaupt eines ihrer wichtigsten Charakteristika.

In den Weiten der Wüste …

… können Sie eine echte Abenteuerin fast leichter finden als dort, wo ihr Name am Briefkasten steht. Das hat jedoch auch den Vorteil, dass man sich eigentlich nur auf Abenteuertour begeben muss, wenn man einer solchen

Frau begegnen will – denn dort trifft man sie ganz sicher. Wer selbst gerne in den entlegensten Winkeln der Welt unterwegs ist, der hat sowieso schon das eine oder andere Exemplar dieser Art getroffen – und vielleicht sogar näher kennen gelernt. Reisen verbindet, heißt es ja so schön. Im Fall der Abenteuerin geht das noch viel weiter, wenn man es einmal geschafft hat, ihr Herz zu erobern.

So ungebunden sie auch leben, so treu sind Abenteuerinnen, wenn sie einmal den Mann fürs Leben gefunden haben. Der sollte natürlich die gleichen Interessen haben, denn nichts ist so schön wie gemeinsame Erinnerungen an ein Lagerfeuer in den Anden oder am Strand in der Südsee. Ein Paar, das solche Leidenschaften teilt, trennt so leicht nichts mehr. Stattdessen geht es gemeinsam von einem Abenteuer zum nächsten. Teamgeist ist neben ihrer Treue eine der großen Stärken der meisten Abenteuerinnen – in Extremsituationen erfährt man eben sehr schnell, wie wertvoll verlässliche Partner sind.

Es gibt jedoch auch immer wieder glückliche Partnerschaften zwischen Abenteuerinnen und Männern, die den größten Teil des Jahres in den trauten vier Wänden verbringen – so seltsam das auch klingen mag. Schließlich kehren die allermeisten Abenteuerinnen immer wieder nach Hause zurück, und sei es nur, um ihre nächste Reise vorzubereiten. Das Zuhause ist daher ein wichtiger Ort im Leben jeder Abenteuerin. Wartet dort auch noch ein geliebter Mensch, der das Heimkommen schöner macht, ist sie glücklicher als jemals zuvor. Denn auch die selbstständigste Frau der Welt wünscht sich ab und zu einen festen Halt im Leben – und eine starke Schulter zum Anlehnen.

Abenteuerinnen sind die perfekten Partnerinnen für alle Outdoor-Begeisterten und Extremsportler (sofern diese die Konkurrenz durch die eigene Partnerin nicht fürchten). Sie nehmen an jeder Tour teil und machen alles mit, wenn das Vorhaben nach Abenteuer riecht. Trotzdem sind sie nur in den seltensten Fällen ausschließlich auf ihre Leidenschaft fixiert. Sie können sogar ziemlich nüchtern und vernünftig sein, wenn es darum geht, sich den Lebensunterhalt zu verdienen – und gleichzeitig für die nächste Reise in die Ferne zu sparen. Dabei gehen sie planvoll vor und lassen sich auch von Hindernissen nicht aus der Bahn werfen. Allerdings wünschen sie sich von ihrem Partner, dass er genau so viel aushält wie sie selbst.

Nach ein paar Jahren, in denen sie sich ausgetobt haben und praktisch nie zu Hause anzutreffen waren, schaffen Abenteuerinnen es dann schließlich, ihre Begeisterung für alles Extreme in einigermaßen geordnete Bahnen zu lenken. Irgendwie schaffen sie es immer wieder, monatelange Reisen mit ihrem Beruf unter einen Hut zu bekommen. Auch eine Familie ist für sie kein Hindernis, sondern eine zusätzliche Herausforderung, und die Kinder einer richtigen Abenteuerin werden schon in jungen Jahren ganz schön herumkommen.

... werden wir uns wiedersehen?

Tja, eines muss ganz offen gesagt werden: So interessant und verlässlich eine Partnerschaft mit einer Abenteuerin auch sein mag, so schwierig ist es, erst einmal so weit zu kommen. Sie kennen zu lernen stellt kein Problem dar, sofern man bereit ist, ihr auf ihren Abenteuerrouten zu folgen. Aber sie wiederzusehen, obwohl man sie noch kaum kennt ... das kann viel Geduld erfordern. Wer sich in eine Abenteuerin verliebt, sollte sich darüber im Klaren sein, auf was er sich einlässt. Entweder er beteiligt sich an ihren Unternehmungen (wenn sie ihn lässt), oder er verbringt ziemlich viel Zeit mit Warten – während sie Amerika mit dem Mountainbike durchquert oder sich wahlweise mit Fallschirm, Bungee-Seil oder Paraglider von steilen Felshängen stürzt. Mann braucht schon extrem gute Nerven, wenn er alle Eskapaden einer richtigen Abenteuerin unbeschadet überstehen will. Denn gelegentliche Arm- oder Beinbrüche sind bei so einem aufregenden Lebensstil natürlich nicht ausgeschlossen.

Wer selbst gerne Sport treibt und viel reist, passt immer noch am besten zu einer Abenteuerin. Wer dagegen am liebsten auf Partys geht oder keine Vernissage und kein neues Theaterstück auslässt, wird weniger Freude mit ihr haben. Sie ist unglücklich, wenn sie sich nicht draußen in der Natur bewegen kann. Und vermutlich hat sie nicht einmal das passende Outfit im Schrank, um bei gesellschaftlichen Ereignissen eine elegante Erscheinung abzugeben. Das ist nicht böse gemeint – es gibt Outdoor-Klamotten, die richtig gut aussehen und manchmal sogar ziemlich sexy sind, aber für bestimmte Anlässe eignen sie sich eben ganz und gar nicht. Und in langem Rock und Stöckelschühchen fühlt sich die typische Abenteuerin ohnehin etwa so, wie sich ein Känguru beim Schlittschuhlaufen fühlen dürfte – völlig deplatziert.

Wie gesagt, die Abenteuerin kann ihre Leidenschaft auch mit einem »normalen« Leben und mit einer Familie vereinbaren. Trotzdem wird sie immer eine recht unkonventionelle Frau bleiben. Denn wie viele Leute finden es schon normal, wenn ihre Kinder auf Savannentour mit Elefantenbabys spielen oder mit fünf Jahren schon einmal um die ganze Welt gereist sind? Es soll auch Schwiegermütter geben, die alles andere als begeistert sind, wenn ihre Enkel im Tragetuch mit zum Klettern genommen werden oder Heuschrecken lieber mögen als Schokoladeneis, sofern man sie nur in Honig brät.

Obwohl die typische Abenteuerin nicht unbedingt davon ausgeht, dass ihr Mann fürs Leben bei jedem ihrer Abenteuer dabei ist, erwartet sie eines auf jeden Fall: Verständnis für ihre Leidenschaft. Ganz gleich, in welcher Weise sie sie ausleben mag, ob mit Reisen oder halsbrecherischen Sportevents: Wer sie nicht so akzeptiert, wie sie ist, der hat in ihrem Leben keinen Platz.

Dringend gesucht: ganze Kerle!

So unkonventionell wie die Abenteuerin selbst ist auch das Leben mit ihr. Ihr bedeuten ihre Unternehmungen enorm viel, ganz gleich, ob sie Tage oder Monate dauern. Deswegen braucht sie auch unbedingt einen Mann, der sie so leben lässt, wie es ihren Vorstellungen entspricht. Wer versucht, sie in ein »normales« Leben zu zwängen, macht sie todunglücklich und damit unberechenbar – eines Tages hängt vielleicht ein Zettel im Bad: »Bin in die Anden geflogen. Komme nächstes Jahr wieder. Vielleicht.« Oder aber die Partnerschaft ist genauso schnell vorbei, wie sie angefangen hat.

Am besten passt diese Frau zu Männern, die selbst Lust auf Abenteuer haben – natürlich auf dieselbe Art

Abenteuer, denn wie gesagt, Treue ist für Abenteuerinnen durchaus wichtig ... Zwar wirken Indiana-Jones-Frauen oft sehr anziehend auf Männer, die ihr genaues Gegenteil sind und am liebsten so viel Zeit wie möglich zu Hause verbringen, doch sie würden diese nur unglücklich machen. Vielmehr sind Abenteuerinnen ideale Partnerinnen für alle, die selbst einen ungewöhnlichen Lebensentwurf ausprobieren wollen. Wer also zum Beispiel in die Wildnis auswandern will oder etwas anderes vorhat, das wie ein richtiges Wagnis aussieht, kann in einer Abenteuerin genau die Frau finden, die ihm mit Rat, Tat und Durchhaltevermögen zur Seite steht – so verrückt seine Pläne auch sein mögen.

Die Esoterikerin – Lass uns die Welt verbessern!

Im Lauf der Zeit entstehen immer wieder neue Frauentypen. Einer, der sich in den letzten Jahrzehnten immer weiter verbreitet hat, ist die Esoterikerin. Charakteristisch für sie: die ständige Suche nach persönlicher Weiterentwicklung und Selbstverwirklichung. Natürlich versuchen wir alle, Männer wie Frauen, in gewisser Weise uns und vor allem unsere Wünsche und Pläne zu verwirklichen. Bei der Esoterikerin nimmt die Beschäftigung mit sich selbst allerdings so ausgeprägte Züge an, dass sie jedem Hobby den Rang abläuft. Ganz nebenbei ist sie immer auf der Suche nach dem tieferen Sinn des Lebens, und die Erde, die Natur und alle ihre Mitgeschöpfe liegen ihr sehr am Herzen.

Sie haben sie sicher auch schon einmal bemerkt: Frauen, die am liebsten in Bioläden einkaufen, bequeme ökologische Kleidung tragen und sich in den Duft von Blütenessenzen hüllen. Im Supermarkt haben sie Stoffbeutel dabei, und sie sind überzeugte Verfechterinnen von Mülltrennung und Recycling. Außerdem weisen sie oft eine sehr ausgeprägte soziale Ader auf. Sie möchten ihren Mitmenschen helfen, ebenfalls ihr Glück zu finden (ob diese das wollen oder nicht, spielt dabei nur eine geringe Rolle), und natürlich vor allem die Welt als Ganzes verbessern.

Esoterikerinnen führen gerne tiefsinnige Gespräche, in denen ihr meist umfangreiches psychologisches Wissen zum Vorschein kommt. Das Schöne an ihnen ist, dass sie sehr verständnisvoll sind und sich gerne die Zeit nehmen, auf jeden Gesprächspartner voll und ganz einzugehen. Allerdings geht oft auch ihre Begeisterung mit ihnen durch, was dazu führt, dass sie ungefragt Ratschläge und Anleitungen verteilen, wie man sein Leben verbessern könnte. Auch wenn sie manchem damit auf die Nerven fallen, meinen sie es immer nur gut!

Esoterikerinnen sind sehr offen für alle Neuigkeiten in den Bereichen Psychologie, Lebensberatung und Esoterik. Meistens sprechen sie gerne und viel über ihre Erfahrungen. Manchmal zeigen sie sich allerdings nicht ganz so offen, zum Beispiel wenn jemand anderer Ansicht ist als sie selbst – sie haben sich schließlich so intensiv mit diesen Themen beschäftigt, dass sie häufig glauben, alles darüber zu wissen.

Wie füreinander geschaffen ...

Die Liebe gehört neben der Selbstfindung zum Wichtigsten im Leben der Esoterikerin. So ist sie auf der Suche nach einem Partner, der möglichst perfekt zu ihr passt. Wenn sie sich auf eine Partnerschaft einlässt, dann nur, wenn sie davon überzeugt ist, auch wirklich den richtigen Mann gefunden zu haben. Das Tolle daran: Esoterikerinnen sind dazu bereit, sich aktiv um die Beziehung zu kümmern und dafür zu sorgen, dass sie stabil und harmonisch verläuft. Eine Esoterikerin wird sich nie zu sinnlosen Flirts oder Abenteuern hinreißen lassen, die die Partnerschaft mit ihrem Traummann gefährden würden.

Harmonie ist für die Esoterikerin in jeder Hinsicht sehr wichtig. Sie achtet auf ein gutes Verhältnis zu Freunden, Nachbarn und Kollegen und pflegt dies am liebsten mit kleinen Aufmerksamkeiten wie selbst gebackenen Keksen, Pflänzchen und allem, was duftet oder hübsch aussieht. Das macht sich auch in ihrem Zuhause bemerkbar: Esoterikerinnen mögen helle, freundliche Räume, die mit allerlei Bildern, Steinen oder Mobiles dekoriert sind und eine ruhige Atmosphäre ausströmen. Vorsicht, wenn Sie im Haus einer Esoterikerin irgendetwas anfassen! Es könnte eine besondere Bedeutung haben und zu irgendeinem Zweck in genau dieser Position an genau dieser Stelle stehen – lassen sie alle seltsamen Dinge lieber dort, wo sie sind.

Esoterikerinnen wissen Qualität und die schönen Dinge des Lebens normalerweise sehr zu schätzen. Sie legen besonders viel Wert auf einen schonenden Umgang mit der Natur und bringen dafür auch Opfer – zum Beispiel, indem sie kistenweise leere Joghurtgläser zum Bioladen zurückschleppen (oder von ihrem Liebsten schleppen lassen). In der Partnerschaft ist ihnen die gemeinsam verbrachte Zeit viel zu wichtig, um sie mit sinnlosem Fernsehkonsum oder kleinlichen Streitereien zu verbringen. Stattdessen zelebrieren sie den Abend lieber mit Massagen, gemeinsamem Lesen, Kochen, Tantraübungen und anderen Dingen, die man zu zweit besonders gut genießen kann. Aber auch interessante Vorträge und kulturelle Veranstaltungen besucht die Esoterikerin oft und gerne.

Einer der Vorzüge von Esoterikerinnen besteht darin, dass sie normalerweise besonders herzliche Menschen sind: Sie zeigen sich offen für alles und für jeden. Gerne laden sie andere zu einer Tasse grünem Tee nach Hause ein, um sich stundenlang über dieses und jenes zu unterhalten. Auch wer selbst nicht so kommunikativ ist, hält es bei einer Esoterikerin lange aus – wenn er nur gut zuhören kann; schließlich schafft es eine Esoterikerin auch gut allein, über Liebe, Leiden und Leben zu philosophieren. Dabei weiß sie immer wieder interessante Neuigkeiten aus aller Welt zu erzählen, denn sie sucht ständig nach neuem Wissen. Wer sich gerne ein gutes Buch empfehlen lassen will, ist bei ihr an der richtigen Adresse. Nur lesen sollte er es dann schon, denn sie wird ihn sicher später nach seiner Meinung dazu fragen.

Falls Sie gerne eine Familie gründen möchten, liegen Sie mit der Esoterikerin ganz richtig. Sie mag Kinder und gibt sich alle Mühe, sie verständnis- und liebevoll zu erziehen. Außerdem ist sie normalerweise so tierlieb, dass man schnell einen kleinen Privatzoo zu Hause hat, wenn man nicht aufpasst. In ihrem Herzen ist Platz für alle

Lebewesen, und manchmal fällt es ihr sogar schwer, lästigen kleinen Fliegen und anderem Ungetier den Garaus zu machen. So weit kann ihre Liebe zur Natur gehen!

Die Esoterikerin tut alles mit Idealismus. Aus allem möchte sie das Beste machen – zuerst einmal für sich selbst, aber möglichst auch für die anderen. Außerdem ist sie immer der Meinung, noch mehr aus sich selbst herausholen zu können, damit sie ein noch besserer Mensch wird. Das macht sich auch in der Partnerschaft bemerkbar. Von einer Esoterikerin werden immer wieder neue Impulse ausgehen, die das Zusammenleben noch inniger, sinnlicher und harmonischer machen sollen.

... oder vielleicht doch nicht?

Den einen oder anderen Haken hat selbst die beste Frau der Welt, da macht auch die Esoterikerin keine Ausnahme. Eine Ursache für Konflikte besteht darin, dass sie von anderen meistens genauso viel erwartet wie von sich selbst. Wenn sie also daran arbeitet, sich und die Beziehungen zu ihren Mitmenschen zu verbessern, dann sollten alle anderen das doch bitteschön auch machen. Vor allem in der Partnerschaft entstehen leicht Spannungen, wenn die Erwartungen zu weit an der Realität vorbeigehen. Denn schließlich gibt es ja Menschen, die rundum zufrieden mit sich sind, nicht wahr? Die Esoterikerin dagegen findet an sich selbst immer wieder etwas zu vervollkommnen (und zu kritisieren!), und an allen anderen auch. Fehlendes Engagement in dieser Richtung wird von der Esoterikerin schnell als ein Mangel an Liebe interpretiert. Denn sie gibt sich ja auch immer alle Mühe, die Partnerschaft zu verbessern! Da kann sie es manchmal nicht verstehen, wieso ihr Liebster nicht dieselben Anstrengungen auf sich nimmt. Wenn er sich gar schlichtweg weigert, auf ihre Vorschläge und Initiativen einzugehen (die manchmal leider ein bisschen übers Ziel hinausschießen), dann wird auch mal alle Harmonie beiseite geschoben und handfest gestritten.

Erschrecken Sie also nicht, wenn sich ein Liebe und Harmonie suchender, naturverbundener Engel plötzlich in eine kleine Furie verwandelt! Die Esoterikerin ist zwar nicht immer von sich selbst, aber dafür umso mehr von ihrer Lebensphilosophie überzeugt, und die verteidigt sie gegen alle Widerstände. Vorsicht: In puncto psychologische Kriegsführung sind Esoterikerinnen Meisterinnen ihres Fachs: Sie haben sich ausgiebig mit der menschlichen Psyche beschäftigt und wissen genau, auf welche Punkte sie zielen müssen. Ihr umfangreiches Wissen wird Esoterikerinnen jedoch gelegentlich zum Verhängnis. Dann nämlich, wenn sie anfangen, in jede banale Kleinigkeit des Alltagslebens hineinzuinterpretieren, wie sehr man sie doch vernachlässigt. Wenn die leere Keksdose auf einmal ein Zeichen von Lieblosigkeit oder ein Kneipen-Abend mit Freunden der Beweis männlicher Rückständigkeit ist, hängt der Haussegen schief – ohne dass Mann tatsächlich etwas dafür könnte!

Leider ist es gar nicht so einfach, die Esoterikerin davon zu überzeugen, dass sie sich in solchen Dingen auch irren kann. Jede Beschwichtigung legt sie einfach wieder passend zu ihrer eigenen Meinung aus. Und sie hat bestimmt ein Dutzend Bücher gelesen, die sie genau darin bestärken. Um dagegenzuhalten braucht es nicht nur viel

Standfestigkeit, Geduld und Durchsetzungsvermögen, sondern auch die richtige Argumentation. Am besten eignet man sich so früh wie möglich das nötige psychologische und rhetorische Wissen an, damit man im Ernstfall auch für solche Krisen gewappnet ist!

Aus Meinungsverschiedenheiten können sich bei der Esoterikerin echte Beziehungskiller entwickeln. Wenn sie meint, dass etwas in der Partnerschaft schief läuft, findet sie im Handumdrehen ständig neue Beweise dafür. Auf diese Weise hat es schon manche Esoterikerin geschafft, sich ihren einstigen Traummann komplett wegzuanalysieren, ohne dass er selbst etwas dazu getan hätte.

Auch jene Art von Esoterikerinnen, die sich allzu sehr auf die eigene Selbstverwirklichung konzentrieren und von einem Selbstfindungsseminar zum nächsten eilen, haben schon manch eine Beziehung ins Wanken gebracht. Ihr Partner muss dann entweder, so gut es geht, mitmachen oder ratlos zusehen, wie sie sich immer weiter weg-entwickelt. Im schlimmsten Fall entschließt sie sich, Hals über Kopf in einen Ashram nach Indien zu ziehen und dort ihr Seelenheil zu suchen. Doch auch in leichteren Fällen kann es schnell dazu kommen, dass sie im Mann an ihrer Seite auf einmal nicht mehr den Partner fürs Leben, sondern einen Klotz am Bein sieht. Und wenn der sie an ihrer eigenen Entfaltung hindert, dann heißt es schon auch mal: weg damit!

Versteh mich!

Esoterikerinnen haben eine eigene Vorstellung, wenn es um Beziehungen geht. Meistens sind sie sehr liebevoll, engagiert und haben ihrem Partner in jeder Hinsicht viel zu bieten. Aber ihre Sinnsuche kann ihnen gelegentlich den Blick für die Realität verstellen, wodurch das Zusammenleben mit ihnen zu einer echten Herausforderung wird. Wer eine Esoterikerin als Partnerin möchte, sollte auf jeden Fall viel Verständnis und Akzeptanz für ihre Lebenseinstellung mitbringen – oder besser noch: sie mit ihr teilen. Sie erwartet vom Mann an ihrer Seite unbedingt Verständnis für ihre Sicht der Dinge, Aufgeschlossenheit und ökologisches Bewusstsein. Mit jemandem, der leere Dosen und Zigarettenschachteln in die Wiese wirft, eine Benzinschleuder fährt und sich von Fastfood ernährt, hält sie es sicher nicht lange aus.

Am glücklichsten ist eine Esoterikerin, wenn ihr Partner sich für die gleichen Dinge begeistert wie sie, ob es nun um Astrologie, Reinkarnation, Yoga oder Bachblüten-Therapie geht. Denn so entwickeln sich immer wieder neue Gesprächsthemen. Selbst wenn das Interesse daran nicht so groß ist, sollte er sich doch ein wenig mit diesen Themen beschäftigen, damit er wenigstens mitreden kann.

Ein gutes Selbstbewusstsein stellt eine weitere wichtige Voraussetzung dar, wenn man sich in eine Esoterikerin verliebt. Sonst besteht die Gefahr, von ihr komplett analysiert und umgekrempelt zu werden – natürlich zu einem besseren Menschen (aus ihrer Sicht!). Wer dagegen freundlich, aber bestimmt auf seinen Standpunkten beharrt und in der Lage ist, ihr in rhetorischer Hinsicht Paroli zu bieten, der kann in der Esoterikerin die Frau seines Lebens finden.

Die Qual der Wahl: Und welche ist nun die Richtige?

Angesichts all dieser verschiedenen Frauentypen fragen Sie sich vielleicht, wie Sie sich nur entscheiden sollen. Und dabei sind hier nur die wichtigsten Typen beschrieben! Zusätzlich gibt es noch unzählige Varianten und Mischformen oder die eine oder andere Exotin, die in kein Schema so recht hineinpassen will. Und oft trügt der Schein: So kann sich hinter einer scheinbar typischen Businessfrau eine Esoterikerin verstecken, in einer Abenteuerin eine Frau, die sich tief im Inneren nichts sehnlicher wünscht als ein trautes Heim und eine große Familie usw.

Aber lassen Sie sich nicht verwirren! Schließlich geht es erst einmal darum, Anhaltspunkte zu finden, welcher Typ Frau am besten zu Ihnen und Ihren Träumen passt. Um Ihren eigenen Vorstellungen näher zu kommen, können Sie einen Test machen, indem Sie über die Frauen in Ihrem Bekanntenkreis nachdenken. Sie werden überrascht sein, wie viele von ihnen Sie auf Anhieb eindeutig einem Typ zuordnen können! Vielleicht haben Sie auch schon beim Lesen bemerkt, welche Art Frau Ihnen am besten gefällt. Vielleicht sind es sogar zwei oder drei, die Sie auf Anhieb mehr ansprechen als der Rest. Schauen Sie sich diese Frauentypen auf jeden Fall genauer an und vergleichen Sie deren Eigenschaften mit den Ideen, wie Sie Ihr Leben gestalten wollen. Achten Sie dabei vor allem auf Übereinstimmungen, aber auch auf totale Gegensätze.

Wenn Sie beispielsweise ein begeisterter Wanderer

sind, wäre die Abenteuerin vielleicht eine interessante Partnerin für Sie. Wollen Sie zum Beispiel das Leben in vollen Zügen genießen und sich um Geld oder Erfolg vorerst keine Gedanken machen, ist die Businessfrau wohl keine ideale Wahl. Wenn Sie sie trotzdem interessant finden, liegt das vielleicht daran, dass Gegensätze sich anziehen, was aber nicht unbedingt zu dauerhaftem Glück führt.

Die verschiedenen Frauentypen sollen Ihnen helfen herauszufinden, wie Ihre Traumfrau in etwa sein sollte. Möchten Sie eine Frau, die Kinder liebt, möchten Sie mit ihr Pferde stehlen können, oder soll alle Welt Sie einfach nur beneiden? Je ehrlicher Sie an diese Fragen herangehen, desto klarer wird das Bild von der Richtigen für Sie. Und das ist schon die halbe Miete. Sobald Sie in etwa wissen, was Sie eigentlich suchen, können Sie einen konkreten Plan entwickeln.

NA, WO SIND SIE DENN?
JAGDREVIERE FÜR JEDEN ANLASS

Der erste Schritt auf dem Weg zu trauter Zweisamkeit ist der Wunsch, sich überhaupt für eine (neue) Beziehung zu öffnen. Der zweite besteht darin, sich klar zu werden, welche Eigenschaften die Zukünftige ungefähr haben sollte. Ist das geschehen, stellt sich natürlich die Frage: Wo findet Mann, was er sucht? Auf den folgenden Seiten bekommen Sie eine Übersicht über die besten »Jagdreviere«. Schließlich gibt es kaum einen Ort, an den sich das weibliche Geschlecht nicht hin und wieder verirrt (die Herrensauna vielleicht einmal ausgeschlossen). Und wer suchet, der findet – sofern er die richtigen Örtlichkeiten kennt.

Damit Sie nicht zu lange suchen müssen, habe ich (neben ein paar Klassikern) die aussichtsreichsten Flirt-Locations zusammengestellt und mit Hinweisen versehen, welche Frauentypen dort überhaupt anzutreffen sind. Zum Glück haben die Objekte unserer Begierde recht typische Lieblingsplätze. So erleichtern sie uns die Pirsch ungemein: Wer Gazellen jagen will, reist ja auch nicht in die bayerischen Alpen, sondern macht sich besser gleich auf den Weg nach Afrika.

Das Wichtigste bei der Suche nach der Traumfrau ist, öfter einmal unterwegs zu sein, denn je mehr Menschen Sie begegnen, desto mehr Frauen sind logischerweise dabei! Nur wenn Sie die Augen offen halten und aktiv werden, kann zum Beispiel aus dem Smalltalk beim Bäcker ein kleiner Flirt werden – und vielleicht noch mehr … Die Klassiker unter den Kontaktbörsen eignen sich meist immer noch am besten, um andere Menschen kennen zu lernen. Dazu gehören vor allem Orte, an denen etwas in Gruppen getan wird. Begegnungen an Volkshochschulen und in Sportvereinen etwa stehen am Anfang vieler glücklicher Beziehungen. Im Zusammenhang mit gemeinsamen Interessen finden Sie am ehesten die Frauen, die wirklich zu Ihnen passen – und Sie ersparen sich eventuelle Fehlstarts.

Bleiben Sie sich treu!

Eine der wichtigsten Regeln bei der Partnersuche: Bleiben Sie immer Sie selbst und fangen Sie nicht an, Dinge zu tun, die gegen Ihre Natur gehen. Wenn Sie nie freiwillig den Fuß in einen Park setzen würden, sollten Sie das auch zum Anbandeln bleiben lassen. Und wer verräucherte Kneipen hasst, wird dort besser nicht auf Frauenfang gehen. Angeln macht nämlich nur dann Spaß, wenn Sie sich wohl in Ihrer Haut fühlen – schließlich wollen Sie sich von Ihrer besten Seite zeigen. Das gelingt aber nur, wenn Sie sich selbst treu bleiben.

Das gilt auch bezüglich Ihrer Kleidung. Natürlich gibt es Locations, wo Sie ohne Anzug und Krawatte gar nicht erst hineingelassen werden, während Sie damit andernorts nur ungewollt auffallen. Doch für die wenigsten Orte bestehen tatsächlich Dresscodes, vielmehr ist ein persönlicher Stil das Wichtigste. Wenn Sie wissen, was Ihnen steht, und Ihre Kleidung mit Überzeugung tragen, fallen Sie unter den wenigsten Umständen aus dem Rahmen. Sollten

Sie irgendwo hingehen, wo es einen Dresscode gibt, halten Sie sich daran – aber bleiben Sie in Ihrem Stil. Ansonsten sollten Sie sich darüber nicht den Kopf zerbrechen, verlassen Sie sich einfach auf Ihren guten Geschmack.

Wer die Wahl hat ...

Unabhängig davon, für welchen Frauentyp Sie sich am meisten interessieren, haben Sie sicher noch ein paar allgemeine Eigenschaften auf Ihrem Wunschzettel: Vielleicht soll Ihre Traumfrau sportlich sein, intelligent, gebildet ... Auch dies sollten Sie bei Ihrer Pirsch berücksichtigen. Sportliche Frauen lernen Sie am besten kennen, wenn Sie jeden freien Nachmittag im Fitnessstudio oder Sportverein verbringen – oder dreimal täglich durch den Park joggen. Frauen mit Grips zieht es in Buchhandlungen oder zu Vorträgen. Und wenn Sie darauf Wert legen, dass Ihre Liebste die »Zauberflöte« nicht für den neuesten *Disney*-Streifen hält und auch einmal mit ins Museum kommt, können Sie gleich dort nach ihr Ausschau halten. Nun also auf dorthin, wo die holde Weiblichkeit möglicherweise lockt.

Allround-Locations – wo für jeden etwas dabei ist

An manchen Orten findet sich jeder Frauentyp früher oder später einmal ein. Diese Allround-Locations werden zuerst genannt, denn dort können Sie Ihre Vorstellungen von Ihrer Traumfrau noch einmal im direkten Vergleich mit lebenden Objekten überprüfen ... Außerdem haben sich die Klassiker unter den Flirt-Locations nicht umsonst immer wieder bewährt. An diesen Orten lernt man schnell und einfach Menschen kennen. Wenn Sie die richtige Frau hier nicht treffen, können Sie sich wenigstens im Flirten üben.

Cafés und Bars

Wer flirten möchte, muss unter Menschen gehen – und wo ist das leichter als an so ungezwungenen Treffpunkten wie Cafés oder Bars? Hier können Sie jede Art von Frau treffen – hereinschauen werden sie alle einmal. Vormittags treffen Sie im Café angehende Hausmütterchen und Girlies beim Frühstücken oder Prinzessinnen beim Brunchen. Mittags gesellen sich hart arbeitende Businessfrauen dazu, ebenso Abenteuerinnen und Esoterikerinnen. Der Nachmittag im Café gehört allen Frauen: Man genießt ein Tässchen Kaffee, trifft sich mit Freunden, liest etwas. Alles ist möglich – auch beim Flirten: Ein sonniger, entspannter Nachmittag im Kaffeehaus lädt einfach dazu ein, miteinander ins Gespräch zu kommen!

Abends verlagert sich das Geschehen in die Bars. Wer früh dran ist, kann noch die eine oder andere Businessfrau bei einem Gläschen Wein erwischen. Später teilen sich vor allem Girlies und Prinzessinnen das Feld. Ihnen geht es um Sehen und Gesehenwerden – und kaum eine der Damen ist einem netten Flirt abgeneigt. An einem durchschnittlichen Tag sind in jedem Café und jeder Bar mindestens 50 Prozent aller anwesenden Frauen Singles –

und viele davon auf Partnersuche. Die Voraussetzungen sind also hervorragend, dass auch Ihre zukünftige Traumfrau dabei sein könnte.

Nehmen Sie sich Zeit!

Cafés wie auch Bars haben einen großen Vorteil: Sie sind in aller Regel gut überschaubar. So können Sie sich in aller Ruhe umsehen, bevor Sie in Aktion treten. Mit etwas Beobachtungsgabe können Sie dabei schon einiges über eine Frau herausfinden: In welcher Stimmung ist sie? Gestresst, entspannt, kommunikativ oder schlecht gelaunt? Wenn sie den Kellner anfaucht, weil schon der sie stört, reagiert sie wahrscheinlich auf Ihren Kontaktversuch genauso. Ist sie sich ständig ihrer Wirkung auf die Umgebung bewusst (Prinzessin!) oder ganz in sich selbst versunken? Wirkt sie schüchtern oder ganz selbstbewusst? Verhalten und Ausstrahlung verraten eine ganze Menge über eine Frau.

Zudem haben Sie sowohl in Cafés als auch in Bars normalerweise genug Zeit, um den ersten Kontakt in aller Ruhe vorzubereiten. Zumindest solange Ihr Zielobjekt noch ausreichend Getränke oder Speisen vor sich stehen hat. Sie können sich ganz genau überlegen, wie sie es am besten anfangen, mit ihr ins Gespräch zu kommen – das ist manchmal Gold wert!

Unerwünschte Gesellschaft

Ein wichtiges Kriterium ist, ob die Gute allein oder mit anderen unterwegs ist. Umgeben von ihren besten Freundinnen oder bei einem offensichtlich geschäftlichen Treffen wird die Kontaktaufnahme schwieriger, als wenn sie allein an einem Tisch sitzt – ganz klar. Doch auch für diese Fälle gibt es Strategien, um ins Gespräch zu kommen. Voraussetzung: Sie müssen es schaffen, dass sie Sie zuerst einmal bemerkt!

Der erste Trick: Suchen Sie sich einen Platz in ihrem Blickfeld – und zwar so, dass sich möglichst wenige Personen zwischen Ihnen beiden befinden. Haben Sie sich gut positioniert, wird ihr Blick früher oder später unweigerlich auf Sie fallen – am besten direkt in Ihre Augen!

Der zweite Trick: Halten Sie Ihre Traumfrau diskret im Blick, ohne dabei aufdringlich zu wirken. Ob Sie immer wieder über den Rand Ihrer Zeitung zu ihr hinspähen oder im Gespräch mit jemand anderem dezent über dessen Schulter zu ihr blinzeln, bleibt Ihnen (und der Situation) überlassen. Tatsache ist: Die meisten Menschen spüren unterbewusst, dass sie beobachtet werden, und reagieren darauf, indem sie ihre Umgebung stärker beobachten. Früher oder später wird sich Ihr »Opfer« deshalb auch umschauen. Und wenn Sie aufmerksam geblieben sind, geschieht es wahrscheinlich schon bald: Ihre Blicke treffen sich. Der erste Kontakt ist hergestellt! Wie Sie dann weiter vorgehen, erfahren Sie später. Ein freundliches Lächeln sollten Sie ihr aber auf jeden Fall jetzt schon schenken …

Konkurrenzfaktor: hoch!

Cafés wie auch Bars sind klassische Orte für Flirts und haben daher einen kleinen Nachteil: die Konkurrenz! Sie werden sicher nie der einzige Mann sein, der auf der Suche nach dem holden Geschlecht genau dort gelandet ist. Umso wichtiger, sich von dieser Schar der Hoffnungsvollen gekonnt abzuheben. Doch wie schon gesagt: Bleiben Sie immer Sie selbst! Sie wollen ja schließlich nicht alle anwesenden Frauen abschleppen (höchstens in Ihren verwegensten Träumen), sondern SIE finden – die richtige Frau für Ihr persönliches Glück!

Hoffentlich haben Sie sich schon ein paar Gedanken darüber gemacht, wie Sie Ihren Typ am besten zur Geltung bringen – wenn nicht, wird es höchste Zeit. Achten Sie unbedingt darauf, einen gepflegten Eindruck zu machen – das erwartet jede Frau von einem richtigen Mann. Sie sollten zumindest frisch geduscht und in frischen Klamotten auftauchen. Gleich nach den Augen schaut übrigens fast die Hälfte aller Frauen auf die Hände ihres Gegenübers – vergessen Sie sie bei der Pflege also nicht!

Welches Outfit sich empfiehlt, hängt ganz davon ab, in welches Lokal Sie gehen und welche Sorte Frau Sie anvisieren. Auf der Jagd nach einem Girlie können Sie schon einmal den neuesten modischen Schrei aufgreifen, sofern Sie sich das zutrauen. Businessfrauen oder Prinzessinnen hingegen bemerken einen gut geschnittenen, lässigen Anzug eher als zum Beispiel Hausmütterchen oder Esoterikerinnen. Abenteuerinnen dagegen achten auf Klamotten aus dem Outdoor-Katalog – dahinter könnte sich ja ein Gleichgesinnter verbergen.

Bloß nicht übertreiben

Natürlich sollten Sie mit Ihrem Aussehen nicht zu sehr aus dem allgemeinen Rahmen fallen, nur um bemerkt zu werden. Zu extravagante Outfits lassen die meisten Frauen eher Abstand halten – nur Girlies finden sie manchmal ganz toll. Der wichtigste Erfolgsfaktor ist ohnehin Ihr Auftreten! Und das sollte auf jeden Fall erstklassig sein. Ich habe in meinem ganzen Leben noch keine Frau gesehen, die ein plattes, aufdringliches Macho-Gebaren anziehend gefunden hätte. Klar zieht man durch plumpe Aufreißersprüche, Gegröle oder Getatsche die Aufmerksamkeit auf sich, aber meist mit der Folge, dass sich die anderen fest vornehmen, einem künftig aus dem Weg zu gehen. Sie brauchen sicher nicht gleich den Knigge auswendig zu lernen, aber ein paar Basics zum Thema gutes Benehmen sind nach wie vor gefragt. Auch darüber erfahren Sie später mehr.

Partys, Feten, Feste

Partys sind der zweite große Klassiker unter den Flirt-Locations. Nicht wenige Männer haben auf einer Party schon (mehr oder weniger) unerwartet ihre Traumfrau gefunden. Warum also nicht auch Sie? Dabei ist wie immer alles eine Frage der Strategie. Als Erstes müssen Sie natürlich die Art Party besuchen, auf der dann hoffentlich auch Ihr angepeilter Frauentyp vertreten ist. Es gibt so viele verschiedene Feste wie Leute, die sie veranstalten. Überlegen Sie sich also gut, welcher Einladung Sie folgen, wenn Sie auf der Suche nach der Frau Ihres Lebens sind. Das erhöht Ihre Chancen ungemein.

Zum einen gibt es privat veranstaltete Feiern. Ob Grillparty, Geburtstagsfete oder Wohnungseinweihung, jedes Fest kann geeignet sein. Am besten stiften Sie Freunde oder Bekannte an, die nächste Party zu geben – und möglichst viele Frauen dazu einzuladen! Auch die lieben Nachbarn veranstalten vielleicht einmal ein Fest. Alle möglichen Gastgeber sollten wissen, dass Sie gerne auf Partys gehen. Denn wer gar nicht erst Interesse an geselligem Beisammensein zeigt, der wird auch kaum eingeladen.

Partys im Freundes- und Bekanntenkreis haben den Vorteil, dass Sie zumindest ungefähr abschätzen können, mit welcher Art von Gästen Sie rechnen können. Zur Zockerparty eines Computerfreaks werden andere Frauen kommen als zum Grillfest in Nachbars Garten (im schlimmsten Fall gar keine). Je nachdem, nach welchem Frauentyp Sie Ausschau halten, beginnt hier die erste Auslese. Trotzdem gilt natürlich: unverhofft kommt oft! Wenn Sie Lust zum Feiern haben, sollten Sie daher auch keinesfalls eine Party auslassen.

Reine Betriebsfeiern stehen hingegen auf einem anderen Blatt. Falls Sie unter Ihren Kolleginnen nicht zufälligerweise schon Ihre Traumfrau entdeckt haben, stehen die Chancen, neue Leute kennen zu lernen, eher schlecht. Die Frauen, die Ihre Kollegen mitbringen, sind normalerweise ja schon in deren festen Händen. Allerdings kann es sein, dass Sie auf einem Firmenfest die richtigen Kontakte knüpfen, um das nächste Mal auch zur privaten Feier eines Kollegen eingeladen zu werden – und dann sieht die Sache schon wieder ganz anders aus!

Tanzen – der Anbandel-Klassiker

Eine ganz andere Art von Partys stellen die kommerziellen Veranstaltungen dar, die in Clubs und Diskos stattfinden. Zu deren Vorteilen gehört, dass Sie dort natürlich jede Menge neue Leute (und damit auch Frauen) treffen.

Die Atmosphäre ist ähnlich ungezwungen wie in einer Disko oder Bar, und es fällt leicht, sich an der Theke oder auf der Tanzfläche kennen zu lernen. Und Sie können sich gezielt die richtigen Veranstaltungen aussuchen: Eine Esoterikerin wird eher nicht zu einer Waikiki-Beach-Party gehen. Ein Girlie oder eine Abenteuerin dagegen schon eher.

Als besondere Form sind hier die Flirt- und Single-Partys zu nennen, die es inzwischen immer öfter gibt. Dort haben Sie zuerst einmal die größte Auswahl – schließlich sind ja alle mit demselben Ziel dort. Allerdings ist es nicht jedermanns Sache, sich eine Nummer an die Brust heften zu lassen und dann auf Post zu warten … Außerdem ist der Alkoholpegel bei solchen Veranstaltungen meist schnell sehr hoch, und viele gehen aus Neugier und zum Spaß dorthin, ohne wirklich zu wissen, was sie eigentlich wollen. Die Erfolgsquote auf solchen Partys fällt auf jeden Fall niedriger aus, als man im ersten Moment meinen würde. Finden Sie die Idee aber gut, sollten Sie ruhig einen Besuch wagen.

Bei derartigen Veranstaltungen kommen Nachteile anderer Art hinzu: Kommunikation wird hier wie in der Disko (die sich deswegen zum Kennenlernen gar nicht empfiehlt) schnell zum Rätselraten, wenn die Bässe mit voller Kraft aus den Lautsprechern dröhnen. Außerdem gehen viele Frauen nicht allein, sondern zu mehreren auf Partys. Und wie soll Mann die eine, die ihn am meisten interessiert, aus der Gruppe herauslotsen? Zumal schon ein einfacher Blickkontakt bei Laserlicht und Nebelschwaden schnell ein Fall für Profis wird. Für geübte Partylöwen wird das alles natürlich kein Hindernis darstellen. Wer es jedoch lieber ruhiger angeht, findet auf privaten Festen sicher schneller Kontakt.

Feste feiern, Feste genießen

Wenn Sie grundsätzlich kein Partymensch sind, sollten Sie Ihre Traumfrau lieber woanders suchen. Es gibt kaum etwas Öderes, als sich allein unter feiernden Menschen im Flur wiederzufinden und sich zu fragen, was man dort überhaupt soll. Und das Schlimmste daran: Jeder im Umkreis von drei Metern bekommt Ihre Stimmung mit. So finden Sie höchstens eine Frau, die sich nur aus Mitleid mit Ihnen unterhält (und das wollen Sie wohl kaum), oder verbringen den Abend doch wieder allein, was auch nicht viel besser ist. Wer dagegen gerne feiert, gute Stimmung mitbringt und sich auch nicht erschüttern lässt, wenn er zunächst einmal niemanden kennt, der hat auf jeder Party gute Chancen. Auch wer gerne neue Kontakte knüpft und immer wieder mal im Mittelpunkt des Geschehens landet, sollte sich kein Fest entgehen lassen – aber wenn Sie so jemand sind, brauche ich Ihnen das gar nicht erst zu sagen.

Nun stellt sich die Frage: Welcher Frauentyp treibt sich denn auf welcher Art Party herum? Das ist leider nicht eindeutig zu beantworten. Klar, die Businessfrau werden Sie nur in Ausnahmefällen auf WG-Partys oder beim Waldfest in der Blockhütte antreffen. Die Abenteuerin oder die Esoterikerin dagegen schon eher – sofern die überhaupt auf Partys gehen. Prinzessinnen nehmen lieber an öffentlichen Veranstaltungen teil, wo sie im großen Rahmen glänzen können – oder an Partys »wichtiger« Leute. Dagegen wird das Girlie auf keiner

Party fehlen, solange die nur cool genug ist. Egal ob im Künstleratelier, am Flussufer, in der Kellerbar oder in Abbruchhäusern – Girlies können Ihnen gerade bei den verrücktesten Partys über den Weg laufen. Das Hausmütterchen schließlich ist am ehesten bei familiären Gartenpartys oder Grillfesten anzutreffen – und wird immer den leckersten Salat dabeihaben. Auch bei Wohnungseinweihungen erkennen Sie sie daran, dass sie die meisten Leckereien für die Gastgeber mitgebracht hat (und natürlich ist alles davon selbst gemacht).

Kampftaktiken

Wie Sie vorgehen sollten, wenn Sie auf einer Party eine vielversprechende Frau entdeckt haben, hängt sehr von den Umständen dort ab. Grundsätzlich lassen sich dieselben Tricks anwenden wie in Cafés oder Bars. Voraussetzung ist, zunächst einmal dafür sorgen, dass Sie schon äußerlich einen guten Eindruck machen. Beobachten Sie die Dame und verschaffen Sie sich einen ersten Eindruck. Bringen Sie sich dann in ihr Blickfeld. Auf Partys haben Sie den Vorteil, dass Sie Ihre »Zielperson« viel ungezwungener ansprechen können: Fragen Sie sie, durch wen sie zur Party gekommen ist, ob sie die Gastgeber (andere Gäste, den seltsamen Typen in der Küche usw.) kennt oder – ganz charmant – ob Sie ihr etwas zu trinken mitbringen können. Solange Sie nichts überstürzen und unaufdringlich freundlich bleiben, wird jede Frau gerne mit Ihnen ins Gespräch kommen – und dann haben Sie Ihr weiteres Schicksal selbst in der Hand.

Und wenn sich die Auserwählte den ganzen Abend über scheinbar immer nur mit denselben Leuten unterhalten will? Auch dieses Problem lässt sich lösen. Entweder mit Geduld – denn irgendwann werden alle Gesprächsthemen abgehakt sein, und wenn sich das Grüppchen auflöst, sind Sie schon zur Stelle, um ihr einen Drink anzubieten – oder Sie laufen ihr »zufällig« auf dem Rückweg von der Toilette über den Weg – früher oder später wird sie sicher dorthin unterwegs sein. (Aber warten Sie wirklich den Rückweg ab, sonst wird es nur ein sehr kurzer Kontakt!)

Dauert Ihnen das zu lange, können Sie sich auch in den Gesprächskreis um sie herum aufnehmen lassen: Suchen Sie sich einen Platz gleich daneben und hören Sie eine Weile zu, ob nicht ein interessantes Thema aufkommt. Wenn Sie etwas zum Gespräch beitragen können (und besser nur dann), ist es leicht, sich mit etwas Geschick in die Unterhaltung einzubringen: »Ich habe das gerade mitbekommen, und ...« Ihnen wird schon etwas einfallen! Drängen Sie sich aber nicht auf, vor allem nicht der Frau, die Sie ja eigentlich ansprechen wollen. Wenn Ihnen niemand zuhört, sollten Sie den Vorstoß besser abbrechen. Später, wenn sie endlich allein ist, können Sie sie immer noch ansprechen. Den ersten Kontakt haben Sie ja schon hergestellt.

Buchhandlungen und Büchereien

Buchhandlungen gehören zu meinen persönlichen Favoriten unter den Kennenlern-Locations. Nicht nur, dass sich dort meistens mehr Frauen als Männer aufhalten, sie sortieren sich praktisch auch noch von selbst. Sie möchten eine Abenteuerin kennen lernen? In der Abteilung für Reiseführer wird sie Ihnen sicher über den Weg laufen. Hausmütterchen finden Sie entweder vor dem Kochbuch-Regal oder bei den romantischen Liebesromanen. Businessfrauen? Ab in die Fachbuch-Abteilung! Die Prinzessin und das Girlie haben weniger konkrete Interessen, treffen sich aber immer wieder gerne bei den aktuellen Bestsellern – oder bei den neuesten DVDs. Und die Esoterikerin pendelt zwischen Psychologie, Philosophie und Esoterik – die Themen, die in den meisten Buchhandlungen praktischerweise nahe beieinander eingeordnet sind.

Alle Frauen stöbern immer wieder gerne bei den Taschenbüchern, um neuen Lesestoff für Nachmittage im Schwimmbad oder einsame Abende zu finden. Auch dort können Sie sich also jederzeit auf die Lauer legen. Vor allem Single-Frauen brauchen ständig neue Bücher, um sich Lesestoff für die freie Zeit zu besorgen! Um die Kinderbuchabteilung sollten Sie einen großen Bogen machen. Frauen, die Kinderbücher kaufen, sind höchstwahrscheinlich schon in festen Händen. Achten Sie auch darauf, welche Bücher die Dame Ihrer Wahl schon ausgesucht hat. Beziehungsratgeber oder »So gestalte ich meine Traumhochzeit« sind eher schlechte Zeichen für Sie …

Büchereien funktionieren im Großen und Ganzen ähnlich wie Buchhandlungen, sind aber nicht ganz so praktisch. Denn dort soll Ruhe herrschen – aber Sie wollen ja nichts mehr, als so schnell wie möglich mit Ihrer Auserwählten ins Gespräch kommen! Ausgeschlossen ist ein Annäherungsversuch in der Bücherei aber keinesfalls, und es gibt wenigstens einen guten Grund, das Gespräch so schnell wie möglich in ein Café zu verlagern …

Und was lesen Sie am liebsten?

Hier wie dort muss man nicht lange überlegen, was beim ersten Kontakt wohl Thema sein wird: Bücher. Es ist natürlich ein Vorteil, wenn Sie sich für die gleichen Titel interessieren wie die Frau, die Sie interessiert. Aber sogar völlig unbelesene Zeitgenossen können nichts falsch machen, solange sie nicht mehr Wissen vortäuschen, als sie tatsächlich haben. Einer der besten Aufhänger für das Ansprechen in der Buchhandlung: Bitten Sie die Auserwählte, Ihnen bei der Auswahl eines Buches zu helfen. Ob für Sie selbst oder als Geschenk, spielt dabei keine so große Rolle. Eine Frau, die in Liebesromanen blättert, sollten sie natürlich nicht gerade auf einen Steuer-Ratgeber ansprechen. Wenn die potenzielle Traumfrau nicht völlig desinteressiert oder schlecht gelaunt ist, wird sie sicher versuchen, Ihnen zu helfen. Und vor allem: Sie sind im Gespräch und können sich vielleicht sogar mit einer Einladung zu einem Tässchen Kaffee bedanken! Eine andere Möglichkeit bietet sich an, wenn Sie das Buch, das die Dame gerade in Händen hält, kennen und etwas dazu sagen können. Viele Menschen freuen sich über einen unerwarteten guten Tipp – vielleicht haben Sie ja mehr Tipps zum Thema auf Lager. Bestseller und deren Autoren eignen sich zudem fast immer für einen kleinen Meinungsaustausch, denn beinahe jeder hat schon einmal von ihnen gehört oder etwas von ihnen gelesen.

Das Wichtigste bei einem Flirt am Bücherregal ist, dass man nicht dort stehen bleibt. Bestens eignen sich deshalb Buchhandlungen mit einem netten Café in der Nähe. Sicher können Sie Ihre neue Bekannte zu einer kurzen Einkaufspause überreden, wenn Sie schon einmal im Gespräch sind!

Ein Spaziergang im Park

Halten Sie sich gerne im Freien auf? Und wünschen Sie sich eine Frau, die das auch mag? Dann sind Parks die ideale Flirt-Location für Sie! An einem schönen, sonnigen Tag können Sie im Park praktisch jede Art von Frau treffen. Vor allem solche, die zumindest schon mal Ihre Begeisterung für frische Luft teilen. In Parks haben Sie grundsätzlich zwei Möglichkeiten: Entweder Sie legen sich auf die Lauer und warten, bis die richtige Beute vorbeikommt. Oder Sie werden selbst aktiv und gehen auf die Pirsch – indem Sie joggen, Rad fahren, walken oder einfach nur spazieren gehen.

Sportliche Frauen lernen Sie natürlich leichter kennen, wenn Sie sich selbst in Bewegung setzen. Planen Sie das am besten für den Morgen oder Abend ein, wenn die meisten Joggerinnen unterwegs sind. Wer selbst regelmäßig im Park seine Runden dreht, kann dann leicht zufällige Begegnungen arrangieren – und sich für den nächsten Tag zu einer gemeinsamen Joggingstunde verabreden. Auch andere Sport- und Spielarten regen zum Mitmachen an. Egal ob Frisbee oder Volleyball – entweder laden Sie Ihre Jagdbeute zum Mitspielen ein (Sie brauchen schließlich unbedingt noch Verstärkung), oder Sie bieten sich selbst als zusätzlichen Mann für das Team an. Dann sollten Sie diesen Spaß natürlich auch beherrschen! Wenn nicht, bleibt Ihnen immer noch eine Chance: Sie können Ihre Auserwählte bitten,

Ihnen die wichtigsten Dinge beizubringen. Kaum eine Frau, die sich nicht geschmeichelt fühlt, wenn ein Mann etwas von ihr lernen will – besonders, wenn es um Sport geht!

Wer es nicht ganz so aktiv mag und sich lieber die Sonne auf den Bauch scheinen lässt, muss die Sache etwas geschickter angehen. Eine Decke, die Platz für zwei bietet (Sie wollen ja schließlich nicht allein bleiben!), und ein gutes Buch sind die Mindestausstattung. Das Buch dient vor allem dazu, die Wartezeit zu verkürzen – und über seinen Rand hinweg unauffällig all die netten Mädels in der Umgebung auszuspähen. Interessant sollte es trotzdem sein, dann hat man im Ernstfall schon einmal ein Gesprächsthema. Wenn Sie eine interessante Frau sehen, müssen Sie nur noch möglichst unauffällig in ihre Nähe umziehen – das Kennenlernen ergibt sich dann oft ganz von selbst.

Auf den Hund gekommen

Der beste Freund des Menschen kann sogar beim Flirten ein geschickter kleiner Helfer sein. Wer einen Hund mit in den Park bringt, sichert sich die Aufmerksamkeit aller tierlieben Frauen (und sind sie das nicht alle?). Je süßer der Hund ist, desto besser … Kaum eine Frau kann einem wuscheligen Fell und dunklen Knopfaugen widerstehen – und mehr als eine wird die Gelegenheit nutzen, das Hundchen hinter den Ohren zu kraulen. Und das Beste daran: Schon sind Sie im Gespräch!

Führt dagegen die Frau ihren Hund aus, haben Sie leichtes Spiel. Es gibt nichts Unverfänglicheres, als wenn Sie sie auf ihren Begleiter ansprechen – und sie wird sich sicher darüber freuen. Wenn Sie Hunde mögen und sich mit ihrem kleinen Schatz anfreunden, sind Sie automatisch auf dem richtigen Weg zu Frauchens Herz. Vielleicht haben Sie ja Bekannte, mit deren Hunden sie schon einmal üben können ...

Eine Frau mit Hund sollten Sie unbedingt fragen, ob Sie in der Nähe wohnt, zum Beispiel weil Sie den nächsten Bäcker oder Ähnliches finden müssen. Die meisten Hunde sind Gewohnheitstiere, und ihre Frauchen daher auch: Im Park vor ihrer Haustür kann man sie dann täglich wieder sehen. So müssen Sie nicht schon bei der ersten Begegnung aufs Ganze gehen, sondern können Ihr Glück in aller Ruhe am nächsten Tag noch einmal versuchen – auch ohne Verabredung. Wie praktisch!

Urlaub ist die schönste Zeit ...

Die schönste Zeit des Jahres bietet bekanntlich eine ideale Gelegenheit, um einer der aufregendsten Beschäftigungen der Welt nachzugehen: dem Flirten. Aber bitte nicht wie im Film: Eine kurze Liebelei, und 18 Jahre später klingelt das Ergebnis an der Haustür ... Der Urlaubsflirt lässt zuerst zwar an amouröse Affären denken, doch genauso können Sie dabei auf die Frau Ihres Lebens treffen – was gar nicht so selten vorkommt. Kein Wunder: Denn unter besseren Voraussetzungen kann man sich kaum kennen lernen – jeder ist entspannt, hat keine Verpflichtungen und massenhaft Zeit, sich auf andere Menschen einzulassen.

Je nachdem, wo Sie Ihren Urlaub verbringen, haben Sie auch gleich eine gewisse Vorauswahl getroffen. In allen Weltstädten (und vor allem deren angesagtesten Clubs und Einkaufsmeilen) finden Sie Girlies und Prinzessinnen an jeder Ecke, aber auch die eine oder andere Businessfrau. Hingegen treffen Sie ganz bestimmt auf Abenteuerinnen, wenn Sie sich abseits vom Mainstream vergnügen und entlegene Ecken der Welt ganz genau kennen lernen wollen. Esoterikerinnen zieht es meist in die Natur: Fernab vom Touristenrummel an den Stränden begegnen sie Ihnen auf Wanderwegen in den schönsten Naturschutzgebieten. Und praktisch jede Frau zieht es gelegentlich ans Meer, damit sie sich eine schöne Sonnenbräune zulegen kann …

Gute Vorbereitung ist alles

Auf eines sollten Sie unbedingt achten, wenn Sie im Urlaub auf Frauenfang gehen wollen: Bereiten Sie sich gut darauf vor! Sorgen Sie auf jeden Fall dafür, dass Ihre Haut bereits einen leicht sonnigen Teint hat und die überflüssigen Speckpölsterchen vom letzten Weihnachtsfest verschwunden sind. Am attraktivsten wirken Sie, wenn Sie so aussehen, als hätten Sie schon zwei Wochen Urlaub hinter sich – auch wenn Sie erst am Tag zuvor angekommen sind.

Haben Sie den ersten Kontakt geknüpft, werden Sie schnell feststellen, ob sich auch bei Ihnen ein recht typisches Problem von Urlaubsflirts stellt – das vorliegt, wenn Ihre Auserwählte zum Beispiel aus München stammt, während Sie selbst in Kiel wohnen. Natürlich wird es dann schwieriger, in die Zukunft zu denken. Andererseits kann es durchaus Ihr Glück sein, dass Sie in der Ferne einer solchen Frau begegnet sind, die daheim vielleicht nie Ihren Weg gekreuzt hätte. Letztendlich kommt es nur darauf an, was Sie und die auserwählte Dame daraus machen.

Eines sei noch gesagt: Gehen Sie die Sache nicht zu schnell an, wenn sich ein Urlaubsflirt ergibt. Schließlich suchen Sie die richtige Frau fürs Leben und nicht nur eine kurzweilige Abwechslung. Bei den meisten Damen hinterlassen Sie einen viel tieferen Eindruck, wenn Sie nicht den Eindruck erwecken, dass Sie nur an ein kurzes Vergnügen denken. Damit steigen auch Ihre Chancen, dass Sie Ihnen ihre heimische Telefonnummer verrät – und Sie später auch wirklich wiedersehen will.

Rein ins Konzert

Konzerte gibt es zumindest in der Stadt wie Sand am Meer, und für jeden Geschmack ist etwas dabei. Egal ob Heavy Metal oder Klassik – jede Richtung hat ihre Fans. Und darunter befinden sich immer auch eine Menge Frauen. Wer das richtige Konzert auswählt, befindet sich schon mitten in seiner Zielgruppe, ob er nun die verschmuste Romantikerin, die gebildete Kulturliebhaberin oder die Rockbraut sucht. Mit einer Frau, die Sie auf dem Konzert Ihrer Lieblingsband treffen, haben Sie schon eines gemeinsam.

So unterschiedlich die Konzerte sind, so verschieden gestalten sich die Möglichkeiten, sich dort kennen zu lernen. Im Konzertsaal der Philharmonie ist es während der Vorstellung wohl kaum möglich, mit jemandem ins Gespräch zu kommen – dafür kann man sich während der Pause ganz ungezwungen an der Bar treffen. Außerdem besteht die Chance, der Auserwählten in den obligatorischen Warteschlangen Gesellschaft leisten zu können.

Rock 'n' Roll

Rockkonzerte und andere Veranstaltungen, bei denen das Publikum nicht in lange Stuhlreihen gezwängt wird, laden zum Flirten regelrecht ein. Zwar ist es dort kaum möglich, ins Gespräch zu kommen – meist muss man sich eher anschreien –, aber die Blickkontakte sind dafür umso intensiver. Auf einem gut besuchten Konzert wird jede Frau froh sein, wenn Sie ihr etwas zu trinken mitbringen – oder sie wird Sie gleich zu einer kurzen Pause an die Bar begleiten, wenn Sie ihr sympathisch sind. Nutzen Sie jede Gelegenheit, sich mit ihr zu unterhalten, bitten Sie sie auch gleich um ihre Telefonnummer oder eine Verabredung! Manch vielversprechender Flirt bei Konzerten ist daran gescheitert, dass sich die beiden Beteiligten in der Menge verloren haben. Auch Treffen, die für »später« ausgemacht werden, sind keine sichere Alternative – aus den Augen, aus dem Sinn, das gilt besonders, wenn viel los ist. Wer in der Olympiahalle unter 30 000 Besuchern die Frau seines Lebens entdeckt hat, sollte sie bis zum Schluss nicht mehr aus den Augen lassen – oder gleich nach ihrer Telefonnummer fragen!

Besonders bei Konzerten ist es sehr ratsam, auf vertrautem Terrain zu bleiben. Wer Volksmusik noch nie mochte, sollte sich von schunkelnder Gemütlichkeit genauso fern halten wie der reine Eric-Clapton-Fan vom Beethoven-Abend. Wenn Sie sich daran halten, werden Sie auch kein Problem mit dem richtigen Outfit haben.

Und es wird Ihnen nicht passieren, dass Sie in einer Menge gleich gesinnter Musikfanatiker als offensichtlicher Outsider herausstechen.

Öffentliche Verkehrsmittel oder: Warum Sie im Zug nicht nur von A nach B kommen ...

Ob Sie es glauben oder nicht: In Flughäfen, Bahnhöfen oder Zügen sind Ihre Chancen, die Frau fürs Leben zu finden, fast genauso groß wie in jeder Bar! Immerhin werden hier gleich mehrere Voraussetzungen für eine perfekte Flirt-Location erfüllt: Man trifft eine Menge unterschiedlichster Menschen, jeder ist früher oder später einmal dort, und alle verbringen viel Zeit mit unproduktivem Warten – mit Ausnahme von Ihnen versteht sich ...

Öffentliche Verkehrsmittel bieten Ihnen täglich aufs Neue die Gelegenheit, Ihrer Traumfrau zu begegnen. Regel Nummer eins lautet hier: Immer die Augen offen halten! Wenn Sie sich im Zug sofort in Ihre Tageszeitung vertiefen, werden Sie das zauberhafte Wesen, das Ihnen gegenübersitzt, frühestens dann entdecken, wenn Sie aussteigen müssen – und dann ist es zu spät. Achten Sie also darauf, wer mit Ihnen im Zug sitzt!

Ist hier noch ein Plätzchen frei?

Ihre Tageszeitung können Sie trotzdem gut gebrauchen. Über ihren Rand lässt sich ungezwungener beobachten, wer in der Nähe ist, und sie bietet (hoffentlich) immer noch irgendein besseres Gesprächsthema als: »Ist die Landschaft nicht fantastisch?« Leider sind spontane Unterhaltungen im Zug hierzulande nicht mehr so verbreitet wie in manch anderen Ländern. Trotzdem müsste eine Frau schon ein rechter Eisklotz sein, wenn sie lieber aus dem Fenster starrt, als die Zeit mit einer netten Unterhaltung zu verbringen.

Was für Züge gilt, funktioniert natürlich auch in U-Bahnen, Bussen oder der guten, alten Straßenbahn. Hier müssen Sie nur ein bisschen schneller sein, weil man ja manchmal nur wenige Minuten in dieselbe Richtung fährt. Ein nettes Lächeln im richtigen Moment ist immer der beste Anfang. Danach heißt es: so schnell wie möglich etwas zu der Auserwählten sagen!

Auch Flughäfen oder Bahnhöfe sind gute Orte, um sich kennen zu lernen. Vor allem am Flughafen ist fast jeder glücklich, wenn er sich die Wartezeiten mit einem angenehmen Plausch verkürzen kann, statt nur ungeduldig herumzusitzen. Also bloß keine Hemmungen, erfreuen Sie die Frau Ihrer Wahl mit einem interessanten Gespräch. Wer weiß, vielleicht haben Sie sogar das gleiche Reiseziel – und damit ein ideales Thema. Erhöhen lassen sich die Chancen, eine tolle Frau zu treffen, indem Sie ein bisschen umhergehen und sich umsehen – im Kiosk, am Zeitschriftenstand oder im Gastro-Bereich. Wenn Sie eine interessante Frau entdeckt haben, warten Sie ab, bis sie sich einen Platz gesucht hat, und setzen sich ganz in ihre Nähe.

Nicht nur zum Einkaufen: der Supermarkt

Die Traumfrau im Supermarkt treffen? Das geht schneller, als Sie denken. Ob Sie es glauben oder nicht, es haben sich schon eine ganze Menge Paare zwischen Waschmitteln und Margarine gefunden. Gut flirten lässt es sich allerdings fast nur in klassischen Supermärkten, in denen eine halbwegs entspannte Einkaufsatmosphäre herrscht. Im Discounter sind alle so damit beschäftigt, ihren Monatsvorrat an Schnäppchen zu besorgen, dass für einen vergnügten Einkaufsflirt gar keine Zeit mehr bleibt.

Das Einkaufswagen-Orakel

Die Situation im Supermarkt ist deshalb so interessant, weil der Inhalt eines Einkaufswagens schon sehr viel über einen Menschen verraten kann. Lassen Sie sich also nicht mit einem Dreierpack Boxershorts aus dem Super-Sonderangebot in Ihrem Wagen erwischen – vor allem nicht, wenn Weihnachtsmänner drauf sind. Und was erfahren Sie, wenn Sie in den Einkaufswagen einer Frau schauen? Hier ein paar Beispiele:

⚥ Ein guter Wein, Fruchtsäfte, offener Käse und andere Leckereien aus der Feinkosttheke, ein bisschen Lachs, Joghurt, Tiefkühlpizza (die teure Sorte) und das eine oder andere Fertiggericht? Vor Ihnen steht eine Businessfrau, wie sie im Buche steht, mit wenig Zeit zum Kochen – aber umso mehr Genießerlaune. Vermutlich ist sie gerade auf dem Heimweg und macht nur einen Abstecher in den Supermarkt, um ihre Vorräte aufzufüllen. Vielleicht hat sie etwas Zeit, um Ihnen einen besonderen Wein zu empfehlen, oder Sie können mit Ihr über die Tiefkühltruhen hinweg heiße Blicke tauschen!

⚤ Ein gut gefüllter Einkaufswagen mit allem, was das Herz begehrt? Käse, Milch, Eier, ein paar Getränke, Reis, Gemüse, frische Kräuter und Obst, nicht zu vergessen ein paar Süßigkeiten? Hier haben Sie ein Hausmütterchen getroffen, das sich mit allem Nötigen versorgt. Sicher hat sie alle Zutaten für ein leckeres Abendessen in ihrem Wagen – vielleicht verrät sie Ihnen auch das Rezept. Oder Sie lassen sich von ihr erklären, wie man diese seltsamen Südfrüchte isst, die seit einiger Zeit immer häufiger im Obstregal auftauchen. Hier dürfen Sie ruhig erfinderisch sein!

⚤ Prosecco, Paté, Pralinen und sonst nicht viel? Wahrscheinlich haben Sie eine Prinzessin vor sich. Frauen dieser Art sind allerdings nicht oft im Supermarkt anzutreffen. Lieber kaufen sie im Kaufhaus in der Feinkostabteilung ein, wo es Leckereien aus aller Welt gibt. Immerhin können Sie versuchen, sie spontan auf einen Salat beim Italiener nebenan einzuladen – von dem Zeug in ihrem Wagen kann sie ja ohnehin nicht satt werden.

⚤ Ein Überraschungsei, Nudeln, Alkopops, Cola, Chips und dazu schnelle Fertiggerichte? Alles Hinweise auf ein Girlie. Bei Girlies muss es in der Küche schnell gehen, weil sie gleich wieder loswollen. Vielleicht verrät sie Ihnen ja, auf welcher Party sie heute Abend tanzen wird!

⚤ Ein Paket Reis, Kartoffeln und Gemüse der Saison? Sie stehen entweder vor einer Vegetarierin – oder vor einer Abenteuerin, die spart, um ihre nächste Fernreise zu finanzieren. Seien Sie doch einfach mal neugierig und fragen sie, was sie aus diesen Zutaten kocht. Vielleicht stehen ja sogar exotische Überraschungen auf dem Programm!

- ⚥ Biojoghurt, Öko-Müsli und alles, was frisch ist, aber keine Konserven oder Fertiggerichte? So sieht der Einkaufswagen einer Esoterikerin aus. Ob sie Ihnen wohl einen leckeren Tee empfehlen kann? Vielleicht lädt sie Sie auch gleich dazu ein …
- ⚥ Babybrei, Rasierklingen und Herrenshampoo? Ein sicheres Zeichen, dass die Besitzerin dieses Einkaufswagens wohl nicht mit Ihnen flirten wird, weil sie schon vergeben ist.

Machen Sie sich keine Sorgen, falls Sie es nicht geschafft haben sollten, zwischen den Regalen mit Ihrer Beute Kontakt aufzunehmen. Wenn Sie schnell genug sind, um an der Kasse genau hinter ihr zu stehen, können sich Ihre Wünsche immer noch erfüllen. Sie dürfen ihr auch ruhig anbieten, ihre Einkaufstüten zum Auto zu tragen – so emanzipiert die Frauen von heute auch sind, so gerne lassen Sie uns doch immer noch die Gelegenheit, ihnen hin und wieder unsere Stärke zu beweisen …

Flirten im Freundeskreis?

Was wären Singles ohne ihre Freunde! Es geht doch nichts über eine Clique, in der man Spaß haben kann, fröhlich feiert und einfach gerne gemeinsam seine Zeit verbringt. Noch besser ist ein Freundeskreis, in dem von Zeit zu Zeit interessante Frauen auftauchen. Natürlich sollten Sie nicht die neue Flamme des besten Freundes anflirten; so etwas sollte nie passieren. Aber irgendjemand kennt doch immer eine Frau, die vielleicht genau die Richtige wäre ... Eines ist klar: Ständige Verkupplungsversuche befreundeter Pärchen nerven irgendwann. Vor allem, wenn sie immer die falschen Frauen anschleppen. Wer will schon den ganzen Abend mit der langweiligen Cousine von irgendjemandem verbringen, nur weil die Freundinnen der Freunde glauben, dass man so gut mit ihr zusammenpassen würde! Machen Sie sich lieber keine zu großen Hoffnungen, wenn eine Freundin Ihnen eine Frau vorstellt, die Sie »einfach unbedingt mal kennen lernen müssen«.

Gute Freundinnen – der Multiplikationsfaktor

Aber ganz sollten Sie die Frauen in Ihrem Freundeskreis bei der Suche nach Ihrer Herzdame nicht außer Acht lassen. Zum einen könnte sich herausstellen, dass gerade eine von ihnen Ihre Traumfrau ist, auch wenn Sie meinen, dass Sie das ja inzwischen sicher bemerkt haben müssten. Zum anderen haben (platonische) Freundinnen wiederum etliche Freundinnen – und die werden Sie sicher noch nicht alle kennen ... Natürlich fällt es nicht immer leicht, den Wunsch nach einer perfekten Partnerin bekannt zu machen – zumal Frauen kein Geheimnis für sich behalten können! Allerdings sind die meisten Frauen sofort begeistert, wenn sie einem Freund bei der Partnersuche helfen können. Sie müssen wohl irgendwo ein kleines Kuppler-Gen in sich tragen.

Wenn Sie sich outen, können Sie sicher sein, dass Sie innerhalb kürzester Zeit mehr Frauen kennen lernen, als Ihnen vielleicht lieb ist. Je nach Charakter wird Ihre Freundin Sie mitnehmen, wenn sie mit Freundinnen ausgeht, Sie auf Partys mitschleppen oder einfach mit dem Opfer ihrer Wahl bei Ihnen zu Hause auftauchen. Ob Sie die Gelegenheit nutzen, hängt nur von Ihnen ab.

Auch nicht zu verachten: echte Freunde

Die meisten Männer lassen sich jedoch lieber von ihren Kumpels bei der Suche nach der Traumfrau helfen – direkt oder indirekt. Indirekt, indem sie nach und nach allen Kolleginnen, Cousinen, Schwestern und sonstigen Bekannten vorgestellt werden – es könnte ja die Richtige dabei sein. Direkt, indem man gemeinsam loszieht, um auf Partys, in Bars und überall sonst wenigstens einen Freund dabeizuhaben, falls die Richtige doch nicht auftaucht.

Allerdings sind echte Freunde nicht nur mit von der Partie, um sich selbst zu amüsieren. Sie können einem durchaus dabei helfen, das Eis zu brechen. Wenn die Traumfrau mit mehreren Freundinnen zusammensteht, ist es immer leichter, die Sache gemeinsam anzugehen. Ein echter Freund beschäftigt die anderen Frauen, damit man selbst besser an die rankommt, auf die es ankommt. Oder würden Sie sich wohl fühlen, wenn Sie versuchen, mit einer Frau zu flirten, während die Freundinnen Sie kritisch mustern? Eben! Das Wichtigste an einem echten Freund sollten Sie allerdings nicht vergessen: Er sollte auf einen völlig anderen Frauentyp stehen als Sie, denn schließlich wollen Sie ja nicht riskieren, dass er Ihnen Ihre Traumfrau vor der Nase wegschnappt!

Partnersuche rund um den Job

Der Arbeitsplatz ist eine beliebte Flirt-Location – immerhin verbringt man dort die meiste Zeit des Tages. Ein kleiner Flirt unter Kollegen gehört in den meisten Jobs einfach dazu – solange es nicht zu ernst damit wird. Schließlich kann man nicht Tag für Tag im selben Büro sitzen, ohne zumindest einmal im Spaß miteinander zu schäkern. Doch die meisten Büroflirts sind nur so lange amüsant, wie sie völlig unverbindlich bleiben. Wahrscheinlich wissen Sie sowieso schon, ob es rund um Ihren Arbeitsplatz überhaupt eine interessante Frau gibt. Falls ja, fassen Sie sich ein Herz und starten Sie einen Versuch – vielleicht flirtet sie ja mit. Am besten eignen sich dafür Betriebsfeiern oder ein gemeinsames Bier nach Feierabend, wenn die Situation einfach ungezwungener ist. Und auch der Chef kann einem dann nicht mit irgendwelchen Aufgaben dazwischenfunken. Am unverfänglichsten ist es, wenn man mit den Kollegen auch privat so gut auskommt, dass gelegentlich gemeinsame Unternehmungen stattfinden. Dabei flirtet es sich am besten – sowohl mit Kolleginnen als auch mit den Frauen, die man durch die lieben Kollegen erst kennen lernt.

Zu bedenken bleibt, dass der Arbeitsplatz nicht immer die beste Wahl ist, wenn man eine feste Partnerschaft sucht. Ernsthafte Absichten können hier durchaus problematisch werden. Es kommt nicht jeder damit zurecht, mit dem Partner im selben Raum zu arbeiten. Und wenn die Beziehung nicht hält, fällt es manchmal nicht leicht, weiter zusammenzuarbeiten – oder sich die Kommentare der Kollegen anhören zu müssen …

Das sollte Sie aber nicht davon abhalten, in Ihrem Job so viel zu flirten, wie Sie wollen. Denn eines lässt sich bei aller Erfahrung nie ausschließen: dass Amors Pfeil aus einer völlig unerwarteten Richtung kommt. Sollten Sie also im Büro eines Tages der Frau Ihres Lebens gegenüberstehen, dann zögern Sie nicht und flirten Sie, was das Zeug hält.

Schwarz auf weiß: die Kunst, Annoncen aufzugeben

Immer mehr Menschen versuchen, ihr Liebesglück per Zeitungsannonce zu finden – und immer öfter scheint das ja auch zu klappen. Der Anzeigenteil fast jeder Tageszeitung (und sei es auch das kleinste Käseblatt) quillt geradezu über von netten kleinen Texten, mit denen der oder die Richtige an Land gezogen werden soll. Eigentlich spricht nichts dagegen, auf solch direkte Weise nach dem Partner fürs Leben zu suchen – ganz im Gegenteil: Es hat sogar eine Menge Vorteile. Davon ist wohl der nebensächlichste, dass man sich nicht einmal aus dem Sessel erheben muss, um in der Anzeigenabteilung anzurufen. Der wichtigste Vorteil hingegen besteht darin, dass man seine Wünsche ganz konkret ausdrücken kann – und dann hoffentlich die richtige Antwort bekommt.

Es geht nichts über eine Annonce, die so ansprechend und witzig ist, dass man den Verfasser am liebsten gleich anrufen und ihm dazu gratulieren möchte (auch wenn man seinem Suchprofil leider nicht entspricht). Natürlich sollen Zeitungsannoncen ins Auge fallen und einen bleibenden Eindruck hinterlassen – sonst versprechen sie nicht viel Erfolg. Trotzdem ist es unnötig, gleich für eine ganzseitige Annonce bei einer großen Tageszeitung Unsummen auszugeben – die Trefferquote wird dadurch kaum höher. (Es melden sich nur mehr Leute, die sich für das dicke Konto dahinter interessieren.)

Glück per Post

Richtig erfolgreich ist eine Annonce nicht, wenn sie eine wahre Springflut an Zuschriften auslöst, sondern wenn die eine Richtige darauf antwortet. Selbst wenn nur ein einsamer Brief ins Haus flattert, kann der von der perfekten Frau stammen. Und um das zu erreichen, zählt vor allem eins: Ehrlichkeit! Wer die Karten auf den Tisch legt und seine Wünsche formuliert, wird die passenderen Antworten bekommen. Verzichten Sie also im Zweifelsfall ruhig auf das eine oder andere Witzchen, das nicht wirklich etwas zur Sache tut und die Leserin vielleicht nur verwirrt.

Umgekehrt gilt ja auch, dass Sie Ehrlichkeit und Klarheit erwarten, wenn Sie die Kleinanzeige einer Frau lesen. Annoncen, in denen konkrete Wünsche und Ansprüche mitgeteilt werden, statt dass nur der »Mann fürs Leben« gesucht wird, lohnen die Mühe am ehesten. Denn je klarer eine Frau ihre Vorstellungen ausdrückt, desto mehr Gedanken hat sie sich darüber gemacht, wie ihr Partner sein soll – und desto schneller können Sie herausfinden, ob sie wirklich zu Ihnen passt.

Natürlich, Annoncen sind unglaublich praktisch, aber letztendlich weiß man nie, was dabei herauskommt. Erst wenn Sie einer Frau direkt gegenüberstehen, werden Sie merken, ob sie wirklich so ist, wie sie sich beschrieben hat. Es besteht immer Gefahr, die eine oder andere Überraschung zu erleben …

Spezielle Orte für spezielle Frauen

Sie sehen, es gibt tausendundeine Möglichkeit, in kurzer Zeit unglaublich viele Frauen kennen zu lernen. Sie haben trotzdem noch nicht die Richtige getroffen? Dann sollten Sie es vielleicht gezielter angehen und genau dort suchen, wo der von Ihnen gesuchte Typ Frau am häufigsten anzutreffen ist.

Ausstellungen und Museen

Eine Frau im Museum kennen lernen? Klappt das denn? Das Museum ist nicht für jeden die Location, an der er seiner Traumfrau begegnen wird – zumindest wenn er sich seit seiner Schulzeit nicht mehr freiwillig in die hehren Hallen der Kunst begeben hat. Wenn Sie dagegen selbst gerne ein paar Stunden inmitten schöner Bilder und Skulpturen verbringen, kann Sie das Museum noch mit ganz anderen Schätzen überraschen.

Sie wünschen sich eine Frau, die Ihre Begeisterung für Kultur und Kunst teilt? Vielleicht eine Businessfrau, die auch aus schönen Bildern neue Energie schöpfen kann? Oder eine Künstlerin? Eine Frau, die diesen Vorstellungen entspricht, kann Ihnen im Museum und in jeder Kunstausstellung täglich über den Weg laufen. Sie sollten also beim nächsten Museumsbesuch nicht nur Augen für die Exponate haben – Sie wären nicht der Erste, der dort noch viel Reizvolleres entdeckt.

Wenn Sie einer echten Kunstliebhaberin begegnen wollen, gehen Sie lieber zu ungewöhnlichen Zeiten ins Museum. Dann ist es dort nicht so voll wie an einem verregneten Sonntagnachmittag. Nach Feierabend oder am frühen Samstagmorgen treffen Sie viel eher Frauen, die um der Kunst willen ins Museum gehen – und nicht, weil es zum guten Ton gehört und im Knigge steht.

Um zwischen so viel Schönheit auch selbst einen guten Eindruck zu machen, sollten Sie natürlich nicht unbedingt mit Badeschlappen und offenem Hemd durch die Ausstellung streifen. Auch Hawaii-Hemden, Shorts und Strohhüte überlassen Sie lieber amerikanischen Touristen. Anzug und Krawatte sind jedoch etwas zu förmlich, außer bei besonderen Anlässen – oder wenn es einfach Ihrem Stil entspricht. Tragen Sie also etwas Ansehnliches, aber nichts zu Auffälliges. Und auf jeden Fall etwas, das zu Ihrem Typ passt – schließlich wollen Sie sich ja wohl fühlen.

Wer eine Kunstliebhaberin beeindrucken will, sollte wenigstens Dalí von Kandinsky unterscheiden können. Lassen Sie sich also nicht dazu hinreißen, das Objekt Ihrer Begierde mit allzu ahnungslosen Fragen zu belästigen – die kann einem Mann von Welt schließlich auch der Ausstellungskatalog beantworten. Mehr Punkte können Sie gewinnen, wenn Sie sie nach ihrer persönlichen Meinung zu dem Kunstwerk fragen, das sie gerade bewundert. Damit haben Sie ein ergiebiges Gesprächsthema gefunden.

Mann pflege gute Nachbarschaft ...

In der Küche Ihrer Nachbarin dürften die Gesprächsthemen sicher etwas allgemeiner ausfallen als in der Kunsthalle – je nachdem, welche Art von Frau in Ihrem Haus wohnt: Sie ist nett und hat immer viele Freundinnen zu Besuch? Dann sollten Sie sich diese Gelegenheit nicht entgehen lassen – vor allem, wenn Sie gerne eine Esoterikerin kennen lernen möchten. Die verbringt ihre Zeit nämlich am liebsten mit einer Tasse Tee und netten Gesprächen, auch mit ihren Nachbarn. Wäre es nicht toll, die Traumfrau so nah vor der eigenen Wohnungstür kennen zu lernen?

Kontaktmöglichkeiten mit der Nachbarin gibt es wie Sand am Meer: Man trifft sich am Briefkasten, leiht eine Tasse Zucker aus, bedankt sich mit einer Flasche Rotwein … Wenn es die Nachbarin selbst ist, die Ihr Interesse geweckt hat, haben Sie leichtes Spiel. Der Trick dabei: Belästigen Sie sie nicht zu oft, solange Sie sich noch nicht so gut kennen. Verzichten Sie also auf allabendliches Klingeln an der Haustür, wenn die Angebetete sich erst einmal von ihrem Arbeitstag erholen will. Viel geschickter ist es, wenn Sie sie am Wochenende überraschen, dann wird sie sich auch eher Zeit für einen Smalltalk nehmen.

Sie müssen nicht gleich zum Hausmann werden, um Ihre Nachbarin zu beeindrucken. Ein bisschen einfallsreich sollten Sie aber schon sein. Wenn Sie mit einem Teller Plätzchen (keine Panik – die gibt's auch beim Bäcker) vor ihr stehen, um sie mit ihr zu teilen, nimmt sie sich sicher gerne Zeit für Sie. Wenn Sie selbst ein bisschen handwerkliches Geschick haben, bieten Sie ihr an, das nächste neue Regal gemeinsam aufzubauen. Und auch den verstopften Abfluss am Waschbecken bekommen Sie im Nu wieder hin. (Vorsicht aber bei sehr emanzipierten Frauen, es muss klar sein, dass Sie es ihr auf jeden Fall zutrauen, das auch allein zu erledigen!) Hauptsache, Sie machen sich so interessant, dass sie das nächste Mal an Ihrer Tür klingelt …

In aller Freundschaft

Wenn Sie zu Ihrer Nachbarin ein rein freundschaftliches Verhältnis haben, aber eine ihrer Freundinnen Sie brennend interessiert, kann ich Ihnen nur raten: Machen Sie sich die Dame zur Komplizin! Wenn Sie nämlich ständig bei ihr auftauchen, nur weil Sie hoffen, dass die Freundin auch vorbeikommt, führt das leicht zu Missverständnissen. Und Sie wollen doch keiner Frau erklären müssen, dass Sie sie ja ganz nett finden, aber eigentlich nur ihre Freundin kennen lernen wollten – das können Sie in dieser Situation gar nicht brauchen … Steht sie dagegen auf Ihrer Seite, können Sie wahrscheinlich gar nicht so schnell schauen, wie Sie der begehrten Frau wieder gegenübersitzen!
Einen Dresscode gibt es für den Besuch nebenan natürlich keinen. Dennoch sollten Sie nicht völlig unvorbereitet bei Ihrer Nachbarin klingeln. Sie wissen ja: Frauen stehen einfach auf gepflegte Männer. Den Anzug können Sie natürlich im Schrank lassen, aber dieselben Klamotten, die Sie seit drei Tagen tragen, sollten es auch nicht sein …

Kochen lernen und noch mehr – der Kochkurs

Sie möchten gerne ein Hausmütterchen kennen lernen, das für Sie sorgt und Sie lecker bekocht? Dann hängen Sie alle eventuellen Vorurteile erst einmal an den Nagel und nehmen Sie selbst an einem Kochkurs teil! Ich weiß, das ist ein etwas verwegener Vorschlag. Ich kenne zwar viele Männer, die durchaus kochen können, aber einen Kochkurs besuchen? Dafür sind die meisten schon zu sehr davon überzeugt, dass sie von Natur aus gut genug kochen …

Hier geht es übrigens nicht um die hehren Künste der Haute Cuisine. Schließlich wollen Sie kein Meisterkoch werden, sondern die Frau fürs Leben kennen lernen! Es ist also ganz egal, ob Sie bereits ein Drei-Gänge-Menü mit Nachtisch zaubern können oder nicht einmal wissen, an welchem Ende Sie den Kochlöffel anfassen müssen. Allerdings sollten Sie schon ein bisschen auf das Angebot achten; Kurse wie »Kochkunst für Paare« oder »Schnelle Küche für Kinder« können Sie getrost beiseite lassen.

Hahn im (Brot-)Korb

Welchen Kochkurs Sie besuchen, hängt in erster Linie von Ihrem persönlichen Geschmack ab – der dann zum Glück schon einmal mit dem der Auserwählten zusammenpassen dürfte. Ganz gleich, ob italienische Küche, Sushi oder die feine Gourmetkunst – in Kochkursen werden Sie immer auf jede Menge Frauen treffen. Und Ihren Spaß werden Sie dabei auf jeden Fall haben, denn zumindest können Sie genüsslich auskosten, dass Sie vermutlich der Hahn im Korb sind …

Es sollte allerdings nicht zu offensichtlich werden, dass Sie eigentlich vor allem die Liebe suchen. Zeigen Sie daher Interesse für den Inhalt der Töpfe und Pfannen, dann fällt es Ihnen auch leichter, mit dem begehrten Wesen ins Gespräch zu kommen. Machen Sie einen solchen Kurs nur, wenn Sie sich nicht zu sehr verbiegen müssen, und geben Sie sich ein wenig Mühe. Am besten lassen Sie sich alles Wichtige ganz genau von der Frau erklären, die Sie am meisten interessiert.

Und der Oscar geht an ...
Premieren und Preisverleihungen

Wer auf der Suche nach etwas ganz Besonderem ist, muss an eher ungewöhnlichen Orten Ausschau halten! Wollen Sie eine Prinzessin an Ihrer Seite haben, sollten Sie nach dem Glanz und Glamour suchen, der diese Frauen so magisch anzieht. Doch leider finden gesellschaftliche Großereignisse nicht sehr häufig statt – und sind nicht für jeden zugänglich. Bestens geeignet sind natürlich Premieren und Preisverleihungen jeder Art. Nun ja, vielleicht nicht beim Jahrespokal des örtlichen Kegelvereins, aber wenn Künstler, Wissenschaftler und andere VIPs geehrt werden, treffen Sie sicher auf eine oder gar mehrere Prinzessinnen.

Ganz egal, ob ein neuer Film oder ein neues Album vorgestellt wird: Medienmenschen haben praktisch immer etwas zu feiern. Diese Partys können auch zu Ihren Sternstunden werden! Die größte Herausforderung für alle Normalsterblichen ist natürlich, zuerst einmal zu solchen Events eingeladen zu werden. Dazu muss man die richtigen Leute kennen. Das ist aber sowieso Voraussetzung für die Prinzessinnenjagd – denn Erfolg haben wird nur, wer ihr auch etwas bieten kann! Lassen Sie also alle Kontakte spielen, damit Sie zu möglichst vielen solchen Festen eingeladen werden. Das wird Ihnen auch weiterhelfen, wenn Sie erst einmal Ihre Prinzessin kennen gelernt haben. Denn mit nichts können Sie sie so sehr bezaubern wie mit einer Einladung zur nächsten VIP-Party.

Achtung: Dresscode!

Den Dresscode für solche Veranstaltungen müssen Sie auf jeden Fall kennen und beachten. Anzug ist Pflicht – mit Jeans und Turnschuhen werden Sie höchstens für einen Assistenten des Fotografen gehalten. Das allgemeine Motto lautet »Kleider machen Leute«, und passend zum Anlass dürfen Sie ruhig Ihr Modebewusstsein und Ihren guten Geschmack zeigen. Klar, dass man bei der Verleihung des Bundesverdienstkreuzes etwas anders auftritt als bei den *MTV*-Awards.

Zum Glück hat man es als Mann etwas leichter als die holde Damenwelt und muss nicht bei jedem Ereignis ein neues Outfit vorzeigen. Wer sich in der Welt der Mode nicht sehr heimisch fühlt, lässt sich ganz einfach bei *Armani*, *Boss* und Co. von Kopf bis Fuß einkleiden – der Zweck heiligt schließlich die Mittel. Dann ist noch darauf zu achten, dass alle Accessoires, von der Armbanduhr bis zu den Schuhen, zum Anzug passen, und fertig ist der Traumprinz. Zumindest äußerlich.

Um einen wirklich glänzenden Auftritt hinzulegen, müssen Sie dann natürlich noch ein Mann von Welt sein – oder sich schnellstens in einen verwandeln. Das richtige Benehmen in illustrer Gesellschaft gibt Ihnen den letzten Schliff, wenn Sie das Herz einer Prinzessin erobern wollen. Dazu gehört nicht nur, ein vollendeter Kavalier zu sein, sondern auch das Rotweinglas vom Sektkelch unterscheiden zu können. Oder zu wissen, wie man einen Hummer zerlegt. Und welcher Wein am besten dazu passt. Machen Sie sich keine Sorgen, wenn Ihnen dieses Wissen nicht in die Wiege gelegt wurde. Es gibt genügend Kurse und Bücher, die alle gesellschaftlichen Spielregeln en détail vermitteln – und so viel Vorbereitung sollte auf jeden Fall sein, wenn Ihr Vorhaben von Erfolg gekrönt sein soll.

Ich bin drin ... – rein ins Internet

Sie surfen ständig in den Weiten des Internets? Erledigen all Ihre Post schon lange per E-Mail? Und haben auch schon mal in den einen oder anderen Chatroom hineingeschaut? Dann sind Sie auf der Höhe der Zeit – willkommen im Kommunikationszeitalter! Aber haben Sie auch schon an die Möglichkeit gedacht, per Internet die Frau Ihres Lebens zu finden?

So verwegen diese Idee zunächst klingen mag – das ist gar nicht so schwierig. Es gibt mehr als ein glückliches Paar, das sich über das Internet kennen und lieben gelernt hat. Diese Möglichkeit bietet sich vor allem an, wenn Sie bevorzugt auf Girlies aus sind. Besonders auf diesen Frauentyp übt das Internet eine magische Anziehungskraft aus. Es ist modern, es ist »in«, und man kann jede Menge Spaß damit haben – was will ein Girlie mehr? Wenn Sie das nächste Mal am Computer sitzen, können Sie sich ja einfach mal auf die Suche machen – verlieren können Sie dabei kaum etwas (höchstens den Überblick über Ihre Gebührenrechnung). Die Partnersuche im Internet hat den gleichen Vorteil wie eine Annonce: Der

Suchende bleibt zuerst einmal anonym und kann sich in Ruhe zu Hause ansehen, wer ihm antwortet.

Wie Sie auf den Millionen von Seiten im Web die richtige Frau finden sollen? Ganz einfach: Sie müssen nur geschickt auswählen. Was Sie brauchen, ist ein Chatroom. Diese Dinger funktionieren ganz einfach (wahrscheinlich kennen Sie sie ja sowieso): Beliebig viele Menschen schreiben sich gegenseitig, und alle im Chatroom »Anwesenden« können auf ihrem Bildschirm alles mitverfolgen. So entsteht ein (mehr oder weniger) langer Dialog, da auch alte Einträge erhalten bleiben. Darüber hinaus gibt es inzwischen sogar die Möglichkeit des Video-Chats. Dafür braucht man aber eine Webcam – und vielleicht möchten Sie sich ja auch nicht sofort zeigen.

Liebe zwischen Bits und Bytes

Wie der von Ihnen gewählte Chatroom funktioniert, erfahren Sie dort. Ich verrate Ihnen lieber noch ein paar Tipps, wie Sie auch den richtigen finden. Wer »Partnersuche« in seinen Browser eintippt, bekommt neben unzähligen Single-Börsen auch eine Liste entsprechender Chats. Hier kann man – teils sogar abhängig vom gewünschten Partnerprofil – massenhaft andere Singles treffen, die ebenfalls auf der Suche sind. Es kann also ganz gut sein, dass Sie auf diese Weise eine passende Frau finden!

Auch in spezialisierteren Chats können Sie durchaus Ihr Goldstück finden. Suchen Sie sich ein Thema aus, das Sie interessiert (zum Beispiel Ihr Hobby), und schicken Sie Ihren Browser auf die Suche nach dem passenden Chat. Das hat den Vorteil, dass die Atmosphäre sachlicher und entspannter ist, weil nicht alle nur an das eine denken … Wenn Ihnen eine Teilnehmerin im Chat sympathisch erscheint, können Sie sich immer noch mit ihr allein unterhalten.

Einen großen Nachteil hat das Internet natürlich: Man sieht nicht, wer sich hinter den netten Zeilen auf dem Bildschirm verbirgt. Es besteht also durchaus die Gefahr, dass Sie zwar die passenden Antworten bekommen, aber von der völlig falschen Person – und nicht selten verstecken sich Männer mit Hang zum Humor hinter »weiblichen« Ansprechpartnern. Daher ist es wichtig, sich etwas Zeit zu lassen, denn nur wer einen Kontakt wirklich ernst nimmt, wird sich zu immer neuen Dates im Chatroom einfinden. Wenn die Kommunikation im Netz stimmt, können Telefonnummern ausgetauscht werden – und man hört sich das erste Mal live. Und wenn alles klappt, findet sicher auch bald ein erstes Treffen statt.

»Speak you English?« oder warum Sprachkurse nie schaden

Sie wollen eine Frau mit Grips? Eine, die sich überall auf der Welt zurechtfindet? Eine richtige Abenteuerin, mit der Sie die entlegensten Winkel Afrikas erkunden können? Wenn Sie gerade keine Möglichkeit haben, selbst auf Reisen zu gehen, bleibt Ihnen immer noch eine einfache Möglichkeit: Belegen Sie einen Sprachkurs. Ob Französisch, Englisch oder Kisuaheli, das bleibt Ihnen überlassen. Natürlich sollte die Sprache Ihrer Wahl Sie auch wirklich interessieren. So tun Sie etwas für sich und es ist weniger schlimm, wenn im Kurs nicht auch Ihre Traumfrau sitzt.

In Sprachkursen treffen Sie vor allem zwei Arten von Frauen – die, die sich neben dem Beruf weiterbilden und Ihren Lebenslauf aufpolieren wollen, und die, die wirklich in alle Ecken der Welt reisen. Abhängig davon, welche Art Frau Sie besonders interessiert, sollten Sie auch den Kurs auswählen. Der Kurstitel »Business-Englisch für Fortgeschrittene« weist schon darauf hin, dass Sie hier eher auf Karrierefrauen treffen. »Indonesisch in fünf Wochen« dagegen wird vor allem Weltenbummlerinnen anziehen, deren nächste Reise nach Asien geht. Grundsätzlich gilt, dass Abenteuerinnen lieber exotische Sprachen lernen – die machen das Reisen noch mal so interessant. Weltsprachen wie Englisch oder Spanisch können sie meistens sowieso schon, diese vertiefen sie höchstens noch in einem kurzen Intensivkurs.

Ideal sind Sprachkurse, bei denen Sie eine Probestunde besuchen können, bevor Sie sich festlegen. So bemerken Sie schnell, in welchem Kurs die Wahrscheinlichkeit besteht, eine für Sie interessante Frau zu finden.

Am interessantesten sind Sie für eine Abenteuerin, wenn Sie mit ihr auf gleicher Wellenlänge liegen – und das sieht sie zuerst an Ihrem Outfit! Es darf ruhig etwas lässiger sein, denn auch die Abenteuerin wird sich zum Lernen nicht extra in Schale werfen. Sollten Sie hingegen den Sprachkurs der Businessfrauen besuchen, müssen Sie allerdings mehr Wert auf Ihr Äußeres legen! Schwierige Grammatikfragen, ein Bierchen nach Kursende und gemeinsames Vokabelpauken sind die besten Gründe, die begehrte Frau anzusprechen, um den Weg ans Ziel Ihrer Träume einzuschlagen!

Fit for love: Sportverein und Fitnessstudio

Geteiltes Leid ist halbes Leid, geteilte Freude doppelte Freude – das gilt vor allem, wenn die Muskeln schmerzen und der Schweiß in Strömen fließt. Gemeinsames Training schafft eine verbindende Atmosphäre, in der man sich schnell näher kommt. Wenn Sie sich eine sportliche Frau wünschen, sollten Sie bei Sportvereinen und Fitnessstudios ansetzen. Der Sportverein, wenn Sie für einen bestimmten Sport schwärmen und wollen, dass Ihre zukünftige Partnerin auch dabei mitmacht. Das Fitnessstudio, wenn Sie in Bestform sein wollen und das auch von Ihrer Liebsten erwarten.

Beim Sport treffen Sie auf ganz unterschiedliche Frauentypen – gemeinsam ist ihnen allen, dass sie sich gerne bewegen. Im Kletterverein begegnen Sie vielleicht eher Abenteuerinnen, beim Yoga Esoterikerinnen oder im Fitnessstudio Girlies – aber eben auch allen anderen. Seien Sie also ruhig wählerisch, damit Sie nicht nur den Sport mit Ihrer Wunschpartnerin gemeinsam haben. Hinweise, was für ein Frauentyp sie ist, geben Ihnen ihre Sportkleidung (der letzte Schrei oder vor allem praktisch), wie sie zum Training kommt (Hollandrad oder Sportwagen), ob sie sich gleich vor dem Spiegel wieder hübsch macht oder auch ohne Make-up leben kann und vieles, vieles mehr. Sie brauchen nur die Augen offen zu halten, um fast alles über Ihre Trainingspartnerinnen herauszufinden.

Klar, dass auch Sie selbst darauf achten sollten, wie die Damen Sie zu sehen bekommen. Sie müssen sich keine Mikrofaser-Hightech-Klamotten kaufen, wenn sie Ihnen nicht gefallen. Aber 1980er-Jahre-Trainingshosen und schlabbernde T-Shirts haben ungefähr den gleichen Erotik-Faktor wie ein Kartoffelsack – damit kommen Sie nicht weit. Außerdem sollen die Mädels ruhig sehen, wie gut Ihr Körper in Form ist (sofern er's denn ist).

Seltsamerweise sind Frauen im Fitnessstudio besonders allergisch gegen plumpe Anmache – da spukt wohl ein altes Klischee durch ihre Köpfe. Gehen Sie also äußerst behutsam vor, wenn Sie sie nicht gleich vergraulen wollen! Trainieren Sie lieber ein paarmal »zufällig« genau dann, wenn sie auch da ist, und sorgen Sie ohne Worte dafür, dass Sie in ihr Blickfeld kommen. Dann können Sie das Duschen immer noch so timen, dass Sie sich beim Verlassen des Fitnessstudios und damit auf neutralem Boden wieder treffen.

Vorträge – »Drum prüfe, wer sich ewig bildet«

Wie wichtig Bildung ist, wissen wir seit PISA alle. Für manche Frauen war sie allerdings schon immer so wichtig, dass sie ihre freie Zeit gerne bei Vorträgen und anderen lehrreichen Veranstaltungen verbracht haben – und es immer noch tun. Dazu gehören vor allem die Esoterikerin, die das Neueste über ihre Lieblingsthemen erfahren möchte, und die Businessfrau, die sich ständig weiterbildet. Und wenn Sie sich für einen dieser beiden Frauentypen interessieren, sind Sie vielleicht auch bald mit von der Partie!

Sich über Vorträge zu informieren ist nicht schwer: Sie finden die Ankündigungen im Veranstaltungsteil jeder Tageszeitung. Vorträge zu speziellen Themen oder an

Universitäten können Sie gezielt im Internet heraussuchen. Aber Vorträge anzuhören, das fällt manchmal viel schwerer. Manche Redner verströmen nichts als Langeweile, und manchmal sind die Sitzgelegenheiten reinste Folterstühle. Wenn Sie Ihr Glück bei Vorträgen suchen wollen, sollten Sie immer solche auswählen, die Sie auch einigermaßen interessieren. Sonst kann der Abend schnell zur Qual werden. Während des Vortrags können Sie sowieso nicht viel tun, um Ihre Traumfrau zu finden – außer natürlich alle anwesenden Frauen genau in Augenschein zu nehmen. Kommen Sie also immer früh genug, um sich einen guten Platz zu sichern! Sicher werden Sie recht bald festgestellt haben, ob eine passende Kandidatin im Publikum sitzt, und dann können Sie nur noch eines tun: warten.

Ihnen zuliebe wird kein Redner auch nur fünf Minuten früher aufhören, und das Beste, was Sie in einem Vortragssaal tun können, ist, einfach zuzuhören. Einschlafen sollten Sie auf keinen Fall – und auch nicht auf andere Weise unangenehm auffallen. Schließlich ist Ihre Traumfrau nicht wegen Ihnen gekommen, sondern wegen des Vortrags. Also sind Ihre Chancen minimal, dass Sie ihre Aufmerksamkeit wecken und auf einen Kaffee nach draußen lotsen können – so sehr langweilt sie sich sicher nicht. Es bleibt Ihnen also nichts anderes übrig, als bis zur nächsten Pause oder gar bis zum bitteren Ende auszuharren – und dann Ihr Glück zu versuchen.

Ihnen bleibt also viel Zeit, sich eine Strategie zurechtzulegen, aber wenig Zeit zum Handeln! Wenn Sie den Vortrag halbwegs aufmerksam verfolgt haben, fällt Ihnen sicher ein gutes Thema ein, auf das Sie die Dame Ihrer Wahl ansprechen können. Nur, wie gesagt – schnell sollten Sie sein, sonst haben sich die zwei Stunden im Vortragssaal am Ende sicher nicht gelohnt.

ACHTUNG, EMANZIPATION!

JEDE FRAU FLIRTET ANDERS

Wo Sie Ihre Traumfrau finden können, wissen Sie ja jetzt. Was Sie vielleicht noch nicht wissen, ist, was Sie überhaupt tun sollen, wenn Sie ihr wirklich endlich gegenüberstehen. Rot werden und ins Stottern kommen? Auf gar keinen Fall! Das wird Ihnen allerdings auch nicht passieren, wenn Sie weiterlesen und alles über die Kunst des Flirtens erfahren. Denn mit den richtigen Tipps wissen Sie immer, was zu tun ist – und wie Sie einen kleinen Flirt in die große Liebe verwandeln können!

»Na Süße, wie wär's denn mit uns beiden?«

Schlecht wäre es! Frauen lassen sich von Macho-Gehabe und markigen Anmachsprüchen schon längst nicht mehr beeindrucken. Die meisten sind inzwischen viel zu selbstbewusst, um auf solche Spielchen einzusteigen. Das ist auch gut so, denn Sie suchen ja eine Partnerin zum Glück – und die sollte schon etwas Köpfchen mitbringen! Vergessen Sie also all die superwitzigen Sprüche und sexy Antörner, die Ihnen angeblich das Flirten erleichtern sollen. Egal, ob sie aus dem neuesten Herren-Magazin oder von den besten Freunden stammen – Flirt-Sprüche nach Rezept funktionieren einfach nicht!

Der Grund dafür ist ganz einfach: Frauen merken es,

wenn sie mit einem auswendig gelernten Sätzchen angesprochen werden – und das gefällt nur den allerwenigsten. Vielleicht finden sie es noch ganz süß, wenn ihr Söhnlein ihnen zum Muttertag ein Verslein aufsagt. Aber von einem erwachsenen Mann erwarten moderne Frauen, dass er sich ein bisschen mehr anstrengt! Und sie haben einen siebten Sinn dafür, ob ein Mann sich ganz natürlich verhält oder sie mit einer schlecht gespielten Theaterrolle beeindrucken will.

Der siebte Sinn der Frauen

Frauen verfügen seit Urzeiten über viel feinere Sensoren für die Stimmung ihres Gegenübers als wir Männer – schließlich müssen sie ja irgendwie erraten, wieso das Baby schon wieder schreit. Forscher haben herausgefunden, dass Frauen ein besonders gutes Gehör für kleinste Schwankungen in Tonhöhe und Lautstärke haben, die ihnen die Gefühlslage des Sprechers verraten. Und sie erfassen die Körpersprache bis ins letzte Detail, die immerhin mehr als die Hälfte der Kommunikation ausmacht. Solch eine wandelnde Radarstation wollen Sie mit einem aufgesetzten Macho-Spruch beeindrucken? Das können Sie gleich vergessen.

Sogar »erprobte« Sprüche, die neun von zehn Frauen in einer Umfrage unglaublich witzig gefunden haben, sind im Praxistest ein absoluter Flop. Über den Satz »Wie fühlt man sich, wenn man die schönste Frau im Raum ist?« können die meisten Frauen gut lachen, wenn sie ihn nur lesen, aber auf einer Party fühlen sie sich damit schnell auf den Arm genommen – erst recht, wenn sie bemerken, dass der Spruch nicht von Herzen kommt.

Frauen machen sich sehr schnell ein Bild von einem Mann, den sie gerade kennen gelernt haben. Die Art, wie Sie eine Frau ansprechen, trägt viel zu diesem Bild bei. Besonders empfindlich reagieren Frauen, wenn sie glauben, dumm angemacht zu werden – die meisten fühlen sich beleidigt, wenn ein Mann denkt, dass sie so leicht herumzukriegen wären. Aus einem heißen Flirt kann dann natürlich nichts mehr werden.

Natürlichkeit ist angesagt

Sie müssen sich schon etwas einfallen lassen, wenn Sie eine Frau von Anfang an beeindrucken wollen. Das A und O dabei: immer möglichst natürlich bleiben. Frauen stehen auf »What you see is what you get«, möchten also das bekommen, was sie sehen. Wer schüchtern ist, darf sich das ruhig anmerken lassen. Wer ein Selbstbewusstsein wie ein Löwe hat, darf auch so flirten. Und wer frech wie Oskar durchs Leben geht, sollte der Angebeteten nicht vorspielen, dass er ein frommes Lamm ist!

So banal es auch klingen mag: Ganz alltägliche Fragen und Bemerkungen eignen sich immer noch am besten, um eine Frau anzusprechen. Fragen, die sie mit einem einfachen Ja oder Nein beantworten kann („Waren Sie schon einmal hier?«, »Kennen Sie …?«), sind dabei nur zweite Wahl. Besser funktionieren Fragen, die eine ausführliche Antwort nötig machen, wenn Sie schnell ein Gespräch beginnen möchten. »Kennen Sie sich hier aus? Ich suche ein Geschäft für …« oder »Können Sie mir etwas empfehlen?« ermöglichen einen guten Einstieg. Die Angesprochene müsste schon sehr unhöflich sein, um Sie mit einer kurzen Antwort abblitzen zu lassen. Zweitens wirkt es auf Frauen fast immer schmeichelhaft, wenn ein Mann sie um Rat oder Hilfe bittet – damit haben Sie das Eis schon fast gebrochen.

Flirten will gelernt sein

Bevor ich Ihnen alles darüber verrate, wie Frauen flirten und wie sich die verschiedenen Frauentypen am besten um den Finger wickeln lassen, gibt es noch ein bisschen Vorarbeit zu erledigen. Zum Flirten gehören schließlich immer zwei: die Frau Ihrer Träume und Sie selbst! Deshalb sollten Sie vorab noch einiges erfahren, das Ihnen bei Ihren Vorbereitungen hilft. Wenn Sie die folgenden Tipps beherzigen, steigt die Wahrscheinlichkeit, dass Sie auf das schwache Geschlecht anziehend und sympathisch wirken – vielleicht sogar unwiderstehlich. Sie werden sehen, dass Flirten gar nicht so viel mit geheimnisvoller Chemie zwischen zwei Menschen zu tun hat – sondern mit Wissen, Aufmerksamkeit, etwas Erotik und sehr viel Spaß!

Ohne Worte wird ein Flirt nicht sehr weit führen, aber das ist bei weitem nicht alles. Ihre Körpersprache zählt dabei mindestens genauso wie das, was Sie sagen – und Ihre Blicke können sogar noch viel wichtiger sein. Manche Forscher sind der Meinung, dass die Körpersprache bis zu 75 Prozent unserer Kommunikation ausmacht. Die meisten Signale bekommen wir allerdings gar nicht bewusst mit – sie beeinflussen vor allem, wie wir uns fühlen.

Der Einsatz von Körpersprache gehört zu den wirkungsvollsten Flirttechniken überhaupt. Wer geschickt die richtigen Signale aussendet, kann fast jeder Frau den Kopf verdrehen. Zum Glück brauchen Sie nicht einmal einen Lehrer, um Ihre Körpersprache in den Griff zu bekommen. Ein bisschen Übung und Freude am Experimentieren reichen vollkommen aus.

Vor allem als Flirtanfänger sollten Sie die Tipps auf den folgenden Seiten so schnell wie möglich in die Tat umsetzen. Schließlich wollen Sie ja vorbereitet sein, wenn Sie der Frau Ihres Lebens begegnen. Ein kleiner Flirt beim Bäcker, im Café oder in der Straßenbahn hat noch niemandem geschadet, und wie weit er gehen soll, entscheiden Sie selbst. Flirten Sie aber nur mit Frauen, die Sie tatsächlich anziehend finden – denn wer weiß, vielleicht treffen Sie schon früher die Richtige, als Sie ahnen …

Was Ihre Körpersprache über Sie verrät

Jeder von uns sendet ständig eine Unzahl von Signalen aus, die unsere innersten Gefühle und Gedanken verraten. Ob man entspannt in den Feierabend geht, Sorgen im Job hat, vor Freude schier platzen könnte oder vor Sehnsucht nach Liebe fast vergeht – all das spiegelt sich in unserer Körpersprache wider. Wie wir gehen, stehen, reden oder sitzen, gibt unzählige Hinweise auf unsere Persönlichkeit und darauf, wie wir zum Leben stehen.

Sie kennen das sicher auch: Wenn Ihr Chef plötzlich in diese hektische Art verfällt, hat wieder jemand Mist gebaut. Wenn Ihre Ex ihren mörderischen Blick aufsetzte, hat es kurz darauf Ärger gegeben. In gewissem Maß kann jeder von uns Körpersprache erkennen und verstehen, zumindest bei Menschen, die wir gut kennen. Wäre es aber nicht viel besser, wenn Sie auch das Verhalten von Unbekannten durchschauen könnten? Dazu braucht es nicht mehr als ein bisschen Grundwissen und etwas Übung. Wie Sie vor allem die Körpersprache von Frauen verstehen lernen, erfahren Sie gleich.

Natürlich hat das Ganze auch eine Kehrseite: So wie Sie die Körpersprache von anderen Menschen entschlüsseln können, lässt sich natürlich auch Ihr Verhalten deuten. Wenn es Ihnen also nicht gefällt, dass andere erkennen, wie schüchtern, verlegen, verliebt oder sehnsüchtig Sie sind, haben Sie zuerst einmal schlechte Karten. Aber nur so lange, bis Sie Ihre eigene Körpersprache im Griff haben und wissen, wie Sie auf Ihr Gegenüber wirken! Das ist kein Ding der Unmöglichkeit, sondern eine Frage des Trainings. Sobald Sie Ihre Körpersprache beherrschen, können Sie Ihre Wirkung (und übrigens sogar Ihre eigenen Gefühle) im Handumdrehen verbessern!

Geheimwaffe Körpersprache

Wussten Sie, dass Frauen innerhalb von drei Sekunden (!) erkennen, ob ein Mann ihr Typ ist? Natürlich nicht bewusst, aber ihr unschlagbares Radarsystem checkt jeden Neuankömmling sofort ab – und schon ist Mann ihr spontan sympathisch oder eben leider nicht. Diese Entscheidung hängt von der Ausstrahlung eines Mannes und damit auch von seiner Körpersprache ab. Eine positive Wirkung verschafft Ihnen automatisch mehr

Chancen beim weiblichen Geschlecht! Keine Sorge, es geht dabei nicht darum, anderen etwas vorzuspielen (was auf Dauer sowieso nicht klappen würde). Das Ganze funktioniert eher wie bei einem Vorstellungsgespräch: Man gibt sich alle Mühe, einen guten Eindruck zu machen, bleibt aber doch man selbst. Ebenso wenig geht es gegen die eigene Persönlichkeit, bewusst auf die Körpersprache zu achten. Vielmehr können Sie dadurch Ihre guten Seiten besser zum Vorschein bringen – und mehr wollen Sie ja gar nicht.

Hängende Schultern, ein schleppender Gang, nach unten gezogene Mundwinkel – all das hat beim Flirten nichts zu suchen. Nehmen Sie sich die Zeit, vor dem Spiegel Ihre eigene Haltung zu begutachten: Wie sehen Sie aus, wenn Sie bequem stehen? Oder wenn Sie auf den Spiegel zulaufen? Betrachten Sie sich auch einmal von der Seite. Je nach Persönlichkeit und Tagesform wird das Ergebnis vergleichsweise unspektakulär sein. Schließen Sie dann die Augen und stellen sich in allen Details vor, Sie wären auf einer Party – umringt von schönen Frauen, die für Sie alle anderen Männer links liegen lassen. Wenn Sie sich jetzt wieder im Spiegel ansehen, werden Ihnen einige Veränderungen auffallen: Sie haben sich aufgerichtet, das Lächeln ist breiter, die Schultern ebenfalls, der Bauch flacher und wahrscheinlich wirken Sie etwas größer. So sollten Sie auch Ihrer Traumfrau gegenüberstehen!

Lächeln macht glücklich

Ist Ihnen schon aufgefallen, wie sehr Ihre Stimmung Ihre Haltung verändern kann – und Ihre Körpersprache? Umgekehrt funktioniert es ebenso gut: Wenn Sie lächeln, schüttet Ihr Gehirn Glückshormone aus, selbst dann, wenn Sie gerade nicht besonders glücklich sind – einfach nur wegen der Bewegung der Gesichtsmuskeln. Die moderne Gehirnforschung hat hier die alte Behauptung bestätigt, dass Lachen glücklich macht. Und das ist bei weitem nicht der einzige Punkt, in dem Körper und Psyche sich gegenseitig beeinflussen. Ein selbstbewusster Gang beispielsweise stärkt ganz automatisch das Selbstbewusstsein.

Der Gesichtsausdruck verrät am meisten über einen Menschen: Lippen, Stirn und nicht zuletzt die Augen erlauben uns, unzählige Stimmungen auszudrücken – oft sogar unbewusst. Auch die Zeit hinterlässt hier die offensichtlichsten Spuren. Abgesehen von den kleinen und größeren Falten, die das Leben so mit sich bringt (und die übrigens viel Charme verleihen können), wird auch die Grundstimmung der vergangenen Monate sichtbar: Wer viele Sorgen hatte, neigt zu einer gerunzelten Stirn, wer unglücklich war, hat meistens hängende Mundwinkel. Dagegen hilft nur eins: lächeln, lächeln, lächeln! Je öfter Sie Ihrem Gesicht einen glücklichen Ausdruck geben, desto mehr davon bleibt hängen – und zwar im wahrsten Sinne des Wortes.

Haltung annehmen!

Wenn es um die Haltung geht, sind die Schultern ausschlaggebend. Klar, je öfter man im Büro bis spät in die Nacht hinein über Bilanzen gebeugt sitzt, desto eher hängen die Schultern auch am Wochenende – allen ergonomischen Sitzmöbeln zum Trotz. Nach vorne fallende Schultern und eine schlaffe Haltung stehen auf der Liste erotischer Signale allerdings ziemlich weit unten. Wer gebückt durchs Leben geht, erweckt höchstens Mitleid – denn er macht den Eindruck, saft- und kraftlos und niedergeschlagen zu sein. Dagegen hilft am besten das, was Ihnen auch der Orthopäde wärmstens empfehlen würde: Halten Sie sich immer möglichst aufrecht! Schultern zurück, Kopf nach oben und Brust raus – und schon sind Sie ein anderer Mensch. Eine aufrechte Haltung signalisiert Stärke und Selbstbewusstsein – und macht Sie zu einem viel interessanteren Flirt-Partner!

Die Schranken öffnen

Sicher haben Sie schon davon gehört: Vor der Brust verschränkte Arme sind ein Zeichen der Abgrenzung. Vielleicht haben Sie sich gedacht, was für ein Quatsch, man verschränkt die Arme doch nur, weil es bequem oder bitterkalt ist! Da haben Sie Recht – allerdings nur zum Teil. Es gibt nämlich auch viele Leute, die ihre Arme verschränken, um sich zu schützen, zum Beispiel wenn sie wütend sind oder wenn ihnen jemand zu nahe kommt. Diese Geste baut auf subtile Weise einen Schutzwall um uns auf.

Verschränkte Arme allein müssen noch nichts zu bedeuten haben. Aber wenn der Betreffende außerdem verkrampft dasteht, die Stirn runzelt, die Lippen zusammenpresst und beharrlich an seinem Gegenüber vorbeistarrt? Dann können Sie sicher sein, dass er am liebsten eine Backsteinmauer zwischen sich und seinem Gesprächspartner hätte und ihn die momentane Situation gar nicht glücklich macht.

Achten Sie einmal darauf, wann Sie selbst mit verschränkten Armen herumstehen oder -sitzen. Wenn diese Haltung für Sie vor allem bequem ist und Sie in jeder anderen Hinsicht entspannt und gelassen sind (und das auch zeigen), wird Sie kaum jemand missverstehen – außer vielleicht ein Körpersprache-Fanatiker, der jedes Blinzeln nach Handbuch interpretiert. Wenn Sie dagegen bemerken, dass Sie tatsächlich aus Nervosität die Arme verschränken, weil plötzlich der Traum Ihrer schlaflosen Nächte vor Ihnen steht, dann hilft nur eins: Überspielen Sie es! Dies können Sie tun, indem Sie die Arme einfach nur locker vor dem Körper halten – sei es mit einem Getränk in der Hand oder weil Sie den Ärmel oder die Uhr zurechtrücken müssen. Wenn Sie dies einmal ausprobieren, werden Sie sehen, dass Ihre ganze Haltung viel lockerer wird und Sie sich automatisch entspannter fühlen.

Die richtige Gangart einlegen

Frauen können allein mit ihrem Gang die Männer in ihrer Umgebung zum Schmelzen bringen. Wir Männer haben meistens keine ganz so durchschlagende Wirkung (aber nur, weil Frauen von Natur aus zurückhaltender reagieren!). Eines ist allerdings klar: Umwerfenden Erfolg erreichen Sie nicht, indem Sie herumstolzieren wie ein Model auf dem Laufsteg. Das Stichwort lautet »entspannt«, wenn es darum geht, welche Art zu gehen Frauen an Männern sexy finden. Untersuchungen haben ergeben, dass langsames Gehen als Zeichen von Stärke und Selbstbewusstsein empfunden wird. Hektisches Herumhasten lässt dagegen an Stress, Nervosität und Unsicherheit denken. Aber schlurfen Sie bitte auch nicht wie ein Neandertaler! Damit machen Sie vielleicht der Schuhindustrie eine Freude, den Frauen aber sicher nicht.

»Schau mir in die Augen, Kleines!«

Durch die Magie der Augen-Blicke wird das Flirten erst so richtig schön. Natürlich gibt es auch heiße Telefonflirts, bei denen die sexy Stimme am Telefon den Anrufer ganz schön in Stimmung bringt. Doch normalerweise sind die Blickkontakte am wichtigsten. Das Sehen und Gesehenwerden spielt bei der Suche nach der richtigen Frau schließlich die ausschlaggebende Rolle – und schon der erste Blickkontakt entscheidet, ob überhaupt mehr daraus werden kann. Sie wissen ja, Frauen treffen in null Komma nichts intuitiv die Entscheidung, ob Sie einen Mann sympathisch finden oder nicht – wer da schlecht wegkommt, hat auf jeden Fall harte Arbeit vor sich, wenn er nicht gleich aufgeben will.

Nicht umsonst träumen alle von der Liebe auf den ersten Blick – nicht nur die Frauen, sondern auch wir Männer. Klar, es ist leicht, sich auf den ersten Blick in eine hübsche Frau zu verknallen – aber wie schafft man es, damit es ihr genauso geht? Eigentlich kann man nichts tun, außer den eigenen Sympathiewert zu erhöhen – und damit werden auch die Aussichten besser. Je positiver Ihre Ausstrahlung ist, desto größere Chancen bestehen, dass Sie als »sympathisch« etikettiert werden – und die Dame Sie genauer in Augenschein nimmt. Denn wenn eine Frau auf Ihre verführerische Stimme oder gar Persönlichkeit aufmerksam werden soll, müssen Sie erst einmal ihr Blickfeld erobern.

Ein Blick sagt mehr als tausend Worte

Liebende können sich problemlos stundenlang in die Augen schauen – solange sie nichts Besseres zu tun haben. Unbekannten auf der Straße sieht man dagegen kaum direkt in die Augen, und zwar aus gutem Grund: Direkte Blickkontakte werden unterbewusst schnell als aufdringlich oder gar aggressiv empfunden. Hier meldet sich das instinkthafte Säugetiergehirn, für das Anstarren ein wichtiger Teil der Kommunikation war. Die Sprache für zivilisierte Diskussionen hat sich ja erst später entwickelt. Beim Flirten sind lange und innige Blicke zunächst nicht angebracht. Damit der magische erste Augen-Blick der Kontaktaufnahme auch zu vielen weiteren Blicken führt, sollten Sie sich folgenden Tipp unbedingt merken: Starren Sie niemals eine Frau direkt und lange an!

Ich weiß, es ist schwer, nicht zu starren, wenn plötzlich eine absolut umwerfende Frau im Raum steht. Oft starrt Mann so lange, bis auf einmal das Bierglas umkippt oder die Zigarettenglut die Finger verbrennt. Natürlich dürfen Sie sich hübsche Frauen in aller Ruhe ansehen. Wenn Ihre heimliche Flamme Ihnen jedoch zum ersten Mal in die Augen blickt, müssen Sie aufpassen: Machen Sie jetzt bloß nicht den Fehler, sie unverblümt anzustarren, das fände sie entweder unverschämt oder unheimlich. Schauen Sie, lächeln Sie sie an, und dann – wenden Sie Ihren Blick kurz ab. Es genügt, wenn Sie für einen Moment auf den Boden schauen oder einen Blick in die Runde werfen. Wenn Sie gleich darauf wieder zu ihr hinsehen und sich Ihre Augen erneut treffen, sind Sie schon mittendrin im schönsten Flirt.

»Augen-Spiele« für Verliebte

Hinschauen, wegschauen, wieder hinschauen – in diesem Spielchen sind vor allem die Frauen gut. Verliebte Männer neigen eher dazu, die Augen von der Frau ihrer Träume nicht mehr abzuwenden. Aber Sie können nur gewinnen, wenn Sie das Hin-und-Wegschau-Spiel auch selber spielen:

- ⚤ Gewinn Nummer eins: Sie laufen keine Gefahr, durch übertriebenes Starren doch bedrohlich (oder leicht plemplem) auf die Frau zu wirken.
- ⚤ Gewinn Nummer zwei: Sie machen sich viel interessanter, wenn die Gute nicht den Eindruck bekommt, Sie schon fest um den Finger gewickelt zu haben. Auch Frauen lieben nämlich die Herausforderung, einen Mann erst einmal erobern zu müssen! Die, die ihnen von Anfang an zu Füßen liegen, übersehen sie dagegen schnell einmal …
- ⚤ Gewinn Nummer drei: Sie erhalten die Spannung, die das Flirten erst so aufregend macht! Schauen, wegschauen, lächeln – mit jedem Blickkontakt wird die Neugier der Frau etwas größer. Besser können Sie sich gar nicht auf das erste »Hallo!« vorbereiten.

Schauen Sie aber nicht zu lange weg, wenn Sie wirklich Interesse an einer Frau haben! Die Damen sind ungeduldiger als wir Männer – und sie wollen konsequent erobert werden. Wenn eine Frau beim Flirten mehrere Male vergeblich zu ihrem Flirt-Partner hinsieht, glaubt sie schnell, dass er das Interesse verloren hat. Diese Enttäuschung wird sie wahrscheinlich überspielen, indem sie so schnell wie möglich irgendetwas anderes macht und den Typen vergisst. Und das ist schließlich das Letzte, was Sie wollen! Behalten Sie Ihre Beute also unbedingt im Auge, damit Sie immer schnell auf ihre Blicke reagieren können.

Verliebte Blicke sind übrigens überall auf der Welt gleich: Die Augenbrauen heben sich, die Augen werden weit und die Pupillen größer. Fast immer gehört auch ein Lächeln dazu, wenn Mann und Frau sich tief in die Augen schauen. Und manchmal versinkt die Welt im Hintergrund, weil man weiß, dass man vor sich die Frau seiner Träume sieht …

Wie Sie Ihren Erotik-Faktor steigern

Sexappeal hat man oder hat man nicht, so lautet ein weit verbreiteter Irrtum. Es stimmt nicht, dass manche Männer schon als Frauenschwarm zur Welt kommen. Noch kein Forscher hat eine Art Erotik-Gen entdecken können. Der Erotik-Faktor jedes Menschen hängt vor allem von seiner Einstellung ab. Sexy ist nicht, wer schön aussieht, sondern wer sich sexy fühlt. Einige der aufregendsten Schauspielerinnen der Filmgeschichte haben gerade dadurch die Männer um den Verstand gebracht, dass sie nicht der allgemeinen Schönheitsnorm entsprachen. Und was ihre männlichen Kollegen angeht: Aus zuverlässiger weiblicher Quelle habe ich mir sagen lassen, das es mit ihnen genauso ist.

Es ist jammerschade, dass auch uns Männern immer stärker suggeriert wird, dass wir, um glücklich und erfolgreich zu sein, einfach nur dem aktuellen Schönheitsideal entsprechen müssten. Als ob es nicht schon reicht, dass sich Millionen von Frauen ihre hübschen Köpfe über angebliche Schönheitsfehler und mögliche Kosten der kosmetischen Chirurgie zerbrechen. Vergessen Sie jetzt am besten sofort alles, was Sie jemals über Waschbrettbäuche, Stahlmuskeln oder Dreitagebärte gehört haben – zu Ihrem eigenen Besten. Schließlich wollen Sie die richtige Frau zum Glück finden, und nicht als Model für zwielichtige Hochglanzmagazine posieren.

Frauen haben beim Thema Aussehen wirklich keine unerfüllbaren Ansprüche: Saubere Haare und Haut sowie ein Körper, der einen gesunden und gepflegten Eindruck macht, das sind die knappen Grundbedingungen. Wie Sie das Ganze garnieren, ist Ihre Sache: Ihre Frisur oder Ihre Kleidung sind schließlich Teil Ihrer Persönlichkeit, und auf die legen Frauen am meisten Wert – weil sie zu ihrer eigenen passen soll. Wenn Sie gerne perfekt gestylt ausgehen, finden Sie sicher die passende Frau dazu, und wenn Mode für Sie nur lästiger Anpassungszwang ist, suchen Sie vermutlich sowieso keine Laufsteg-Prinzessin zum Glücklichsein.

Sexappeal beginnt im Kopf

Für Ihren Erotik-Faktor ist Ihr eigenes Körperbild, die Vorstellung, die Sie selbst von Ihrem Körper haben, viel entscheidender als Ihr Äußeres. Diese Vorstellung entwickelt sich von Kindesbeinen an und wird im Lauf der Zeit ständig angepasst. Menschen mit einem negativen Körperbild haben aus wissenschaftlicher Sicht als Kind zu wenig Streicheleinheiten und Berührungen abbekommen oder sind wegen ihres Aussehens gehänselt worden. Auch wenn man sich seines Körpers gar nicht bewusst ist und daher überhaupt keine Vorstellung von ihm hat, ist das ein negatives Körperbild.

Als positiv gilt dagegen ein Bewusstsein für den eigenen Körper, das ihn erfasst, wie er ist – und so auch akzeptiert. Wer weiß, dass er kurze Beine, einen vielversprechenden Bauchansatz und eine schiefe Nase hat, und sich trotzdem toll findet, hat ein positives Körperbild – und wirkt dementsprechend sexy.

Um ein negatives Körperbild zu verändern, muss man nicht zum Therapeuten gehen. Es reicht, wenn man in einer ruhigen Stunde eine Bestandsaufnahme vor dem Spiegel macht und begutachtet, was der eigene Körper alles zu bieten hat – vom Kopf bis zu den Füßen. Der Rest ist Kopfarbeit: Verurteilungen und negative Gedanken über das Aussehen haben im Denken nichts mehr zu suchen. Stattdessen sollte man etwas dafür tun, sein Selbstwertgefühl zu steigern. Und dafür gibt es ein paar kleine Tricks:

⚥ Wenn Sie morgens im Badezimmer vor dem Spiegel stehen, sehen Sie sich fest darin an und sagen Sie sich, wie toll Sie sind, wie begehrt, wie lässig – alles, was Sie gerne sein möchten. (Es reicht, wenn Sie es nur denken.) Viele Menschen machen den Fehler, dass sie sich selbst bei jeder Gelegenheit schlecht machen und sich damit konsequent ihr Selbstbewusstsein, ihr Selbstwertgefühl und damit auch ihre erotische Ausstrahlung verderben. Das Gegenteil funktioniert zum Glück genauso gut: Wer sich ständig sagt, wie umwerfend er ist, der wird schnell feststellen, dass das der Realität entspricht!

- Schreiben Sie Ihre persönliche Geschichte um. Wer ständig auf seine Vergangenheit zurückblickt und nur sieht, wie übel ihm die Welt mitgespielt hat, schadet sich selbst: Er legt sich eine permanente Opferhaltung (mit dazugehöriger Leidensmiene) zu. Das wird keine Frau jemals attraktiv finden, höchstens Mitleid erregend. Erotik und Mitleid stehen sich allerdings im Weg, beides gleichzeitig geht nicht. Wer sich dagegen vor allem auf die guten Erfahrungen konzentriert, fühlt sich automatisch als Gewinner, und so sieht ihn auch seine Umwelt. Schlechte Erinnerungen muss man deswegen nicht verdrängen. Es reicht, wenn man sie als weitaus weniger wichtig betrachtet.
- Tun Sie so, als wären Sie schon lange so selbstbewusst und sexy, wie Sie es gerne hätten. Genauso, wie Lächeln die Ausschüttung von Glückshormonen im Gehirn auslöst, hebt ein selbstbewusstes Auftreten automatisch das Selbstwertgefühl. Diese Rückkopplung von Körper und Gefühlen können Sie geschickt für Ihre Zwecke nutzen: Indem Sie sich einen selbstsicheren Gang aneignen, steigern Sie gleichzeitig Ihr Selbstbewusstsein. Wer sich groß und breitbeinig hinstellt, fühlt sich gleich auch fünf Zentimeter größer. Und wer sich angewöhnt, anderen Menschen erhobenen Hauptes in die Augen zu sehen, verliert nach und nach seine Schüchternheit.
- Suchen Sie sich Vorbilder. Ich weiß, Sie sind aus dem Alter raus, in dem man Superhelden verehrt und so sein möchte wie sie. Es hilft aber, wenn Sie jemanden auswählen, der genau das Selbstbewusstsein hat, das Sie gerne möchten. Wer das Gefühl hat, unsicher aus-

zusehen, kann sich ein lebendes Vorbild als Modell suchen und imitieren. Manchmal ist es leichter, die Gesten und die Körpersprache eines Menschen direkt nachzuahmen, als einfach nur so zu tun, als ob man wie er wäre. Natürlich dürfen Sie dabei nicht übertreiben und müssen immer darauf achten, Ihren eigenen Stil zu behalten.

Sexy Outfits

Ich weiß, was Sie denken: Sexy Outfits, das ist doch etwas für Frauen. Tatsächlich ist es aber auch uns Männern möglich, mit unserer Kleidung unseren Erotik-Faktor zu steigern. Dabei geht es weder um Stringtangas noch um Lackleder, sondern um ganz normale Kleidung, wie Sie sie Tag für Tag tragen. Sicher gibt es dazu keine pauschalen Hinweise, Outfits mit allerhöchstem Erotik-Faktor für jeden Männertyp gibt es nämlich nicht. Ein paar Worte zum Thema Kleidung will ich aber doch verlieren, denn für viele Männer ist dieses Thema (leider) nicht wirklich ein Thema …

Ganz gleich, was für einen Stil Sie haben und in welcher Form Ihr Körper gerade ist: Wenn Sie sich auf die Suche nach der Frau fürs Leben machen, sollten Sie einen prüfenden Blick auf Ihre Garderobe werfen. Alle Frauen, denen Sie begegnen, werden das nämlich auch tun – und sie sind viel besser darin, Rückschlüsse aus bunten Stücken Stoff zu ziehen als wir.

Die Frau von heute wünscht sich einen selbstständigen Mann – auch wenn es um seine Kleidung geht. Und sie erwartet, dass er zumindest das kleine bisschen Geschmack hat, das nötig ist, um zusammenpassende und gut sitzende Klamotten zu finden – und zwei gleiche Socken anzuziehen. Wer es einmal geschafft hat, seinen persönlichen Stil zu finden, hat in dieser Hinsicht eigentlich schon gewonnen – solange er diesem Stil einigermaßen treu bleibt. Also kommen Sie nicht an einem Abend im *Armani*-Anzug zum Date und am nächsten Abend im schlabberigen Trainingsanzug. Zu einem guten Outfit gehört auch, dass die Sachen richtig passen. Es gibt kaum etwas Unansehnlicheres als einen Mann, der sich in zu enge Hosen quetscht (so nett das auch bei den Mädels manchmal aussehen mag). Wenn dagegen alles drei Nummern zu groß ist, sieht keine Frau, was darunter steckt (und Frauen sehen das genauso gerne wie wir). Außerdem entsteht schnell der Eindruck, dass sich jemand in der eigenen Kleidung verstecken will. Wenn Sie sich rundum wohl fühlen (und zwar auch in Ihrer Kleidung), dann können Sie jede Begegnung mit dem weiblichen Geschlecht viel besser genießen – und wer sein Dasein genießt, hat sofort eine erotischere Ausstrahlung!

Gesprächstaktiken

Mit einer schönen, verführerischen Stimme können Männer ungemein schnell punkten. Eine tiefe, klangvolle Stimme kann einer Frau schon beim ersten Wort Schauer über den Rücken laufen lassen, während eine Mickymaus-Stimme eher zum Lachen reizt. Wenn die Natur Sie nicht mit einem vollendeten Bassorgan gesegnet hat, können Sie Ihrer Stimme dennoch einen erotischen Klang geben. Der Schlüssel liegt in der Atmung: Atmen Sie entspannt, tief und langsam! Wer nervös oder aufgeregt ist, hält oft unwillkürlich die Luft an, was die Stimme hoch und dünn macht, auch bei Männern. Wenn Sie dagegen einige Male tief Luft holen, bevor Sie die Frau Ihrer Träume ansprechen, entspannt sich auch Ihre Stimme – und Ihr Erotik-Faktor schnellt steil in die Höhe!

Selbst die erotischste Stimme bringt nichts, wenn man vor Aufregung keinen Ton über die Lippen bekommt oder in hektisches Stammeln ausbricht. Doch damit ein Flirt zum vollen Erfolg wird, muss sich früher oder später ein Gespräch ergeben. Keine Sorge: Es geht nicht darum, eine nobelpreisverdächtige Rede zu halten, um der Frau Ihres Herzens den Kopf zu verdrehen. Ein bisschen Smalltalk reicht vollkommen aus, um vom Flirt zum ersten Date zu kommen. Keine Frau wird von Ihnen erwarten, dass Sie bei der ersten Unterhaltung rhetorische Meisterstücke liefern.

Viel wichtiger als der Inhalt ist zunächst sowieso die Art, wie Sie sprechen. Am wichtigsten ist es, bei der Suche nach den richtigen Worten locker zu bleiben! Wenn Sie sich taktisch klug verhalten, wird Ihre Gesprächspartnerin es nicht einmal bemerken, wenn Sie doch einmal nach Worten ringen oder Unsinn über Ihre Lippen kommt. Dabei dürfen Sie die Schwächen der Frauen ruhig ausnutzen: Frauen reden nun einmal unheimlich gerne über sich selbst. Lassen Sie also einfach sie reden, und konzentrieren Sie sich darauf, ein aufmerksamer Zuhörer zu sein – der Rest erledigt sich dann ganz von allein. Solange Sie sich an die folgenden Tipps halten, haben Sie sie schon so gut wie am Haken:

1. Gleich und gleich gesellt sich gern

Stimmen Sie sich auf Ihre Gesprächspartnerin ein. Wir alle mögen am liebsten Menschen, die uns ähneln. Auch ohne große Worte (das ist der Trick dabei!) können Sie einer Frau zeigen, wie sehr Sie auf gleicher Wellenlänge liegen: einfach indem Sie ihre Körpersprache, ihren Tonfall und ihre Art zu sprechen nachahmen und sich ganz auf ihre Stimmung einstellen.

Natürlich sollen Sie dabei nicht übertreiben, niemand lässt sich gerne nachäffen. Es reicht völlig, wenn Sie einige ihrer Gesten übernehmen. Manches ergibt sich fast von allein: Wenn sie Sie anlächelt, lächeln Sie zurück. Lehnt sie sich in Ihre Richtung, sollten Sie ihr ein Stückchen entgegenkommen. Wenn sie mit ihrem Drink spielt, greifen auch Sie nach Ihrem Glas. Je ungewöhnlicher oder auffälliger eine Geste ist, desto sparsamer sollten Sie sie allerdings einsetzen. Mit ganz alltäglicher Körpersprache, also etwa dem Gesichtsausdruck oder Kopfbewegungen, können Sie großzügiger umgehen – und so ganz unauffällig mehr Nähe schaffen.

Mit dem Tonfall und der Art zu sprechen funktioniert das ganz genauso: Jeder von uns hat seine eigene Art zu reden, die aber immer der Ausdrucksweise in der Familie und im Freundeskreis ähnelt. Je mehr Sie sich auch hierbei einer Frau anpassen, desto vertrauter werden Sie ihr daher erscheinen. Dafür genügt es schon, wenn Sie darauf achten, dieselben Worte wie sie zu verwenden. Wenn das Lied, das gerade läuft, für sie ein »Song« ist, ist es das eben für Sie auch. Wenn sie am Wochenende mit ihren Freundinnen »auf Tour geht«, können Sie den Ausdruck auch verwenden. Vorsicht aber bei Worten, deren

Sinn Ihnen nicht wirklich klar ist: Sie können schnell ins Fettnäpfchen treten, wenn sie etwas ganz anderes bedeuten, als Sie vermutet haben …

2. Ein Herz und eine Seele sein

Dass Sie Ihre Stimmung und damit Ihren Tonfall auf Ihre Gesprächspartnerin abstimmen, ergibt sich eigentlich ganz von selbst. Wenn sie über den unverschämten Taxifahrer schimpft, der sie hergebracht hat, sollten Sie das nicht allzu amüsant finden (selbst wenn Sie die ganze Aufregung nicht recht nachvollziehen können). Und wenn sie Ihnen die neuesten Witze präsentiert, werden Sie hoffentlich keine Trauermiene zur Schau tragen. Der Tonfall verrät neben der Körpersprache am meisten über die Stimmung eines Menschen. Wenn Ihre Auserwählte sehr nüchtern und trocken spricht, sollten Sie sich dem zunächst anpassen – später können Sie sie dann immer noch zum Lachen bringen. Wenn jedes ihrer Worte voller Erotik steckt, brauchen auch Sie nicht schüchtern zu sein. Und wenn sie hektisch und nervös drauflosplappert, müssen Sie sich wenigstens keine Gedanken machen, falls es Ihnen genauso geht …

3. Vertrautheit schaffen

Sie können der vollkommene Charmeur sein: sexy, verführerisch und mit allen Wassern gewaschen – wenn eine Frau kein Vertrauen zu Ihnen fasst, werden Sie mit dem Flirten nicht weit kommen. Am schnellsten schaffen Sie Vertrautheit, wenn Sie sich nicht nur mit Ihrer Körpersprache auf sie einstimmen, sondern auch genau darauf achten, was Sie sagen: »ich«, »du« (»Sie«) oder »wir«. In diesen kleinen

Wörtchen liegt einer der großen Schlüssel zum Herzen einer Frau. Je früher Sie es schaffen, mit einem »wir« eine verbale Verbundenheit zu ihr herzustellen, desto besser. »Wollen wir an die Bar gehen?« ist ungefähr hundertmal wirksamer als »Ich gehe an die Bar. Willst du mitkommen?«. Denn die Wir-Variante drückt nicht nur eine gewisse Zusammengehörigkeit aus, sondern macht es ihr psychologisch gesehen auch viel schwerer, Nein zu sagen – vor allem dann, wenn sie noch etwas unentschlossen ist. Mit jedem »Wir« verstärken Sie die Verbindung zwischen Ihnen – falls sie darauf eingeht. Wenn sie dazu noch gar nicht bereit erscheint, bleiben Sie lieber noch ein Weilchen beim »Du«, bevor Sie es wieder mit »wir« versuchen. »Du« (zur Not auch »Sie«) funktioniert fast genauso gut, nur auf etwas andere Weise. Je öfter Sie Ihre Flirt-Partnerin direkt ansprechen, desto aufmerksamer kommen Sie ihr vor. »Hast du Lust, an die Bar zu gehen?« ist immer noch um Meilen besser als »Ich gehe ... Kommst du mit?« Jedes »Du«, mit dem Sie die Frau Ihrer Träume nach ihrer Meinung, ihren Erlebnissen oder ihrer Stimmung fragen, bedeutet einen Schritt in die richtige Richtung.

Sie haben es sicher schon vermutet: »Ich« ist ein Wort, das Sie beim Flirten nicht zu oft verwenden sollten. Gerade hier liegt ein typisch männlicher Kommunikationsfehler. Wer dauernd nur von sich redet und seine Heldentaten auflistet, törnt jede Frau ab und vermasselt sich seine Chancen. Klar können Sie über sich reden – wenn Ihre Gesprächspartnerin sich offenkundig dafür interessiert. Aber achten Sie darauf, dass Sie keine Monologe halten, sondern möglichst bald wieder eine Frage stellen, was denn sie davon hält oder dazu erzählen kann ...

4. Jennifer, Sylvia, Natalie, Susanna ...

Den einfachsten Trick der Welt kann ich Ihnen wirklich nicht vorenthalten: Nennen Sie Ihre Eroberung möglichst oft bei ihrem Vornamen – mindestens alle fünf Minuten ein Mal. Eitel, wie wir Menschen nun einmal sind, gefällt es jedem von uns, den eigenen Namen aus fremdem Mund zu hören. Eine Frau fährt aber nicht nur deshalb darauf ab, sondern sie bekommt das Gefühl, dass sie Ihnen tatsächlich wichtig ist – sonst würden Sie sich schließlich nicht die Mühe machen, sich ihren Namen zu merken ...

Eine schlechte Nachricht also für alle Männer mit chronisch schlechtem Namensgedächtnis: Wer sich nicht einmal den Namen seiner Flirt-Partnerin merken kann, ist schneller unten durch, als er seinen eigenen Namen buchstabieren kann (selbst bei einem so kurzen Namen wie »Jan«). Wer eine Frau mit dem falschen Namen anspricht, vermittelt ihr, dass er sich nicht einmal merken kann, mit wem er gerade spricht.

5. Seien Sie ganz Ohr!

Es ist ein altes Klischee, dass Frauen sich gerne reden hören. In Wirklichkeit haben sie es aber noch viel lieber, wenn andere ihnen beim Reden zuhören. Tun Sie ihnen also den Gefallen, vor allem, wenn Sie eine Frau gerne näher kennen lernen möchten! Einen sichereren Weg, ihre Sympathie zu gewinnen, gibt es eigentlich kaum (abgesehen natürlich von all den Tipps, die ich Ihnen bisher gegeben habe!). Leider haben wir Männer den Ruf, keine guten Zuhörer zu sein – vielleicht benachteiligt uns unsere Gehirnchemie hier ja wirklich. Umso mehr begeistert es jede Frau, wenn ein Mann sich doch als aufmerksamer Zuhörer entpuppt – und Zuhören kann man zum Glück lernen.

Das Wichtigste ist, dass Sie sich wirklich voll und ganz auf das konzentrieren, was Ihre Traumfrau erzählt. Vergessen Sie am besten alles, was um Sie herum passiert (außer natürlich, wenn Sie gerade am Steuer sitzen), so kann Sie nichts ablenken. Geübte Zuhörer können natürlich gleichzeitig den Raum im Auge behalten und trotzdem aufmerksam bleiben, aber Anfänger halten ihre Augen besser auf die Augen und Lippen ihrer Gesprächspartnerin gerichtet.

Frauen sind bekanntlich Meisterinnen, wenn es darum geht, Körpersprache und Mimik zu deuten. Das gilt auch, wenn sie mit jemandem reden. Zeigen Sie einer Frau daher nie ein gelangweiltes oder starres Gesicht, wenn sie Ihnen etwas erzählt. Ihre erste Vermutung wäre nämlich, dass Sie mit Ihren Gedanken ganz woanders sind – was vielleicht sogar stimmt. Ein interessierter Gesichtsausdruck ist das Mindeste, was eine Frau von einem aufmerksamen Zuhörer erwartet. Nicken, Lächeln, Stirnrunzeln, den Mund verziehen – mit alldem können Sie ohne Worte Ihre Meinung zu dem, was sie sagt, ausdrücken. Und nicht vergessen: Passen Sie Ihren Gesichtsausdruck möglichst dem Ihrer Flirt-Partnerin an, denn so sorgen Sie schnell für eine gemeinsame Wellenlänge …

6. Fragen über Fragen …

Auch wenn Sie an eine Frau geraten sind, die stundenlang ohne Pause weiterreden kann, sind gelegentlich Sie gefragt: Kurze Kommentare zu dem, was sie erzählt, machen aus dem Monolog einen Dialog und aus einem passiven Zuhörer einen aktiven Gesprächspartner. Die Klassiker »Oh«, »Ah«, »Mhm« oder »Ach« sind bei vielen Männern zwar sehr beliebt, aber kein wirklicher Gesprächsbeitrag. (Außerdem wissen die meisten Frauen inzwischen, dass das männliche Gehirn für solche Sprachpartikel einen Autopiloten hat.) Wenn Sie ihr beweisen wollen, wie aufmerksam Sie zuhören, sollten Sie gelegentlich eine Frage einwerfen – am besten, indem Sie etwas wiederholen, was sie gesagt hat: »Du hast den Film auch schon auf Englisch gesehen?«, »In Paris warst du auch schon?« oder »Und das hat sie wirklich zu dir gesagt?«. Den besten Eindruck hinterlassen Sie, wenn Sie immer ein bisschen Bewunderung oder Anerkennung zeigen – natürlich an den passenden Stellen. Über »Oh Wahnsinn, du hast wirklich schon das dritte Auto zu Schrott gefahren?« wird sich eine Frau nicht so sehr freuen wie über »Wie hast du es nur geschafft, so günstig ein neues Auto zu bekommen?« Alles klar?

Den goldenen Zuhörer-Preis gewinnen Sie, wenn Sie noch einen kleinen Schritt weiter gehen: Fragen Sie Ihre Herzdame doch mal, wie sie sich bei diesem oder jenem gefühlt hat. Auch dafür braucht man kein besonderes Geschick, sondern nur ein bisschen Übung. Der Trick dabei ist, das Wörtchen Gefühl möglichst zu vermeiden – Sie wollen schließlich nicht den Psycho-Doktor spielen, sondern flirten. Trotzdem gibt es kaum eine Möglichkeit, die Unterhaltung so gut in Schwung zu halten wie durch die Frage nach ihren Emotionen. Sie selbst können die Frau Ihrer Träume dadurch genauer kennen lernen, und sie bekommt das Gefühl, dass Sie sich wirklich für sie interessieren. Wie um alles in der Welt Sie das anstellen sollen? Ganz einfach: durch Fragen wie »Und wie war das für dich?«, »Hat es dir dort gefallen?«, »Das war sicher nicht so einfach ...«, »Wie ist es dir dabei gegangen?«. Kein einziges Mal ist von Gefühlen die Rede, und trotzdem geben Sie ihr die Möglichkeit, Ihnen alles darüber zu erzählen!

Falls Sie das für unsinnig halten sollten, will ich Ihnen kurz von meinem Freund Jasper erzählen: Niemand würde Jasper mit einem Schönheitsidol verwechseln. Sein Stil ist so schrecklich exzentrisch, dass er jede »Badtaste«-Wahl gewinnen würde. Er ist von ziemlich kleiner Statur und dazu linkisch wie ein Storch mit vier Beinen. Und trotzdem trifft man ihn praktisch immer in Begleitung hübscher Frauen, die nur Augen für ihn haben. Als ich eines Tages eine gemeinsame Freundin nach dem Grund dafür fragte (er selbst tut so, als läge es an seinem Sexappeal), hat sie es mir verraten. Jasper hat das Talent, jeder Frau das Gefühl zu geben, dass ihn ihre Meinung und ihre Gefühle zutiefst interessieren. Er heftet seinen Blick auf ihr Gesicht und fragt sie hemmungslos wie ein neugieriges Kind. Selbst nach den unsinnigsten Dingen: nach Filmen, Musik, neuen Bars und sogar ihrer Meinung über Politiker (wovon ich sonst nur abraten kann). Vielleicht kommt es daher, dass Jasper Journalist ist, aber unsere Freundin meinte, es wäre wie pure Magie: Sie hätte sich noch nie zuvor im Gespräch mit einem Mann so wichtig und so ernst genommen gefühlt – vor allem, weil ihn immer ihr ganz persönlicher Eindruck (und das sind bei einer Frau eben immer ihre Gefühle) interessiert.

Probieren Sie es doch einfach aus. Schon beim nächsten Flirt können Sie seinen Trick testen: Fragen Sie ihre Begleitung ganz neugierig und sehr interessiert nach ihrem persönlichen Eindruck von etwas, worüber Sie gesprochen haben – und Sie werden staunen, wie sehr sie sich Ihnen öffnet.

Wie Frauen flirten

Auch wenn Frauen es immer wieder abstreiten: Es gibt kaum eine, die nicht flirtet. Sie kann noch so schüchtern, behütet aufgewachsen oder zugeknöpft sein – wenn ein attraktiver Mann in ihre Nähe kommt, schalten die Urinstinkte auf Autopilot, und sie wird versuchen, seine Aufmerksamkeit zu wecken! Je nach Typ kann das allerdings ganz unterschiedlich ausfallen: Während das schüchterne Mauerblümchen vielleicht nur verstohlene Blicke auf ihren Traumprinzen wirft und hofft, dass er wie durch Geisterhand auf sie aufmerksam wird, schaffen andere Frauen es, einen Mann schon nur mit ihren Blicken auszuziehen. Ich weiß nicht, welche Version Ihnen besser gefällt. Ich weiß nur, dass Sie genug über die weibliche Körpersprache wissen sollten, um sofort zu erkennen, wenn eine Frau in Ihrer Nähe in Flirt-Stimmung ist.

Über eins sollten Sie sich im Klaren sein: Meistens sind es die Frauen, die einen Flirt ins Rollen bringen. Es fällt mir auch nicht leicht, es zuzugeben, aber ihre Sensoren scheinen einfach schneller zu sein, wenn es darum geht, potenzielle Partner zu entdecken. Dafür lassen sie uns lieber den Vortritt, wenn es um den ersten Schritt nach vorne geht – besser gesagt, aufeinander zu. Wir scheinen also immerhin mutiger zu sein. Je nach Typ und Laune kann eine Frau ein ganzes Feuerwerk an verführerischen Gesten zünden, die alle nur einen Zweck haben: Der Mann – also Sie – soll sie endlich ansprechen! Und zeigen, ob er es wirklich wert ist, dass sie ihm ihre Gunst schenkt.

Wenn Augen sprechen könnten ...

... bräuchten wir Männer wenigstens nicht mehr den Mund aufzumachen. Die Erfahrung zeigt allerdings, dass weibliche Blicke tatsächlich Bände sprechen können – und ihre Versenderinnen trotzdem (zum Glück) noch lange nicht verstummen. Sie wissen ja: Sehen und gesehen werden ist bei jedem normalen Flirt der Anfang allen Glücks. Wovon Sie außerdem ausgehen können: Die meisten Frauen haben Sie schon viel früher bemerkt, als Sie denken. Und warten dann – hoffentlich – darauf, dass Ihr Blick auch auf sie fällt.

Frauen lieben das Schau-her-schau-weg-Spiel noch viel mehr als wir Männer. Eine Frau, die gerne mit Ihnen flirten möchte, wird beim ersten Blickkontakt relativ schnell weg-, dann aber gleich wieder zu Ihnen hinsehen (Sie verhalten sich hoffentlich auch so!). Je öfter sie dieses Spielchen spielt, desto mehr Interesse hat sie an Ihnen. Das können Sie ihr sogar ansehen – je aufregender eine Frau Sie findet, desto schneller kommt es beim Wegschauen zu so genannten Übersprunghandlungen: Sie streicht ihr Haar zurück, kramt in ihrer Tasche herum, bewundert die Zimmerdecke, als wäre es ein Gemälde von Michelangelo, oder sie kippt vor Hektik fast ihr Glas um (lachen Sie dann bloß nicht!). Sobald sie Sie bei einem dieser Blickkontakte auch noch ganz offen anlächelt, ist es so weit: Sie lädt Sie ein, sie direkt anzusprechen.

Komm, spiel mit mir!

Wenn Sie sich dann endlich erbarmt (oder vielmehr Ihren Mut zusammengenommen) haben und mit ihr ins Gespräch gekommen sind, geht die Augenklimperei in die nächste Phase über. Aufregung und sexuelles Interesse führen durch eine merkwürdige Rückkopplung im menschlichen Gehirn dazu, dass man häufiger blinzelt – und viele Frauen verwandeln das in die verführerischsten Augenaufschläge. Außerdem werden ihre Augen wie von Zauberhand größer – das Unterbewusstsein weiß eben, dass große Augen attraktiver und jugendlicher wirken.

Wundern Sie sich nicht, wenn der Blick Ihrer Neuentdeckung wandert, während Sie sich mit ihr unterhalten – solange sie Ihren Körper betrachtet, ist das ein sehr gutes Zeichen: Sie findet Sie so interessant, dass sie Sie ganz genau anschauen will. Das passiert normalerweise eher unbewusst – und Ihnen übrigens genauso wie ihr! Im Idealfall wandern ihre Blicke – mit Zwischenstopps bei den Augen, damit es nicht zu sehr auffällt – von den Augen zu den Lippen, dann zu den Haaren und einmal großzügig vom Kopf bis zu den Füßen. Danach bewegen sie sich regelmäßig über Augen, Lippen und Hände. (Deshalb haken übrigens so viele Männer ganz unbewusst die Daumen in den Hosentaschen ein, wenn sie sich mit einer Frau unterhalten – deren Blick wird dadurch unwillkürlich auch noch weiter nach unten gezogen ...)

Sobald der Flirt intensiver wird, bleibt der Blick immer länger auf bestimmte Stellen gerichtet, und zwar am häufigsten auf die Augen (wenn sie einmal damit anfängt, müssen Sie sich nicht länger zurückhalten: Sie können sie verliebt anstarren, solange Sie wollen) oder die Lippen (sie fragt sich, wie es wohl wäre, Sie zu küssen, dann stellt sie es sich vor, und je intensiver ihr Blick zwischen Augen und Lippen hin- und herwechselt, desto mehr wartet sie darauf, dass Sie es dann auch tatsächlich tun – aber wann und ob es so weit ist, das können nur Sie entscheiden).

Verräterische (Hand-)Zeichen

Eine Frau, die flirten will, kann ihre Hände nicht stillhalten. Sobald sie anfängt, mit den Fingern in ihren Haaren herumzuspielen, ihre Kleidung zurechtzurücken, sich den Nacken zu massieren oder sich über die Oberschenkel zu streichen, signalisiert sie damit nur eines: »Sieh mich an!« Und wir Männer lassen unseren Blick unwillkürlich von den Händen unserer Gesprächspartnerin leiten und landen dadurch automatisch dort, wo sie uns haben will. Je nachdem, wie selbstbewusst sie ist, wird sie dabei mehr oder weniger deutlich werden:

Wenn Ihre Flamme sich beim Flirten durchs Haar streicht oder an einzelnen Strähnen herumzupft, folgt sie damit einem verhaltensbiologischen Urinstinkt: »Sieh her, wie schön ich bin, wie verführerisch, gesund und gepflegt. Begehre mich!« Nicht umsonst geben Frauen Unsummen für Friseur und Haarpflegeprodukte aus: Ihr Haar ist für sie Schönheitssymbol und Lockmittel zugleich – Loreley und Rapunzel lassen grüßen!

Wenn sie beginnt, an der Kleidung herumzufummeln, kann dies Unterschiedliches bedeuten. Einerseits kommt es daher, dass die Kleider immer enger zu werden scheinen, wenn eine Frau aufgeregt ist. Außerdem steigt beim Flirten die Körpertemperatur, und es wird ihr auf einmal zu heiß mit den vielen Klamotten. Zupft sie nur an den Ärmeln ihres Oberteils herum, ist sie schüchtern und wagt es nicht, zu heftig zu flirten – solche Frauen brauchen viel Zeit. Zieht sie hingegen den Rock über den übereinander geschlagenen Beinen immer noch ein bisschen weiter hoch, können Sie davon ausgehen, dass sie weiß, was sie will – und es sich auch holen wird (vorausgesetzt, dass Sie sie lassen).

Hände, die über Arme, Schultern, Dekolletee oder Oberschenkel streichen oder den Nacken massieren, sollen (jedoch unbewusst) zweierlei bewirken: Zum einen ziehen sie den Blick auf den Körperteil, den sie berühren, zum anderen sollen sie einfach anmachen. Oder lässt es Sie etwa kalt, wenn Sie sich vorstellen, dass das Ihre Hand dort auf der zarten Haut sein könnte?

Beim Flirten stützen auch Frauen gerne eine Hand in die Hüfte, vor allem, wenn sie stehen. Dabei zeigen die Finger allerdings nicht nach vorn, wie meistens bei uns Männern, sondern nach hinten, Richtung Po – der Blick folgt nämlich automatisch der Richtung, in die die Finger deuten. Typisch für Frauen ist, dass sie dabei ihr Gewicht auf einen Fuß verlagern und in der Hüfte einknicken – das bringt den Po noch besser zur Geltung. (Aber erzählen Sie das bitte keiner Frau, die so vor Ihnen steht, sie würde es entrüstet abstreiten!) Außerdem (auch das bleibt besser unter uns) wird dabei automatisch die Brust herausgestreckt – Frauen wissen eben instinktiv, was uns Männern gefällt.

Näher und näher

Eine Frau, die Sie gerne besser kennen lernen möchte, wird Ihnen beim Flirten wie zufällig immer näher kommen. Gut möglich, dass sie sich zu Ihnen lehnt, während sie etwas sagt, und dabei doch so leise spricht, dass Sie auch näher zu ihr rücken müssen. Wenn sich ein Tisch zwischen Ihnen befindet, wird sie wie beiläufig ihr Glas oder irgendeinen anderen Gegenstand in Ihre Richtung schieben und dort damit herumspielen. Das ist praktisch eine Einladung, es genauso zu machen – und früher oder später ihre Hände zu berühren. Ihre Beine werden ebenfalls immer näher an die Ihren heranrücken, bis sie beide sich berühren, als wäre es die natürlichste Sache der Welt. Wenn Sie ihre Augen beobachten, können Sie allerdings sehen, wie sehr sie solch ein Kontakt elektrisiert. Hier gilt: Ladys first! Lassen Sie immer die Frau das Tempo bestimmen, in dem Sie sich näher kommen. Wenn sie Ihnen einladend die Hände entgegenstreckt, können Sie ruhig eine Berührung wagen. Wenn sie immer näher rückt und darüber klagt, wie kalt ihr ist, obwohl sie praktisch auf der Heizung sitzt, können Sie auch Ihren Arm um sie legen.

Und wenn es wirklich zwischen Ihnen gefunkt hat und Ihre Traumfrau die Augen schon nicht mehr von Ihren Lippen lassen kann – dann ist es vielleicht sogar Zeit für einen ersten Kuss. Doch solange Ihre Flirt-Partnerin noch einen gewissen Abstand wahrt und darauf achtet, dass sie sich ja nicht zufällig berühren, sollten Sie lieber zurückhaltend bleiben – denn sobald sie sich von Ihnen bedrängt fühlt, jagen Sie sie nur in die Flucht.

Frauen ticken einfach anders

Dass es zwischen Frauen und Männern mehr als nur einen kleinen Unterschied gibt, darüber sind inzwischen dutzende von Büchern geschrieben worden. Man kann davon halten, was man will, aber eines ist heute wohl jedem klar: Frauen haben in vieler Hinsicht eine andere Art zu denken, und sie unterhalten sich vor allem ganz anders. Während wir uns auf Fakten, Meinungen und Informationen konzentrieren, kreisen die Gedanken der Frauen meist um andere Leute und um Gefühle. Hier kommt wieder das eine oder andere Urzeitprogramm zum Vorschein – aus der Zeit, in der die weibliche Hälfte der Bevölkerung sich um das soziale Zusammenleben gekümmert hat, während unsere männlichen Vorfahren zum Überlebenskampf auf Mammutjagd waren, wo es wenig Gelegenheit zum Smalltalk gab.

Männer drücken die Dinge direkter aus, nehmen das Gesagte wörtlich und versuchen bei Problemen mit konkreten Ratschlägen zu helfen. Und Frauen? Können stundenlang um den heißen Brei herumreden, alles anders meinen, als sie es sagen, in ein einfaches »Hallo« eine Liebeserklärung oder eine Kampfansage hineininterpretieren und sich stundenlang voller Mitgefühl die Probleme der Welt anhören. Und beide Seiten erwarten vom Partner, dass er genauso tickt wie sie selbst! Mich persönlich wundert es schon lange, dass Kommunikation zwischen Mann und Frau überhaupt funktioniert …

Beim Flirten sind Kommunikationsprobleme allerdings am allerwenigsten zu gebrauchen. Deshalb habe ich einen kleinen Crash-Kurs für Sie – über die Besonderheiten weiblicher Gesprächsführung, den speziellen Frauen-Sprachcode und die besten Tricks, wie Sie am besten damit umgehen.

Crash-Kurs: Was sie meint, obwohl sie nichts davon sagt!

Die weibliche Gesprächsführung ist eine Kunst für sich, und man muss als Frau geboren sein, um sie zu beherrschen. Frauen reden aus ganz anderen Gründen als Männer: Während wir Informationen austauschen, wollen Frauen Beziehungen knüpfen und Freundschaften pflegen. Es gibt tausende von Witzen darüber, dass Frauen ständig und über alles reden, und sie alle haben einen wahren Kern. Frauen geben – wenn man sie lässt – täglich fast dreimal so viele Äußerungen von sich wie der durchschnittliche Mann.

Dahinter steckt zum einen ein gewaltiges Kommunikationsbedürfnis (Sie wissen ja, wegen der sozialen Kontakte), zum anderen liegt es daran, dass Frauen am liebsten laut denken. Sie haben einfach kein Talent dafür, im stillen Kämmerlein die Gedankenarbeit zu erledigen und ihrer Umwelt dann nur das Ergebnis zu präsentieren – Frauen teilen ihren Gesprächspartnern am liebsten auch den Weg zu ihren Erkenntnissen mit. Dafür haben sie allerdings auch die Fähigkeit, gleichzeitig zu reden und trotzdem zuzuhören – daran scheitert unser männliches Gehirn dagegen sehr schnell. All das führt dazu, dass

Frauen sich am liebsten indirekt ausdrücken. So vermeiden sie es, im sozialen Miteinander vielleicht jemanden vor den Kopf zu stoßen – Frauen sind die geborenen Diplomatinnen. Außerdem ist die Gesprächsführung bei Frauen immer sehr emotional, sie drücken ihre Gefühle zu allem und jedem aus und signalisieren auf verschiedenste Art ihr Verständnis und ihre Anteilnahme an dem, was sie gesagt bekommen.

Haben Sie schon mal eine Gruppe sich unterhaltender Freundinnen beobachtet und sich gefragt, wofür all das Gestikulieren und Grimassenziehen eigentlich gut sein soll? Ich kann es Ihnen verraten: Frauen erkennen die Bedeutung dessen, was gesagt wird, zum größten Teil an der Mimik, den Gesten und dem Tonfall, die es begleiten. Deshalb wechselt ihr Gesichtsausdruck in Sekundenschnelle, die Hände bleiben keinen Moment lang still, und mancher Mann, der in ihre Nähe gerät, wird sich fragen, in welchem Hühnerstall er denn hier gelandet ist …

Dass Frauen ihre Gespräche so indirekt und emotional aufgeladen führen, ist auch der Grund für ihren eigenartigen Frauen-Sprachcode. »Möchtest du etwas trinken?« kann im Zweifelsfall alles heißen, von »Was darf ich dir bringen?« über »Gehen wir an die Bar?« bis hin zu »Ich hätte gerne ein Glas Wein, wann holst du es mir endlich?«. Klar, dass da die Verwirrung groß ist und viele Männer daran verzweifeln, dass Frauen scheinbar nicht dazu in der Lage sind zu sagen, was sie wollen. Dabei sind die Vertreterinnen des weiblichen Geschlechts felsenfest davon überzeugt, dass sie sich doch ganz klar ausgedrückt haben …

Diese Verwirrung entsteht dadurch, dass Frauen eben nicht nur mit Worten sprechen, sondern auch mit Händen und Füßen – Verzeihung, ihrem Gesichtsausdruck natürlich. Worte und deren genaue Definition sind für eine Frau nur ein kleiner Teil der Kommunikation, und oft nicht einmal der ausschlaggebende. Während Mann noch darauf wartet, dass sie ihn mit »Ich will einen Gin Tonic!« an die Bar schickt, hat sie es eigentlich schon lange ausgedrückt: mit sehnsüchtigen Blicken auf das Glas am Nebentisch und in Richtung Bar, einem seufzenden »Mann, ist das heiß hier!« und einem verschwörerischen Lächeln. Sie haben nichts davon mitbekommen? Keine Sorge, damit gehören Sie zur überwältigenden Mehrheit aller Männer – solche fast telepathischen Kunststückchen wollen schon gelernt sein!

Wenn Sie es allerdings schaffen, sich wenigstens mit den Grundlagen dieser (zugegebenermaßen nicht immer einfachen) Gesprächsführung und Wortwahl vertraut zu machen, punkten Sie bei den Frauen gleich doppelt: Zum einen können Sie ihr ihre Wünsche von den Augen ablesen (zumindest hin und wieder), und zum anderen geben Sie ihr das Gefühl, dass sie endlich einen Mann gefunden hat, der sie wirklich versteht. Einen besseren Start in eine glückliche Beziehung können Sie eigentlich kaum schaffen!

Der Sprachcode der Frauen kommt vielen Männern allerdings so spanisch vor, dass ich es lieber noch einmal ganz deutlich sage: Frauen legen nicht den gleichen Wert auf Worte und deren genaue Bedeutung wie wir Männer. Manchmal ist das Gesagte sogar nur die akustische Untermalung für das, was sie mit ihren Augen, ihrem Lächeln und ihrer übrigen Körpersprache ausdrücken. Frauen nehmen sich auch mal gerne dichterische Freiheiten heraus und über- oder untertreiben maßlos mit dem, was ihre Worte sagen – weil sie durch ihren Gesichtsausdruck ja zeigen, wie sehr (oder wenig) sie das meinen, was sie gerade gesagt haben. Vor allem bei Worten wie »immer« oder »nie« sollten Sie sich schnellstens abgewöhnen, sie aus weiblichem Munde allzu ernst zu nehmen – damit entschärfen Sie viele Streitfallen.

Ich weiß, dass das alles nicht einfach klingt. Aber glauben Sie mir, dass es reicht, wenn Sie es beim Flirten im Hinterkopf behalten. Solange Sie Ihre Partnerin gut im Auge behalten und genau beobachten, was ihre Körpersprache über sie verrät, werden Sie sie besser verstehen als die meisten Männer – Sie wissen ja jetzt, warum sie so redet, wie Frauen es nun einmal tun.

Ihre Probleme löst sie selbst am besten

Noch ein Wort zum Thema Zuhören: Wenn Ihnen Ihre neue Flamme in irgendeiner Weise von ihren Problemchen erzählt (und Frauen neigen dazu, das sehr bald zu tun), lassen Sie sich bloß nicht dazu hinreißen, sie mit Lösungsvorschlägen zu bombardieren. Ich weiß, das fällt schwer, Probleme sind schließlich dazu da, gelöst zu werden. Für Frauen sind sie aber auch dazu da, dass sie etwas zu erzählen haben – und da wollen sie nicht gleich mit einer Lösung unterbrochen werden, auf die sie vermutlich auch selbst schon gekommen sind …

Wenn Sie also eine problembehaftete Frau glücklich machen wollen, hören Sie ihr einfach gut zu und drücken

Sie Ihr Mitgefühl aus – und Ihre Zustimmung, falls sie empört oder wütend ist. Und was, wenn sie sich über den unhöflichen Kellner beklagt? Dann bitte auf keinen Fall aufspringen und ihn dafür zur Rechenschaft ziehen. Verzichten Sie ebenso auf Kommentare wie: »Du kannst dich ja beim Geschäftsführer beschweren.« Das Einzige, was sie eigentlich will, ist Ihre Zustimmung („Stimmt, er verhält sich wirklich unmöglich«), ein Gesprächsthema und die Gemeinsamkeit, die entsteht, wenn man sich zusammen über jemanden aufregen kann und dann beschließt, ihm kein Trinkgeld zu geben. Es ist übrigens auch keine gute Idee, Alltagsproblemchen allzu genau zu hinterfragen. Falls die Frau gegenüber eines Tages Ihre Partnerin fürs Leben sein sollte, können Sie sich darum noch früh genug kümmern. Jetzt aber wollen Sie schließlich mit der Dame flirten und eine möglichst schöne Zeit verbringen – haken Sie also lieber bei einem anderen Thema ein, das etwas amüsanter ist.

Und zuletzt noch einmal das Allerwichtigste: Nehmen sie nichts zu wörtlich, was aus dem Mund einer Frau kommt! Frauen sagen oft etwas völlig anderes, als sie eigentlich meinen, und erwarten, dass ihr Gegenüber genauso gut Gedanken lesen kann wie sie selbst. »Diese Musik ist aber entsetzlich« bedeutet nur in den seltensten Fällen, dass sie sie keine Minute länger ertragen kann und deshalb sofort woanders hingehen will. Sie können fast immer davon ausgehen, dass sie auf typisch weibliche Art übertreibt und lediglich sagen will, dass die Musik ihr nicht besonders gut gefällt – oder Musik vielleicht auch ein interessantes Gesprächsthema wäre. Das Beste, was Sie beim Flirten machen können: Entspannen Sie sich –

in jeder Hinsicht –, und das gilt besonders, wenn Sie erst einmal ins Gespräch gekommen sind.

Flirtstile

Frauen flirten anders als Männer, das ist ganz klar. Allerdings flirten auch nicht alle Frauen gleich. Je nachdem, ob eine Frau recht schüchtern oder sehr selbstbewusst ist, hat sie ihre ganz eigene Art. Daran sollte man denken, wenn man sich nicht sicher ist, ob die süße Blondine am anderen Ende des Tresens nun flirten will oder nur aus Versehen immer wieder in dieselbe Richtung schaut. Zu allem Überfluss hängt das Flirtverhalten einer Frau auch noch davon ab, was für ein Typ sie ist: Businessfrau, Prinzessin, Abenteuerin … Klar, die Unterschiede sind nicht weltbewegend, aber es ist trotzdem nützlich, sie zu kennen. Denn wenn Sie am liebsten ein Girlie kennen und lieben lernen wollen, können Sie sich auch gleich darauf einstellen, wie diese Art Frau in aller Regel flirtet. Wer weiß, vielleicht bringt Sie genau dieses Wissen den entscheidenden Schritt weiter, wenn Sie die richtige Frau zum Glück endlich entdeckt haben!

Businessfrauen

Mit einer Businessfrau zu flirten kann eine echte Herausforderung sein. Nicht weil sie keinen Spaß daran hat, sondern weil sie sich nicht gerne durchschauen lässt. Businessfrauen beharren auf ihrer Selbstständigkeit: im Job, im Alltag und eben auch beim Flirten. Eine echte Businessfrau bezahlt ihre Drinks am liebsten selbst, und oft genug besteht sie auch darauf, sie selbst von der Bar zu holen. Nur keine unnötigen Verpflichtungen eingehen, so lautet ihr Motto auch beim Flirten. Dafür sind Businessfrauen zum Glück auch direkter, wenn es um Smalltalk und erste Kontakte geht. Bei ihnen kann man davon ausgehen, dass sie häufiger als die übrigen Frauentypen auch wirklich meinen, was sie sagen – und damit klarkommen, dass Männer der weiblichen Gesprächsführung nicht immer folgen können. Das ist allerdings kein Grund, nachlässig zu werden: Businessfrauen stellen schon beim Flirten hohe Ansprüche, und wer sie genauer kennen lernen will, muss ihnen zeigen, dass er die Mühe auch wert ist.

Hausmütterchen

Hausmütterchen flirten gerne – wenn sie noch nicht vergeben sind. Immerhin suchen sie praktisch ständig nach Mr. Right, der um ihre Hand anhalten und mit ihnen eine Familie gründen soll. Deshalb ist es normalerweise sehr einfach, einen Flirt mit einem Hausmütterchen anzufangen – schwieriger kann es sein, ihn auch durchzustehen. Hausmütterchen neigen nämlich dazu, in fünf Minuten alles über ihren neuen Bekannten herausfinden zu wollen – und stellen die männliche Kommunikationsfähigkeit damit auf eine harte Probe. Wer es aber erst einmal geschafft hat, ihren neugierigen Fragen-Marathon zu überstehen und sich all das zu merken, was sie ihm über sich selbst erzählt hat, der kann sich auf einen netten Abend freuen. Zwar würde das Hausmütterchen nicht gleich so weit gehen, mit ihm nach Hause zu gehen (zumindest würden das die meisten nicht), aber sie weiß ihren natürlichen Flirt-Instinkt zu nutzen und kann einem Mann auf sehr charmante Art den Kopf verdrehen – sofern sie den Eindruck hat, dass er der Richtige für sie sein könnte.

Hausmütterchen mögen es, wenn Männer beim Flirten natürlich bleiben. Und wenn man es schafft, gut zuzuhören, verzeihen sie auch gerne die übrigen typisch männlichen Schwächen. Wie ein Kavalier sollte man sich dennoch benehmen, wenn man in die engere Auswahl für ihren Traummann gelangen möchte.

Prinzessinnen

Eine Prinzessin will erobert werden – am liebsten von einem strahlenden Ritter auf einem weißen Ross. Zum Glück sind die meisten Flirt-Locations aber pferdefreie Zonen, sodass man nicht riskieren muss, sich schon beim Flirten das Genick zu brechen. Wer mit Prinzessinnen flirten will, sollte sich wie ein richtiger Gentleman benehmen können – mit allem Drum und Dran. Dann muss er nur noch selbstbewusst genug sein, um ihr in bester James-Bond-Manier den Kopf zu verdrehen, und schon fängt es an zu knistern. Bei Prinzessinnen sollte man sich besonders viel Mühe geben, ihnen möglichst schnell jeden Wunsch von den Augen abzulesen. Wenn sie signalisiert, dass sie einen Drink möchte, sollte man aber so tun, als würde man sowieso gerade zur Bar gehen wollen.

Wenn Sie sich eine Prinzessin angeln wollen, gibt es einen guten Trick: Machen Sie sich »interessant«, indem Sie immer ein wenig unerreichbar und geheimnisvoll bleiben. Einen Mann, den sie sofort durchschauen kann und der ihr von Anfang an zu Füßen liegt, findet eine Prinzessin innerhalb kürzester Zeit langweilig. Lassen Sie sich also nicht zu schnell um den Finger wickeln!

Girlies

Mit Girlies zu flirten kann unheimlich viel Spaß machen. Mit ihrer offenen Art sind sie die idealen Flirt-Partnerinnen. Das Dumme dabei ist, dass sie meistens auch genau aus diesem Grund auf Flirts eingehen: weil es so viel Spaß macht. Ernste Absichten haben sie dabei normalerweise nicht. Dennoch kann ein Flirt mit einem Girlie ein sehr spannendes Spiel werden, wenn sie immer einen Schritt weitergeht, nur um zu sehen, was passiert. Die meisten Girlies haben außerdem so viel Übung im Flirten, dass sie alle Tricks kennen und sie gerne und mit einem listigen Lächeln einsetzen – sie sind kokette kleine Schauspielerinnen und haben die höchste Freude dabei. Deshalb sind Girlies eine tolle Wahl, wenn man einfach zum Spaß flirten möchte – und vielleicht auch, um ein bisschen Übung zu bekommen!

Wer ein Girlie ernsthaft näher kennen lernen möchte, muss hartnäckig sein und sie von sich überzeugen. Einerseits muss er ihre Flirtspielchen mitspielen, damit sie sich nicht jemand Amüsanteren dafür sucht, andererseits muss er ihr klar machen, dass er es durchaus ernst meint und dabei genau weiß, was er will. Keine leichte Aufgabe, aber wer sich seiner Ziele bewusst ist und genug Ausdauer hat, wird sicher auch bei einem Girlie landen.

Abenteuerinnen

Mit Abenteuerinnen zu flirten ist gar nicht so einfach. Sie sind beim Flirten eher zurückhaltend. Aber nicht, weil sie grundsätzlich schüchtern wären, sondern weil sie lieber ehrlich und direkt sind. Eine Abenteuerin spielt viel weniger Spielchen als die übrigen Frauentypen – denn wenn sie jemanden kennen lernen möchte, dann tut sie das einfach. Sehr schnell weiß sie, ob sie an jemandem interessiert ist, und wenn ja, kommt sie schnell zur Sache – nämlich zur Frage, ob derjenige sie ebenfalls sympathisch findet. Diese direkte Art macht es für viele Männer einfacher, mit einer Abenteuerin zu flirten oder sie gleich näher kennen zu lernen. Wer allerdings gerne flirtet, wird vielleicht enttäuscht sein, wenn er mit all seinen Künsten bei einer Frau einfach nicht die gewünschten Reaktionen hervorruft.

Esoterikerinnen

Esoterikerinnen sind von Haus aus sehr sensibel – und beim Flirten besonders. Sie möchten sich schon beim ersten Flirt lieber von den inneren Qualitäten eines Mannes überzeugen als von seinem dick aufgetragenen Charme. Zu sehr sollte man also sein Talent als Verführungskünstler nicht heraushängen lassen.

Das Wichtigste für Esoterikerinnen ist, ob man denn überhaupt in jeder Hinsicht zusammenpasst. Ein Flirt mit einer Esoterikerin kann daher schnell zu tiefsinnigen Gesprächen über das Leben, das Universum und den ganzen Rest führen. Wer sowieso gerne bei einem Gläschen Wein ins Philosophieren kommt, für den ist so ein Flirt natürlich ein wahrer Genuss. Wer es allerdings mit den kommunikativen Fähigkeiten nicht so hat, der sollte das schnell ändern, wenn er eine Esoterikerin kennen lernen will.

Mit »normalen« Mitteln und Flirttricks allein kommt man bei dieser Art Frau nicht besonders weit – vielmehr ist Substanz gefragt. Esoterikerinnen kennen nämlich alle Tricks und wissen auch über die Körpersprache gut Bescheid. Beim Flirten setzen sie dieses Wissen allerdings nur in geringem Maße in die Tat um: Sie benutzen es leider lieber, um ihr Gegenüber zu analysieren.

Schüchtern oder selbstbewusst?

Schüchternheit beeinflusst das Flirtverhalten einer Frau – und zwar nicht zu knapp. Hemmungen werden jedoch nichts an ihrer Art zu flirten verändern, sondern dazu führen, dass sie nur mit halber Kraft flirtet – und sofort einen Gang zurückschaltet, wenn es ihr zu schnell geht oder sie sich gedrängt fühlt. Schüchterne Frauen flirten grundsätzlich zurückhaltender und vorsichtiger als alle anderen. Bei ihnen sollte man besonders darauf achten, nur nicht zu schnell zu nahe zu kommen, sonst laufen sie am Ende gleich weg. Wer mit einer offensichtlich schüchternen Frau flirten möchte, muss dafür sorgen, dass er möglichst viel Vertrautheit schafft. Wie das gelingt, wissen Sie ja schon.

Im Gegensatz zu schüchternen Frauen bleiben die selbstbewussten offen und natürlich, wenn es ums Flirten geht. Schließlich ist diese Art der Kontaktaufnahme eine der schönsten Nebensachen der Welt – und das möchten sie einfach genießen. Trotzdem flirten sehr selbstbewusste Frauen bei weitem nicht mit jedem, dafür wissen sie viel zu genau, was sie wollen. Und wenn ein Mann nicht den Eindruck macht, dass er ihren Vorstellungen entspricht – tja, dann hat er eben Pech gehabt! Aber das muss nicht zwingend das Aus für einen netten kleinen

Flirt bedeuten: Wer selbstbewusst genug ist, um zu wissen, dass er nun mal genau diese eine Frau kennen lernen will, sollte bloß nicht zu schnell lockerlassen. Wer sich nicht abschrecken lässt, kann für eine selbstbewusste Frau nämlich ganz unerwartet doch interessant werden – wenn er hartnäckig bleibt. Aber nicht mit Macho-Gehabe und anderen Testosteronausbrüchen, sondern durch kultiviertes Durchhaltevermögen!

Never ever!

Eigentlich haben Sie jetzt schon alles erfahren, was Sie für viele nette Flirtstunden brauchen – und was Sie mit etwas Übung zu einem wahren Charmeur werden lässt. Eines habe ich Ihnen aber bisher noch verschwiegen: das, was Ihnen beim Flirten absolut NICHT passieren sollte. Beim Flirten gibt es (wie bei so vielen anderen Themen) eine Reihe kleiner und größerer Fettnäpfchen, um die Sie auf alle Fälle einen riesigen Bogen machen sollten. So viel Mühe Sie sich auch geben mögen – ein ordentlicher Reinfall genügt, damit aus einem vielversprechenden Anfang sofort der Anfang vom Ende wird. Sie wissen ja: Frauen sind sehr sensible Geschöpfe, und die folgenden Verhaltensweisen verderben ihnen jedes Interesse an uns. (Falls Sie eines Tages beim Flirten feststellen sollten, dass Sie aus unerklärlichen Gründen die absolut falsche Frau erwischt haben, können Sie diese Maßnahmen natürlich auch als unauffällige Notbremse verwenden – aber das bleibt besser unter uns!)

⚥ Wer einer Frau nicht mehr in die Augen schaut, sobald sie sich mit ihm unterhält, kommt ihr in null Komma nichts verdammt seltsam vor. Sicher, manche Frauen finden schüchterne Männer ganz süß, aber wenn sich jemand so vor ihnen abschottet, fragen sie sich ganz schnell, ob er noch alle Tassen im Schrank hat.

⚥ Frauen hören ja ganz gerne einfach mal zu, aber sie wollen früher oder später auch wieder zu Wort kommen. Wer ihnen dazu nicht die geringste Chance lässt, weil er wie ein Wasserfall redet, der ist schnell unten durch. Vor allem, wenn er dabei seine imaginären Heldentaten bis ins allerkleinste Detail ausbreitet.

⚥ Beim ersten Flirt gilt vor allem eins: immer freundlich bleiben! Wer seine Flirt-Partnerin mit harscher Stimme anspricht, gereizt reagiert oder sie gleich kritisiert, wird nicht viel Freude mit ihr haben – sondern schnell wieder allein im Regen stehen.

⚥ Wer geistig völlig abschaltet, sobald sie den Mund aufmacht, und mit stierem Blick an ihr vorbeischaut, der hat ebenfalls bald ein Problem. Frauen haben zwar ein gewisses Verständnis dafür, dass Männer meistens nicht die perfekten Zuhörer sind, aber ein bisschen Interesse an ihren Erzählungen sollte man schon zeigen.

⚥ Zum Schlimmsten, was Sie beim Flirten machen können, gehört es, steif und starr mit hochgezogenen Schultern auf Ihrem Stuhl zu sitzen. Wer aussieht, als hätte er eben einen Besenstiel verschluckt, hat eine schrecklich verklemmte Ausstrahlung, und sein Erotik-Faktor ist gleich null. Klar, dass jede Frau dann schnell die Flucht ergreifen wird.

- ⚥ Ein bisschen was von sich selbst zu erzählen, ist grundsätzlich eine gute Idee. Aber die schreckliche Trennung von der Ex oder die letzten sexuellen Abenteuer sind wirklich keine guten Themen beim ersten Flirt – die wenigsten Frauen wollen dabei etwas über Erlebnisse mit anderen Frauen hören.
- ⚥ Heiße Blickwechsel mit anderen Frauen sind beim Flirten absolut, aber auch wirklich absolut tabu. Schon Casanova wusste, dass man sich immer nur einer Frau zu einer Zeit widmen darf – sonst hätte er kaum so viel Erfolg bei den Damen gehabt.
- ⚥ Muss ich etwas über Fluchen, Rülpsen, Dauergähnen, sie mit Zigarettenrauch einnebeln oder Ähnliches sagen? Vermutlich nicht. Aber da all diese Dinge eben auch zu den absoluten Flirt-Killern gehören, will ich sie zumindest erwähnt haben …

Alles nur für eine Nacht?

An dieser Stelle möchte ich kurz noch ein paar Sätze zum Thema One-Night-Stand sagen. Sie können ein wunderbares und unverbindliches Vergnügen sein – normalerweise sind sie allerdings ein sehr kurzes. Wer solche Abenteuer liebt und sie sich nicht entgehen lassen will, dem wünsche ich dabei gute Unterhaltung. Doch über eines sollte man sich im Klaren sein: Die Liebe fürs Leben fängt in den allerwenigsten Fällen mit einem One-Night-Stand an. Wie der Name schon sagt, ist das Wesentliche dabei ja eben, dass man sich NICHT auf Dauer aneinander bindet. Sollte man also gerade in dieser einen Nacht von Amors Pfeilen getroffen werden, stehen die Chancen sehr, sehr schlecht, dass der Bettgefährtin genau dasselbe passiert – Liebeskummer ist hier vorprogrammiert.

Da Sie nie im Voraus wissen können, wo Sie die Frau Ihres Lebens schließlich treffen, können solche kurzen Abenteuer auch längere Komplikationen nach sich ziehen. Wer sich in eine Freundin seines One-Night-Stands verliebt, kann sich sicher sein, dass die Gute sehr bald über seine früheren Eskapaden informiert ist. Und sie wird entsprechend misstrauisch sein, ob derjenige welche von ihr auch nur Sex will. Auch unerwartete Vaterfreuden oder sexuell übertragbare Krankheiten sind einige Gründe, weshalb man sein Sexualleben mit einer großen Portion Verantwortungsbewusstsein gestalten sollte. Wer seine Flirtkünste trotz allem für das eine oder andere flüchtige Abenteuer einsetzen will, der sollte sich daher wenigstens über die möglichen Folgen im Klaren sein.

DIE HALBE MIETE – *DAS ERSTE OFFIZIELLE DATE*

Endlich haben Sie es geschafft: Sie haben Ihre Traumfrau entdeckt und nett mit ihr geflirtet. Doch wie kommen Sie jetzt vom ersten Flirt zum ersten Date? Diese Frage ist für viele Männer eine der schwierigsten, also verzweifeln Sie nicht, wenn Sie nicht sofort eine Antwort parat haben – Sie sind nicht allein!

Dabei ist der Schritt vom Flirt zum Date bei weitem nicht so schwer, wie viele von uns (leider) befürchten. Denn das Wichtigste haben Sie eigentlich schon geschafft: Sie haben Ihre Traumfrau kennen gelernt und sich beim Flirten sicherlich gut mit ihr unterhalten. Viele Männer vergessen im entscheidenden Moment, dass eine Frau dadurch, dass sie überhaupt mit ihnen flirtet, schon gezeigt hat, dass sie einen gerne näher kennen lernen würde – die größte Herausforderung ist also schon längst geschafft!

Vorausgesetzt, man hat sich beim Flirt nicht völlig ins Fettnäpfchen gesetzt (die Gefahr sollte allerdings durch das, was Sie in den vorigen Kapiteln erfahren haben, gebannt sein!) und auch nicht feststellen müssen, dass man doch leider überhaupt nicht zusammenpasst, ist der Rest dann eigentlich gar nicht mehr so schwer.

Vom Flirt zum Date

Damit nach dem Flirt ein erstes Date zustande kommt, sind eigentlich nur zwei Schritte nötig: Telefonnummern austauschen und anrufen, um sich zu verabreden. Genau das ist aber manchmal leichter gesagt als getan ... Doch auch hier habe ich ein paar Tipps auf Lager, mit denen Sie elegant und sicher ans Ziel Ihrer Wünsche gelangen.

Als Erstes kann ich Ihnen nur empfehlen, die Frau Ihrer Träume nicht einfach so aus heiterem Himmel nach ihrer Telefonnummer zu fragen. Dabei besteht nämlich immer die Gefahr, dass sie sich überrumpelt fühlt und erst noch einmal in Ruhe nachdenken will, ob sie diesem (wenn auch sicher ziemlich netten) Typen wirklich ihre Nummer geben sollte. Man riskiert also ein Nein – und das ist ziemlich unnötig. Stattdessen ist es viel geschickter, die Frage etwas vorzubereiten. Betonen Sie dabei ruhig, wie gut Sie sich doch verstehen und wie sehr Sie sich freuen, unverhofft eine so reizende Frau getroffen zu haben. Sie wird sich dadurch auf jeden Fall geschmeichelt fühlen, denn keine Frau lässt es kalt, wenn sich jemand darüber freut, dass er sie kennen gelernt hat.

Ein solcher Moment ist der beste, um ihr zu gestehen, dass Sie sie gerne wieder sehen würden. 90 Prozent aller Frauen erwidern darauf, dass es ihnen ganz genauso geht – und haben insgeheim schon darauf gewartet, dass Sie ihnen eine Gelegenheit geben, das endlich auszudrücken. Die übrigen zehn Prozent sind dafür zu schüchtern oder gehören zu der Sorte, die wirklich nur aus Spaß flirtet. Doch sogar einige dieser Frauen werden damit einverstanden sein, wenn Sie vorschlagen, die Telefonnummern auszutauschen – Sie werden sehen!

Wer die Telefonnummer seiner neuen Flamme bekommen möchte, sollte dafür immer eine Gegenleistung bieten: seine eigene Nummer nämlich. Wer nur nach ihrer Nummer fragt, seine eigene aber nicht preisgeben will, der macht sich in den Augen der allermeisten Frauen verdächtig – es könnte ja sein, dass er schon eine Partnerin hat und deshalb nicht angerufen werden will. Wer dagegen von vornherein vorschlägt, die Nummern zu tauschen, schafft damit ein ausgewogenes Verhältnis: Jeder kann den anderen erreichen.

Sichern Sie sich ihre Nummer!

Natürlich ist es genauso gut möglich, schon beim Flirten das erste Date auszumachen. Manchmal bietet es sich sogar geradezu an: Man trifft sich am nächsten Tag am selben Ort oder bei einer Veranstaltung, die beide interessiert. Oder man verabredet sich gleich für den nächsten Tag zum Essen. Trotzdem würde ich Ihnen auf jeden Fall raten, die Telefonnummern auszutauschen. Schließlich kann man nie wissen, ob man im entscheidenden Moment im Stau steckt oder vom Grippevirus ins Bett gezwungen wird – da sollte wenigstens die Möglichkeit bestehen, die Angebetete zu erreichen! Oder möchten Sie sich darauf verlassen, ihr durch Zufall ein zweites Mal über den Weg zu laufen?

Wer noch kein Date ausgemacht, sich dafür aber ihre Telefonnummer gesichert hat, der hat einen gewissen Vorteil. Er muss zwar den Mut aufbringen, seine Eroberung anzurufen, aber dafür kann er sich auch gut vorbereiten und in Ruhe überlegen, wo er sie treffen möchte.

Damit stehen Sie vor der letzten Herausforderung vor dem ersten Treffen – dem Anruf bei ihr. Für die meisten Männer stellt sich dann die Frage, *wann* sie ihre Traumfrau am besten anrufen. Die meisten Frauen beantworten diese Frage ganz klar mit: »Am nächsten Tag.« Wer noch an dem Tag, an dem man sich kennen gelernt hat, zum Hörer greift, der macht einen allzu ungeduldigen Eindruck – und hat es für den Geschmack der Damenwelt viel zu eilig. Länger als bis zum nächsten Tag sollten Sie aber nicht warten, denn so weit reicht die Geduld der meisten Frauen auch wieder nicht. Wer gleich so viele Punkte wie möglich sammeln will, meldet sich also am Tag nach dem ersten Flirt, und zwar am besten mittags oder abends. Dann ist die Wahrscheinlichkeit am größten, dass das Objekt Ihrer Begierde auch Zeit für einen kurzen Plausch hat und Sie sie nicht bei der Arbeit stören.

Frauen haben übrigens ein schlechteres »Gehörgedächtnis« für Stimmen als wir Männer. Melden Sie sich also am Telefon auf keinen Fall nur mit: »Hallo, ich bin's!« Die Chancen, dass sie Sie wirklich an der Stimme erkennt, sind verschwindend gering. Falls sie es doch schafft, liegt das höchstens daran, dass Sie der einzige (männliche) Mensch sind, dessen Anruf sie zu diesem Zeitpunkt erwarten würde.

Um Missverständnisse zu vermeiden, melden Sie sich daher besser mit Ihrem Namen und einem dezenten Hinweis à la »Wir haben uns gestern Abend so nett in der Bar unterhalten, weißt du noch?«. Denn das weiß sie natürlich noch – und Sie können den Flirt mit ihr gleich am Telefon fortsetzen!

Perfektes Timing

Am besten ist es also, wenn man seine Traumfrau zum ersten Mal am Tag nach dem Kennenlernen anruft. Und der beste Zeitpunkt, um sie wiederzusehen? Das kommt ganz darauf an. Zunächst müssen beide genug Zeit für ein Treffen haben. Und zwar nicht nur, um sich ein paar Stunden lang ungestört zu sehen, sondern am besten auch noch am Tag danach, denn es ist gut möglich, dass es ein bisschen später wird. Die optimale Tageszeit für das erste Date ist nun mal der Abend. Die Anstrengungen des Tages sind überstanden – und natürlich erzielen Sie mit einem romantischen Candle-Light-Dinner einfach die größten Erfolge.

Normalerweise ist das Wochenende die ideale Wahl für das erste Date. Es erfüllt alle nötigen Voraussetzungen: Man hat mehr freie Zeit als in der Woche, muss sich am nächsten Morgen nicht aus den Federn quälen, und man ist sowieso unternehmungslustiger als mitten in der Woche. Einfach perfekt!

Wann Sie sich am liebsten mit Ihrer neuen Flamme treffen möchten, das sollten Sie sich auf jeden Fall überlegen, *bevor* Sie zum Hörer greifen und sie anrufen. Und am besten schauen Sie auch gleich, wann Ihr Terminkalender eine Ausweichmöglichkeit bietet – es kann schließlich sein, dass Ihre Angebetete genau an Ihrem Wunschtermin schon etwas anderes vorhat!

»There's a place for us« – aber wo?

Diese Frage hat schon ganze Heerscharen von Männern (aber auch von Frauen) zum Verzweifeln gebracht. Beim ersten Kennenlernen hat man sich schließlich zufällig getroffen. Aber wo soll das erste Date stattfinden? Klar ist, dass Sie sich ein paar Gedanken machen sollten, welche Location sich am besten eignet. Zum einen lässt Ihre Wahl eine ganze Menge Rückschlüsse darauf zu, was für ein Typ Sie sind, zum anderen (und das ist weitaus wichtiger) ist die passende Location eine der Voraussetzungen dafür, wie das Date verläuft und welche Erinnerung beide später damit verbinden. Gut möglich, dass Sie damit bereits ein wichtiges Kapitel Ihrer Familiengeschichte schreiben. Sie sollten die Wahl also auf keinen Fall auf die leichte Schulter nehmen!

Gut geplant ist halb gewonnen

Die perfekte Location für ein Date ist ein »neutraler« Ort, an dem man viel Zeit hat, sich ungestört miteinander zu unterhalten. Das bedeutet in diesem speziellen Fall: Das Date sollte weder bei Ihnen noch bei ihr stattfinden. Auch wenn Ihre Wohnung der schönste Ort auf Erden ist und Sie sie dort mit einem Fünf-Sterne-Menü beeindrucken könnten – für das erste Date geht die Einladung nach Hause etwas zu weit. Immerhin sind Sie für die Frau Ihres Herzens fast noch ein Unbekannter. Da wäre es ein bisschen viel verlangt, wenn sie gleich in die Höhle des Löwen kommen soll. Und dass man sich als wahrer Gentleman nicht gleich zu ihr nach Hause einlädt, versteht sich auch von selbst.

Am besten eignen sich fürs erste Date tatsächlich die Klassiker: Einladungen zum Essen, auf einen Drink oder ins Café. Erfahrungsgemäß hat man dort die beste Gelegenheit, sich ausschließlich miteinander zu beschäftigen, ohne sich dabei gleich allzu nahe kommen zu müssen. Bei einer Tasse Cappuccino, einem Drink oder einem genüsslichen Abendessen plaudert es sich immer noch am unbefangensten – und das ist beim ersten Date besonders wichtig. Der erste Flirt hat sich ganz spontan aus der jeweiligen Situation heraus ergeben und konnte schon deshalb recht locker verlaufen. Das erste geplante Rendezvous dagegen macht praktisch jede Frau (und nicht nur die) zumindest ein klitzekleines bisschen nervös …

Praktische kleine Details

Lokale gleich welcher Art haben als Treffpunkt einen unschlagbaren Vorteil: Sie müssen nicht in Regen oder Kälte stehen, während Sie auf die Dame Ihres Herzens warten, sondern können es sich schon in aller Ruhe drinnen gemütlich machen. Denn die Sorte Dates, bei der man die Damen direkt vor der Haustür abholt, gibt es hierzulande praktisch nicht. Sie sind selbstständig genug, um allein den Weg zu jedem möglichen Treffpunkt zu finden – wo sie wohnen, können sie uns später immer noch zeigen.

Suchen Sie sich also eine nette, gut erreichbare Location aus, die leicht zu finden sein sollte. Oder möchten Sie fünf Minuten vor der vereinbarten Zeit von einer entnervten Frau angerufen werden, die den Treffpunkt leider am falschen Ende der Stadt vermutet hat? Zu einer guten Planung gehört übrigens nicht nur die Location für das Date selbst, sondern auch, dass Sie daran denken, in der näheren Umgebung noch die eine oder andere Ausweichmöglichkeit parat zu haben. So können Sie ohne Komplikationen eine Alternative aus dem Ärmel ziehen, falls die ursprüngliche Location Ihrer Traumfrau nicht gefällt oder brechend voll ist. (Wenn möglich, sollten Sie vorher immer Plätze reservieren – das vermeidet mögliche Enttäuschungen und es zeigt ihr, wie gut Sie vorausplanen können!) Auch können Sie den gemeinsamen Abend abwechslungsreicher (und vor allem länger) gestalten, wenn Sie ihr vorschlagen, doch noch einen »kurzen« Abstecher in die beste Eisdiele oder die originellste Kneipe der Stadt zu machen.

Treffen Sie die Entscheidungen!

Achten Sie immer darauf, Ihrer Angebeteten zu zeigen, dass Sie klare Entscheidungen treffen können. Frauen wünschen sich beim ersten Date nichts mehr, als dass sie voll und ganz verwöhnt werden und der Abend von Romantik und Leichtigkeit geprägt ist – Leichtigkeit für die Dame, wohlgemerkt. Ein unentschlossenes »Ich weiß nicht, was sollen wir denn jetzt noch machen?« will sie auf keinen Fall hören – es entspricht einfach nicht ihrer Vorstellung von Romantik, wenn sie auf einmal für die Gestaltung des Abendprogramms zuständig ist.

Verstehen Sie mich nicht falsch: Es ist natürlich okay (und sogar charmant), ihr einen Ortswechsel vorzuschlagen und sie zu fragen, ob sie darauf Lust hat. Man kann ihr sogar zwei Alternativen vorschlagen und sie fragen, welche ihr besser gefällt. Aber es muss auf jeden Fall klar sein, dass Sie sich schon vorher Gedanken darüber gemacht und die Sache so weit im Griff haben, um selbst entscheiden zu können, wie Sie die gemeinsame Zeit verbringen können. Frauen neigen nun einmal dazu, mehr oder weniger unentschlossen zu sein, und fast alle wünschen sich einen Mann, der dazu fähig ist, ihnen lästige Entscheidungen abzunehmen. Wenn Sie dieser Mann sein wollen, dann sollten Sie von Anfang an zeigen, wie gut Sie das auch können!

Das perfekte Date: ein romantischer Abend im Restaurant

Mein ganz persönlicher Favorit unter den möglichen Locations für ein Date ist das Restaurant. So kann man gleich mehrere Fliegen mit einer Klappe schlagen. Erstens lässt sich jede Frau gerne einladen – ihr Urzeitinstinkt schließt daraus, dass der betreffende Mann sich als Ernährer und Versorger eignet. Und sie findet es sehr schmeichelhaft, dass sie Ihnen ein richtiges Menü wert ist. Zweitens kann man die Wahl des Restaurants perfekt auf den Frauentyp abstimmen, mit dem man das Vergnügen hat:

- ⚥ Mit einer Prinzessin geht man natürlich nur ins angesagteste Nobel-Restaurant. So viel Luxus muss schon sein!
- ⚥ Girlies lieben alles, was schick und »in« und ein bisschen ungewöhnlich ist. Man sollte aber auf jeden Fall noch eine tolle Bar in der Nähe kennen, in der richtig was los ist – als Nachtisch sozusagen.
- ⚥ Businessfrauen bevorzugen Restaurants mit Klasse, die es nicht nötig haben, »in« zu sein, weil sie dafür zu

gut sind. Und zwar in jeder Hinsicht: Nicht nur das Essen selbst, sondern auch Service und Atmosphäre sollten perfekt sein.

⚥ Eine Abenteuerin kann man beeindrucken, indem man das einzige äthiopische, peruanische oder nepalesische Restaurant in der Stadt ausfindig macht. Wer dann noch weiß, was sich hinter manchen der geheimnisvollen Namen auf der Karte verbirgt (vorher mal nachfragen), gewinnt besonders viel Anerkennung.

⚥ Hausmütterchen mögen es nicht ganz so exotisch, ein netter Italiener mit nettem italienischen Ambiente ist für sie genau das Richtige. Oder ein einheimisches Restaurant mit einheimischem Ambiente. Oder ... Hauptsache, es passt alles zusammen und der Küchenchef weiß, was er tut.

⚥ Esoterikerinnen schließlich legen vor allem darauf Wert, dass ein Restaurant neben gutem Essen auch eine entspannte und sinnliche Atmosphäre bietet – ein Geheimtipp für sie sind indische Restaurants.

Nicht vergessen: Liebe geht durch den Magen

Auf eines sollten Sie jedoch immer achten, ganz gleich, was für ein Restaurant Sie auswählen: Es sollte ruhig und gemütlich genug sein, um sich dort für ein paar Stunden rundum wohl fühlen zu können. Der Schnellimbiss um die Ecke kommt also nicht in Frage. Abgesehen davon, dass es dort vermutlich etwa so romantisch ist wie in einem OP-Saal, würde man sich selbst damit keinen Gefallen tun. Frauen lieben es, aus allem Möglichen Rückschlüsse über andere Leute zu ziehen – und die Location, die Sie fürs erste Date vorschlagen, bildet da sicher keine

Ausnahme. Der Schnellimbiss deutet auf einen ungeduldigen Esser hin, der sich nicht viel Zeit zum Genießen lässt und möglicherweise auch nicht viel Wert auf Qualität legt. Ich finde, diesen Eindruck sollte man beim ersten Date doch lieber vermeiden.

Wer dagegen auch in noblen Restaurants beim Anblick der französischen Speisekarte souverän seine Wahl trifft, zeigt sich als Mann von Welt, der Genuss und Image möglicherweise wichtiger findet als monatliche Haushaltskosten. Pizza, Pasta oder Wiener Schnitzel haben für viele Frauen einen Hauch von »quadratisch, praktisch, gut«. Die Schlussfolgerung daraus: Er geht nicht gerne unnötige Risiken ein, wenn er erst einmal etwas Gutes gefunden hat.

Aber zerbrechen Sie sich den Kopf lieber nicht zu sehr darüber, was Ihre Auserwählte wegen Ihrer Restaurantwahl von Ihnen denken könnte. Da Frauen immer etwas zum Interpretieren finden, können Sie sowieso nicht alle Möglichkeiten berücksichtigen. Außerdem wollen Sie schließlich die richtige Frau zum Glück finden – und die sollte Sie so lieben, wie Sie sind. Solange Sie sich also von Ihrer ganz persönlichen besten Seite zeigen, sind Sie auf dem richtigen Weg. Schließlich soll nicht nur Ihre neue Flamme das Date genießen, sondern auch Sie wollen einen schönen Abend haben!

Das Menü als Rettungsanker

Essen gehen hat vor allem beim ersten Date einen ganz besonderen Vorteil: Abgesehen davon, dass Liebe schließlich durch den Magen geht, bietet es eine perfekte Beschäftigung nebenbei. Und ein zusätzliches Gesprächsthema! Denn sogar dem Selbstbewusstesten unter uns kann es einmal passieren, dass ihm Auge in Auge mit der Frau seiner Träume die Worte fehlen. Mit einem kleinen Happen zwischendurch lässt sich das perfekt überspielen. Und ein paar Worte darüber, wie lecker doch alles ist oder was man sonst noch gerne mag, haben schon manche Lücke in einer Unterhaltung gefüllt.

Beim Essen kann man hervorragend dort weitermachen, wo man beim letzten Mal aufgehört hat. Denn was geht schon über tiefe Blicke bei Kerzenschein an einem schön gedeckten Tisch? Und zu allem anderen kann man später schließlich immer noch kommen.

Cappuccino, Drinks und Co.

Wer partout kein passendes Restaurant findet oder seine Traumfrau trotz allem nicht zum Essen ausführen will (und sei es, weil sie gerade Diät macht), der kann sich immer noch mit der zweitbesten aller Lösungen weiterhelfen: einer Einladung ins Café oder in eine Bar. Das bietet sich auch dann an, wenn man sich in einem solchen Etablissement kennen gelernt hat. Zur Not können Sie sie sogar dorthin einladen, wo Sie beim ersten Mal so schön geflirtet haben. Das ist zwar nicht wahnsinnig einfallsreich, aber wenigstens wissen Sie dann, dass die Location ihr gefällt. Sonst wäre sie schließlich nicht dort gewesen oder hätte es zumindest gesagt, wenn sie lieber woandershin wollte.

Eine Einladung zum Kaffee eignet sich auch dann besonders gut für ein erstes Date, wenn sich die Frau Ihres Herzens lieber tagsüber mit Ihnen treffen möchte. Restaurants haben nämlich abends einfach die bessere Atmosphäre, mittags bringen die vielen Leute, die dort nur schnell ihre Mittagspause verbringen, ziemlich viel Hektik hinein. Ein schöner Nachmittag im Café dagegen, am besten noch mit Sonnenschein auf der Terrasse, wird auf jeden Fall ein angenehmes Erlebnis sein. Vor allem, weil Sie ja zu zweit dort sind.

Wenn Sie sich dagegen abends auf einen Drink oder ein Bier treffen, sollten Sie auf zwei Dinge achten: Zum einen sollte die Bar nicht so laut und überfüllt sein, dass jede romantisch-verliebte Unterhaltung unmöglich ist, und zum anderen sollten Sie es mit dem Alkohol nicht übertreiben.

Ich weiß natürlich, dass ein kleines Gläschen die Stimmung hebt und dabei hilft, Schüchternheit und Hemmungen zu überwinden. Nach dem fünften Gläschen wird man allerdings kaum noch dazu in der Lage sein, charmant zu plaudern, und sein Verhalten hat man schon gar nicht mehr sicher im Griff … Wie soll man da einen perfekten Eindruck bei seiner Traumfrau hinterlassen? Außerdem wollen Sie ja am nächsten Tag noch wissen, wie die Frau so war, mit der Sie den Abend verbracht haben.

Specials

08/15-Locations wie Restaurants oder Bars sind fürs erste Date normalerweise ein todsicherer Tipp. Doch es gibt auch Ausnahmen: Wenn sich beim ersten Flirt herausgestellt hat, dass Sie beide für Jazzkonzerte schwärmen und zufällig am nächsten Wochenende ein aufregendes stattfindet, dann sollten Sie Ihre Auserkorene einfach mit einer Einladung dorthin überraschen. (Unbedingt vorher sicherstellen, dass es auch noch Karten gibt!) Oder wenn Sie beide begeisterte Skifahrer sind und es von der Jahreszeit gerade prima passt, können Sie natürlich vorschlagen, gemeinsam auf die Bretter zu steigen. Sind beide ausgesprochene Wasserratten, so werden Sie Ihre Neueroberung sogar mit einer Eintrittskarte ins Hallenbad beglücken (aber möglichst nicht gleich an die gemeinsame Sauna denken, es sei denn, der Vorschlag kommt von ihr …).

Etwas außergewöhnlichere Unternehmungen eignen sich allerdings nur, wenn Sie absolut sicher sind, dass die Betreffende davon begeistert sein wird. Eine Frau, die noch nie im Theater war, sollte man also nicht gleich beim »First Date« dorthin ausführen – auch wenn das in Ihrer Vorstellung noch so schön wäre. Beim ersten offiziellen Treffen zählt nicht so sehr, wie außergewöhnlich oder originell die Location ist, sondern vielmehr, wie viel Gelegenheit sie bietet, sich näher kennen zu lernen. Und dafür ist die klassische Einladung ins Restaurant immer noch am besten geeignet …

Und die Rechnung?

Eines sollte klar sein: Ganz egal, wo Sie sich mit der Frau Ihres Herzens verabreden, der Mann ist immer für die Rechnung zuständig. Auch im Zeitalter der Gleichberechtigung wäre es ein grober Fauxpas, eine Frau zum Rendezvous einzuladen und dann getrennt zu zahlen. Sie können sicher sein, dass sogar die größte Emanze zumindest erwartet, dass man die Bereitschaft zeigt, sie einzuladen. Sollte eine Frau tatsächlich grundsätzlich lieber selber zahlen, wird sie das schon deutlich sagen.

Trotzdem lohnt es sich, auch dann hartnäckig zu bleiben und nicht sofort die Posten auseinander zu nehmen. Viele Frauen fühlen sich heutzutage fast schon dazu verpflichtet, ihren Teil der Rechnung selbst zu übernehmen. Andererseits sind sie jedoch enttäuscht, wenn ein Mann sie zuerst einlädt und dann selber zahlen lässt. Wer also wirklich glänzen will, lässt keine Einwände gelten und übernimmt komplett den finanziellen Teil. Schließlich will man die Frau seines Herzens ja beeindrucken – und dazu gehört einfach, sie auch in dieser Hinsicht gentlemanlike zu umsorgen.

Flanieren, spazieren, promenieren

Damit nicht der Eindruck entsteht, ich hätte mit der Vereinigung der Gastronomen eine geheime Vereinbarung getroffen, will ich Ihnen noch eine kleine Alternative als Location für das erste Date vorschlagen: den Park. Dieser eignet sich als Treffpunkt beim ersten Date vor allem für Naturliebhaber, Sportfreaks und andere Frischluftfanatiker – und für die entsprechenden Frauentypen. Wenn die Jahreszeit und der Wetterbericht passen, kann ein gemeinsamer Spaziergang tatsächlich eine gute Gelegenheit sein, sich näher kennen zu lernen. Immerhin hat man dabei nicht viel mehr zu tun, als immer schön einen Fuß vor den anderen zu setzen und sich in aller Ruhe zu unterhalten. Die (mehr oder weniger) freie Natur bietet außerdem eine schön entspannte Atmosphäre – genau das Richtige für frisch Verliebte (sogar überlaufene Wiesen am See können zu Orten trauter Zweisamkeit werden, wie uns unzählige Teenager bestätigen können).

Ganz egal, ob Sie sich im Park, an einem Ausflugssee oder Wanderweg treffen, als Höhepunkt des gemeinsamen Spaziergangs empfehle ich Ihnen einen Besuch im Café oder Biergarten – oder wenn möglich sogar ein romantisches kleines Picknick. Dadurch entsteht eine viel vertrautere Stimmung, als wenn man stundenlang einfach nebeneinander herläuft. Kein Wunder: Die gemeinsame Nahrungsaufnahme hat nun mal seit Urzeiten etwas unheimlich Verbindendes.

Was Ihnen bei der Suche nach der perfekten Location auch einfallen mag – Hauptsache, Sie verlassen sich auf Ihre Kreativität und Ihre Intuition (Männer haben davon wesentlich mehr, als sie es sich selbst oft zutrauen!). Solange er die wichtigsten Voraussetzungen (neutral, ungestört, entspannt) erfüllt, eignet sich fast jeder Ort für ein Date – und mit Ihrer Wahl zeigen Sie auf jeden Fall ein Stück Ihrer Persönlichkeit.

Einer meiner besten Freunde hat sich mit seiner heutigen Frau beim ersten Date im Park getroffen – obwohl er Parks nicht ausstehen kann. Allerdings wusste er schon, dass sie diesen Ort liebte. Als er ihr gestand, dass er sich nur ihr zuliebe dort treffen wollte, war sie von seiner Offenheit völlig begeistert – und wollte ihn so schnell wie möglich wiedersehen.

Das perfekte Date-Outfit

Inzwischen sind Sie sicher schon ganz gut darin, sich in Schale zu werfen – immerhin hat es beim Flirten ja schon geklappt. Da ein erfolgreicher Flirt jedoch manchmal auch ein kleiner Glückstreffer sein kann, möchte ich Ihnen gerne noch ein paar Anregungen zum Outfit für das erste Date geben. Schließlich soll Ihr Fang ja nicht wegen des Anblicks gleich wieder die Flucht ergreifen.

Was fürs Flirten (und grundsätzlich für den Umgang mit dem weiblichen Geschlecht) gilt, sollten Sie natürlich auch beim Date beachten: Ihr Outfit sollte zu Ihnen passen und Sie sollten mehr als drei Minuten dafür verwendet haben, gut kombinierbare Sachen aus dem Schrank hervorzukramen. Fürs erste Rendezvous ist das allein allerdings noch keine Erfolgsgarantie (das ist das Äußere allein zwar sowieso nie, aber es trägt immerhin einen entscheidenden Teil dazu bei).

Frauen haben ein Händchen dafür, das perfekte Outfit für jeden Anlass zusammenzustellen (deshalb sind ihre Kleiderschränke auch immer so voll). Mindestens genauso gut sind sie, wenn es darum geht, die Persönlichkeit ihres Gegenübers aufgrund seines Outfits zu entschlüsseln. Wie jemand aussieht, verrät ihnen nicht nur etwas darüber, ob er einen Stil hat und über guten Geschmack verfügt, sondern noch eine Menge mehr: zum Beispiel, wie sein Bild von sich selbst aussieht, wie selbstbewusst er ist, ob er sich überhaupt um sein Aussehen kümmert, ob er sich pflegt, wie viel Wert er auf Qualität legt, ob er es schafft, sich um seine Sachen zu kümmern … Wer jetzt erschrocken einen Blick in den Spiegel wirft (und sich fragt, wie Frauen das alles erkennen können), den kann ich beruhigen: So schwer ist es auch wieder nicht, sich für seine Herzdame rundum attraktiv zu machen.

Schönheitspflege für Profis

Keine Sorge, ich werde Sie jetzt nicht in den nächsten Schönheitssalon zur Rundumerneuerung schicken – das wäre wohl auch entschieden zu viel des Guten. Sie wollen schließlich nicht den Mister-Beauty-Contest gewinnen, sondern die Frau Ihres Herzens. Dafür reichen zum Glück schon ein paar kleine Maßnahmen, die Sie in aller Ruhe zu Hause erledigen können. Das Wichtigste dabei ist, dass die Dame, die Sie erobern wollen, erkennt, dass Sie sich tatsächlich ein bisschen Zeit für Ihr Äußeres genommen haben – und das scheinbar sogar regelmäßig tun. Nehmen Sie sich also ein Stündchen für die Schönheitspflege, bevor der große Augenblick da ist.

Noch nass hinter den Ohren?

Frauen können manchmal richtig pingelig sein – vor allem wenn's ums Thema Körperpflege geht. So sexy sie schwitzende Männer manchmal auch finden, so wenig wollen sie sich doch mit ihnen in der Öffentlichkeit zeigen – oder sie gar direkt vor ihrer Nase sitzen haben. Dass man vor dem Date unter die Dusche springt, sollte eigentlich ganz klar sein. Noch besser: Sie gönnen sich einen kleinen Ausflug in die Badewanne! Dabei wird nicht nur die Haut sauber und schön weich, sondern man kann noch einmal richtig relaxen, bevor man in den Kampf zieht. Und wer entspannt zum ersten Date geht, dem fällt es viel leichter, sich von seiner besten Seite zu zeigen.

Außerdem ist eine gründliche Einweich-Session in der Badewanne die beste Voraussetzung für die perfekte Maniküre. Obwohl für viele Männer nachwachsende Fingernägel wohl immer noch der einzige Grund sind, sich überhaupt mit der Pflege ihrer Hände zu befassen, gehört für Frauen doch ein bisschen mehr dazu – und zwar erst recht bei dem Mann, dem sie ihr Herz schenken sollen.

Drei Dinge sind für sie ausschlaggebend: dass kein Schmutz zu entdecken ist (vor allem unter den Nägeln und in Hautrillen), dass die Nägel nicht nur grob gestutzt, sondern wenigstens gerade geschnitten und kurz sind und dass man raue Haut mit genügend Creme geschmeidig hält. Ich denke, diese Kleinigkeiten können wir ihnen (und uns) schon gönnen. Natürlich sind die meisten Frauen intelligent genug, um zu wissen, dass die Hände eines hart arbeitenden Mannes nicht immer porentief rein sein können. Aber vor allem in der Kennenlern-Phase wollen sie zumindest sehen, dass man sich etwas Mühe gegeben hat.

Haarige Angelegenheiten

Zur kosmetischen »ersten Hilfe« gehört auf jeden Fall auch die Bartpflege. Ganz gleich, ob Sie nun Vollbart tragen oder glatt rasiert durchs Leben gehen: Die Damen schätzen es sehr, wenn Mann den Wildwuchs in Form bringt, bevor er sich mit ihnen im Fünf-Sterne-Restaurant an einen Tisch setzt. Natürlich gibt es auch Männer, die erst mit Dreitagebart fürs Frauenauge wirklich unwiderstehlich aussehen. Aber auch sie sollten beim ersten Date lieber zeigen, dass sie sich die Zeit für eine gründliche Rasur genommen haben. (Die Bartstoppeln wird die Auserwählte noch früh genug zu Gesicht bekommen!)

Und wenn wir schon beim Thema Haare sind: 98 Prozent aller Frauen finden weder Nasen- noch Ohrenhaare besonders erotisch. Deshalb muss man aber keine Tüte über dem Kopf tragen, wenn man sich aus dem Haus wagt: Immerhin sprießt bei 90 Prozent aller Männer von Zeit zu Zeit das eine oder andere unerwünschte Härchen. Es reicht, das Ganze mit Schere oder Pinzette im Zaum zu halten – und gerade vor dem ersten Date sollte man sich dafür ruhig ein paar Minuten Zeit nehmen.

Spieglein, Spieglein an der Wand,
wer ist der Schönste im ganzen Land?

Nun, so genau wird zum Glück kein Spiegel der Welt diese Frage beantworten können – schließlich gibt es so viele Arten von Schönheit wie Betrachter(innen). Trotzdem sollte man den Spiegel nicht nur zum Rasieren, sondern gleich auch für einen kritischen Blick auf die eigene Frisur nutzen. Wenn man immer gepflegt aussehen will, empfehlen sich regelmäßige Friseurbesuche. Wenn es um die Vorbereitung auf das erste Rendezvous geht, darf es aber ruhig noch ein bisschen mehr sein.

Zum Glück ist zumindest die Verwendung von Haargel für viele Männer nichts Unbekanntes mehr – obwohl weniger in vielen Fällen dabei oft mehr wäre. (Ich habe noch keine Frau getroffen, die ihrem Liebsten nicht gerne zärtlich durchs Haar streicht – und ziemlich enttäuscht ist, wenn es klebt oder hart wie ein Brett ist.) Kamm oder Bürste, gutes und dezent duftendes Shampoo (wenn nötig, eins gegen Schuppen) und womöglich sogar noch eine Pflegekur (sofern Sie zerzauste, trockene Haare haben) – mehr braucht ein Mann nicht als Grundausstattung, um gepflegtes Haar zu haben.

Dasselbe gilt für Cremes, Lotions und Co. Man muss nicht die komplette neue Pflegeserie von »XYZ for men« verwenden, um eine Frau glücklich zu machen. Aber wer trockene oder raue Haut hat, der sollte sie von Zeit zu Zeit eincremen, denn nicht nur Männer stehen auf glatte Haut. Das gilt vor allem für die sichtbaren Bereiche, also Gesicht und Hände. Damit Ihre Traumfrau Lust bekommt, sich Ihre Hand auf ihrer Haut vorzustellen, sollte diese auch entsprechend weich aussehen – raue Haut kann an empfindlichen Stellen nämlich ganz schrecklich kratzen. Nicht zuletzt sollten Sie daher sogar auf Ihre Lippen achten. Wer weiche, glänzende Lippen hat, löst einfach schneller den Gedanken ans Küssen aus – und wer weiß, vielleicht setzt sie ihn sogar gleich in die Tat um!

Die richtige Verpackung

Dass auch die Kleidung beim ersten Date perfekt sein sollte, versteht sich von selbst. Besonders wichtig dabei: ein kleines bisschen Extraklasse. Wer mit einer Frau ausgeht, die sich sicher drei Stunden lang nur dafür schön gemacht hat, sollte sich schon erkenntlich zeigen – am besten, indem er sich auch in Schale wirft. Dafür muss man eigentlich nur auf ein paar Kleinigkeiten achten, die dann das wirklich gelungene Date-Outfit ergeben, mit dem man bei den Damen punktet. Und zwar unabhängig davon, welchen Stil man hat und was man denn nun trägt.

Das Wichtigste an perfekter Kleidung ist – so banal das auch klingen mag – fleckenlose Sauberkeit. Glauben Sie mir, eine Frau entdeckt mit geübtem Blick selbst den kleinsten Tomatensoßenspritzer, den neun von zehn Männern nicht einmal dann sehen, wenn man sie darauf aufmerksam macht.

Frauen haben auch einen besonderen Sensor für Fusseln, dreckige Kragenränder oder Ölflecken, selbst wenn diese sich perfekt ans Muster Ihres Hemdes angepasst haben. Und leider führt jeder derartige Patzer sofort zu einem Punktabzug in der Haltungsnote – gerade beim ersten Treff erwarten die Damen die höchstmögliche Aufmerksamkeit. Genauso schlimm sind Löcher, fehlende Knöpfe oder aufgerissene Nähte. (Sie wollen doch nicht den Eindruck erwecken, dass Sie nur deshalb auf Frauenfang sind, damit sich endlich jemand um diesen lästigen Kram kümmert!) Wir Männer sind normalerweise viel zu praktisch veranlagt, um ein Kleidungsstück wegen einer solchen Kleinigkeit gleich beiseite zu legen. Aber fürs Rendezvous sollte man einfach besser nicht das Hemd mit dem abgerissenen Kragenknopf auswählen, selbst wenn es ansonsten das Beste ist, was der Kleiderschrank zu bieten hat!

Geheimtipp Bügeleisen

Apropos Hemden: Ich weiß nicht, ob Sie zur Fraktion der Bügler oder der Nichtbügler gehören. Erfahrungsgemäß gibt es Männer, die auf ordentlich gebügelte Hemden so viel Wert legen, dass sie selbst regelmäßig zum Eisen greifen – die haben auf dem Weg zum Herzen der meisten Frauen einen klitzekleinen Vorteil. Wer dagegen zur (weitaus größeren) Fraktion der Nichtbügler gehört, sollte beim ersten Date unbedingt eine Ausnahme machen. Denn Frauen haben es einfach gern, wenn der männliche Oberkörper in einem frisch gebügelten Hemd steckt. Schwer zu entscheiden, ob sie dies als Zeichen dafür sehen, wie gepflegt man ist, oder ob sie so einfach die Muskeln darunter besser bewundern können. Daher würde ich jedem, der gerne Hemden trägt, empfehlen, vor dem Rendezvous das Bügeleisen aus dem Schrank zu holen! Das sichert ein paar Bonuspunkte und kostet nur wenig Zeit. (Falls Sie ein Sakko tragen, brauchen Sie die Rückseite des Hemdes schon mal nicht zu bügeln, wenn Sie es die ganze Zeit über nicht ablegen.)

Schuhe und andere Verdächtige

Sie wissen es ja schon: Frauen bemerken an ihren Mitmenschen unzählige Einzelheiten mehr als wir Männer. Ihr Blick ist dafür trainiert, sogar die kleinsten Kleinigkeiten wahrzunehmen und als intuitive Signale ans Bewusstsein zu verschicken. Deshalb können Sie beim ersten Date noch besser glänzen, wenn Sie vorher daran denken, dass der Teufel oft im Detail steckt, und diesen Ihre Aufmerksamkeit schenken. Schneller als Sie ahnen, können ein paar verräterische Winzigkeiten einem den ganzen Auftritt zunichte machen.

Zeig mir deine Schuhe, und ich sage dir, wer du bist!
Ein wichtiges Detail, auf das jeder Mann gelegentlich einen zweiten Blick werfen sollte: seine Schuhe. Natürlich sind Schuhe vor allem zum Laufen da und sollen deswe-

gen entsprechend bequem sein. Und natürlich wird kaum ein Mann so verrückt sein, seinen Schuhschrank auf weibliche Dimensionen zu erweitern, nur um zu jedem Outfit die passende Fußbekleidung zu haben.

Aber zum Glück nennt inzwischen auch jeder Mann mehr als nur zwei Paar gemütliche (Turn-)Schuhe sein Eigen – und das sollte er der Damenwelt ruhig auch zeigen. Am besten, indem er wenigstens bei offiziellen Dates darauf achtet, dass seine Schuhe auch zu dem passen, was er sonst am Körper trägt. Denn Frauen sind bei weitem nicht nur auf ihr eigenes Schuhwerk fixiert, sondern bekommen immer auch sehr genau mit, was ihr Gegenüber an den Füßen trägt. (Meine persönliche Vermutung ist, dass Frauen ein spezielles Schuh-Gen besitzen – doch bisher konnte dies wissenschaftlich noch nicht bestätigt werden.) Die Damen achten weniger darauf, ob Ihre Treter nun von *Armani* oder von *Caterpillar* stammen. Viel wichtiger ist ihnen, in welchem Zustand die Schuhe sind. Schmutzkrusten, abgerissene Schnürsenkel und sich auflösende Sohlen zeigen dem holden Geschlecht, dass man sich eben doch nicht um alles kümmert – und entscheidende Dinge nicht beachtet.

Saubere und glänzende Schuhe strahlen dagegen ein positives Signal aus. Wer sie vor dem Date geputzt hat, macht deutlich, dass der Anlass für ihn wirklich etwas Besonderes ist – und damit auch die Frau, mit der er sich trifft. Er beweist damit, dass er sich auch für scheinbare Nebensächlichkeiten Zeit nehmen kann, die in Wirklichkeit aber durchaus grundlegend sind.

Verräterische Details

Ähnlich verräterisch ist der ganze Kram, der sich gerne in Hosentaschen von Männern ansammelt. Damit meine ich die vielen Kleinigkeiten wie Schlüssel, Portemonnaie, Handy, Kleingeld, Zettel mit Telefonnummern und vieles mehr, die wir für so wichtig halten, dass wir sie sicher in unseren Taschen deponieren. Frauen dagegen betrachten diese Dinge leider nur als Kram, der uns die Hosen ausbeult (und es ihnen unnötig schwer macht, die wirklichen Formen unter dem Beinkleid zu erkennen).

Auf Täschchen, Rucksäcke und ähnliche Accessoires sollten Sie allerdings auch nicht gleich umsteigen, nur um die Hosentaschen freizuhalten. Die elegante Lösung besteht darin, nur das Nötigste zum Date mitzunehmen. Geschäftsschlüssel, Taschenlämpchen, Kindheitsfotos, Souvenirs und anderes, was sich im Lauf der Zeit angesammelt hat, können Sie getrost zu Hause oder im Auto lassen – je mehr Ballast Sie abwerfen, desto besser.

Der letzte Schliff

Accessoires sind von Natur aus eine Domäne der Damenwelt. Trotzdem gibt es das eine oder andere Extra, das auch einem gestandenen Mann den letzten Schliff geben kann – zumindest im Erscheinungsbild. Wer Krawatte trägt, weiß (hoffentlich) sowieso, welche Exemplare er mit welchem Outfit kombinieren kann. Schneemänner, niedliche Mäuse oder schreiende Muster dürfen nach dem Geschmack der meisten Frauen grundsätzlich im Schrank bleiben – oder besser noch im Keller verstaut werden.

Weit verbreitete männliche Accessoires, die oft gar

nicht als solche gelten, sind Gürtel und Armbanduhr. Normalerweise hat man zwar nur eine (Lieblings-)Uhr, sodass sich die Frage nach der richtigen Kombination gar nicht erst stellt. Allerdings darf man vor einem so wichtigen Anlass wie dem ersten Date ruhig einmal kontrollieren, ob sie noch vorzeigbar ist – Dreckränder oder ein Armband kurz vor der Auflösung haben da nichts zu suchen.

Dasselbe gilt für Gürtel und alle Armbänder oder Ketten, die man als Schmuck trägt. Leder hat leider die unangenehme Eigenschaft, nach und nach eine Schmutzschicht anzusetzen. Und wo wir schon gerade dabei sind: Auch wer eine Brille trägt, kann die Gelegenheit gleich nutzen und sie vor dem Date noch einmal auf Hochglanz bringen. Schließlich soll die Frau Ihrer Träume durch nichts vom strahlenden Blick Ihrer Augen abgelenkt werden!

Zu guter Letzt: Leider besetzt!

Das letzte kleine Detail ist eigentlich eines der wichtigsten: das Handy. Nicht, dass Sie das auch putzen sollten, keine Sorge. Ganz im Gegenteil wäre es geschickt, dafür zu sorgen, dass Ihre Liebste es gar nicht erst zu Gesicht bekommt, da möglichst kein Anruf und keine SMS Ihre traute Zweisamkeit stören sollte. Es gibt fast nichts Nervtötenderes als ein Handy, das lange, zärtliche Augenblicke mit einem schrillen Klingelton zerreißt. Wer also wirklich perfekt vorbereitet sein will, der schaltet es lieber in dem Moment aus, in dem er die Frau seiner Träume um die Ecke kommen sieht!

Habe ich Sie mit meinen »Perfektionisten-Tipps« erschreckt? Hoffentlich nicht! Und falls doch, kann ich Sie jetzt ein bisschen beruhigen. Denn wenn Ihre Traumfrau genauso von Amors Pfeilen getroffen wurde wie Sie, wird sie beim ersten Date sicher nicht auf jede Kleinigkeit achten, sondern ihren Blick gar nicht mehr von Ihren Augen lösen können. Dennoch zahlt es sich im Zweifelsfall immer aus, sich auf das erste Date etwas umfassender vorzubereiten. Schließlich machen sich auch scheinbar unwichtige Kleinigkeiten im Gesamteindruck bemerkbar, den die Frau Ihrer Träume von Ihnen bekommt. Und der soll möglichst hervorragend sein. Außerdem habe ich Ihnen versprochen, ALLE wichtigen Tipps zum Thema zu verraten – so viel Zeit musste also sein. So können Sie sich darauf verlassen, dass Sie auf jeden Fall einen guten Eindruck machen werden!

Wer nicht kommt zur rechten Zeit …

Pünktlichkeit ist die Höflichkeit der Könige, das wussten schon die französischen Monarchen. Ob sie sich auch daran gehalten haben, weiß ich nicht, aber wenn es um das erste Date geht, gilt ganz sicher: Pünktlichkeit ist ein absolutes Muss! Wir wissen ja alle, wie Frauen so sind: Sie nehmen es mit der Uhrzeit einfach nicht so genau (zumindest, wenn es nicht um geschäftliche Dinge geht). Dafür sind sie umso genauer, wenn sie auch nur ein paar Minuten auf uns warten müssen …

Es ist allerdings verständlich, dass eine Frau beim ersten Date nicht will, dass man sie warten lässt. Schließlich hat man sich zuerst so nett darum bemüht, mit ihr zu flirten, sie dann zuverlässig am nächsten Tag angerufen und einen Treffpunkt ausgemacht – um dort dann schließlich viel zu spät zu erscheinen. Klar, dass eine Traumfrau das nicht besonders lustig findet. Sie möchte ja immerhin umworben und erobert werden und nicht irgendwo herumstehen wie bestellt und nicht abgeholt.

Um solch einer Enttäuschung vorzubeugen, bleibt Ihnen nur eins: nicht nur pünktlich zu sein, sondern überpünktlich. Machen Sie sich ruhig die Mühe, schon kurz vor dem vereinbarten Zeitpunkt auf Ihre Verabredung zu warten. Denn wenn Sie sich darauf verlassen, dass Frauen grundsätzlich zu spät kommen, und es deshalb mit der Zeit nicht so genau nehmen, riskieren Sie einiges: Wenn Ihre Traumfrau doch pünktlich ist (und das passiert gerade beim ersten Date öfter, als man glaubt), wird sie im besten Fall enttäuscht sein, wenn Sie sie warten lassen. Im schlimmsten Fall kann es sogar passieren, dass sie einfach wieder nach Hause geht. Und dann müssen Sie mindestens eine Entführung durch Außerirdische oder einen Meteoriteneinschlag als Entschuldigung anbringen, um jemals wieder eine Chance auf ein Treffen mit ihr zu bekommen!

Ein wahrer Gentleman

Sie werden es nicht glauben: Aller Emanzipation zum Trotz legen über 80 Prozent aller Frauen immer noch Wert darauf, dass ein Mann sich wie ein Gentleman benimmt – vor allem beim ersten Date. Und es gibt keinerlei Anzeichen dafür, dass sich diese Haltung in nächster Zeit ändern wird. Ganz im Gegenteil: Benimm ist wieder »in«! Netterweise wird in den meisten der gerade gängigen Bücher zum Thema verschwiegen, wer dadurch am meisten gefordert ist: wir Männer nämlich. Zwar sollten auch Frauen wohlerzogen und umgänglich sein. Die klassische Rollenverteilung wird bei Knigge-Fragen jedoch groß geschrieben: Wir Männer dürfen dabei aktiv sein, den Damen die Tür aufhalten, ihnen aus den Mänteln helfen, ihnen Feuer geben und, und, und.

Gentleman-Manieren sind jedoch weder eine reine Beschäftigungsmaßnahme noch ein alter Hut. Ganz im Gegenteil bieten sie Ihnen eine hervorragende Möglichkeit, die Dame Ihres Herzens vollkommen um den Finger zu wickeln – indem Sie ihr zeigen, was in Ihnen steckt. Knigge hin oder her: Zum Glück sehen auch die Damen der Schöpfung die Dinge längst nicht mehr so streng wie vor hundert Jahren. Und sie zeigen uns ab und zu ganz gerne, dass sie die Türen auch allein aufbekommen. Deshalb wissen es die meisten Frauen umso mehr zu schätzen, wenn Mann sie gelegentlich nach allen Regeln der Kunst hofiert.

Unsere Geschlechtsgenossen aus dem Zeitalter der allgegenwärtigen Benimmregeln würden uns um vieles beneiden. Zum Glück ist es heute nämlich bei weitem nicht mehr so schwer wie im 19. Jahrhundert, ein vollendeter Gentleman zu sein. Nicht nur, dass die Damen von heute ganz gerne ihre Selbstständigkeit dadurch beweisen, dass sie nur wenig zuvorkommendes Benehmen erwarten, wir haben zudem den Vorteil, dass nur wenige der unzähligen Benimmregeln im Wandel der Zeiten erhalten geblieben sind. Oder kennen Sie irgendjemanden, der seinen Hut zieht, wann immer er einer Dame auf der Straße begegnet?

Benimm ist »in« – beim Date immer!

Trotz alledem haben Frauen ein feines Gespür dafür, ob man sich wenigstens Mühe gibt, sich wie ein Gentleman zu verhalten. Die bekanntesten Regeln dafür sind auch die wichtigsten: Von ihnen hat jede Frau schon einmal gehört (selbst wenn sie noch keinem Gentleman begegnet ist), und deswegen sind sie fest in der weiblichen Vorstellung verankert. Machen Sie sich bloß keine Gedanken, wenn Sie sich bisher nicht als einen Mann dieses Typs gesehen haben. Die Grundregeln für ein entsprechendes Benehmen sind ganz einfach. Sie müssen dafür weder zum Weinkenner werden noch einen Frack samt Zylinder kaufen. Es reicht, wenn Sie sich ein bisschen Mühe geben, um noch etwas zuvorkommender zu sein als sonst. Indem Sie Ihrer Traumfrau das Gefühl geben, dass sie auf Händen getragen wird, überzeugen Sie sie sicher schon bald!

Der Weg dorthin beginnt vor der Tür – und zwar vor jeder, durch die Sie mit Ihrer Begleiterin gehen müssen. Einer Frau die Tür aufzuhalten mag manchen Männern etwas überholt vorkommen, und wenn man ihr dann grundsätzlich noch den Vortritt lässt, kommt ihnen das oft sogar altmodisch vor. Den Männern, wohlgemerkt! Zwar werden Frauen gelegentlich auch erst einmal stutzen, wenn sie auf einmal durch eine aufgehaltene Tür voranstolzieren dürfen, doch insgeheim werden sie sich garantiert geschmeichelt fühlen. Für viele Frauen ist es heutzutage etwas Besonderes, wenn ein Mann sich ihnen gegenüber wie ein Gentleman benimmt – sie sind es nämlich einfach nicht gewöhnt. Und für die, die es selbstverständlich finden, ist es ein Zeichen, dass der entsprechende Mann auch zu ihren Vorstellungen passt. Ich habe noch keine Frau getroffen, die beim nächsten Mann auf Gentleman-Qualitäten verzichtet hätte, wenn sie sie erst einmal genießen durfte.

Wer sich von seiner elegantesten Seite zeigen will, der rückt seiner Herzdame auch den Stuhl zurecht, wenn sie sich setzt – nachdem er ihr aus Jacke oder Mantel geholfen hat. Klar kommt man dadurch selbst erst später dazu, es sich bequem zu machen, dafür hat man allerdings umso schneller ihre Gunst erobert – und das ist im Moment schließlich das Wichtigste.

Die Dame zuerst, bitte!

Wenn Sie Ihre Auserwählte zum Essen ausgeführt haben, hat die Dame nicht nur beim Eintreten den Vortritt, sondern auch bei der Bestellung. Selbst wenn der Kellner sich zuerst an Sie wenden sollte, gewinnen Sie mit einem kleinen »Du zuerst« noch einmal dicke Extrapunkte dazu. Verschenken Sie sie nicht!

Allein diese kleinen Gesten, die sich beliebig durch jedes zuvorkommende Verhalten wie Feuer geben, Wein nachschenken usw. erweitern lassen, machen allerdings noch keinen echten Gentleman aus. Das ist man erst, wenn man nicht nur im Zusammenhang mit Türen, Mänteln oder Bestellungen auf die Dame seines Herzens achtet, sondern auch sonst aufmerksam und zuvorkommend bleibt. Wenn Sie sich erst einmal angewöhnt haben, Ihrer Begleiterin an jedem Durchgang den Vortritt zu lassen, sollten Sie auf persönlicher Ebene unbedingt nachziehen und sozusagen die »Soft Skills« eines Gentlemans nutzen. Das ist ganz einfach: Zeigen Sie Interesse an der Meinung Ihrer Traumfrau und gehen Sie auch darauf ein. Hören Sie ihr in aller Ruhe zu, wenn sie spricht, ohne ihr ins Wort zu fallen.

Ein Gentleman akzeptiert es, wenn eine Dame anderer Meinung ist als er selbst, und fängt keine unnötigen Diskussionen darüber an. Man muss schließlich nicht immer beweisen, dass man Recht hat. Sie wissen ja, ein Gentleman genießt und schweigt. Es schadet nichts, sich beim ersten Date an dieses Motto zu erinnern – schließlich ist Genießen bei einem Date viel wichtiger als Diskutieren. Und schöner noch dazu.

Die Kunst der schönen Worte – Komplimente müssen sein!

»Du hast die schönsten Augen der Welt!« Welche Frau lässt sich das nicht gerne sagen! Komplimente sind in der Liebe wie das Salz in der Suppe: Sie sorgen für das gewisse Etwas, ohne sie fehlt einfach was. Doch so gerne Frauen ein Kompliment hören, so wichtig ist es ihnen doch, dass es nicht klingt wie eine auswendig gelernte Allerweltsschmeichelei. Dass manche Zeitgenossen Komplimente rein als Mittel zum Zweck einsetzen, hat sich in der Damenwelt auch schon herumgesprochen.

»Du bist die schönste Frau der Welt« wird nicht besonders gut ankommen, wenn die Betreffende genau weiß, dass sie alle gängigen Schönheitsideale um Meilen (und um mehrere Kilos) verfehlt. Es ist eine Frage ihres Charakters, ob sie sich dann auf den Arm genommen fühlt oder annimmt, dass man das nur gesagt hat, um sie schneller herumzukriegen. Ihr Herz lässt sich so auf keinen Fall erobern.

Komplimente mit Persönlichkeit

Mit einer kleinen Änderung wird Ihre Partnerin sich allerdings wirklich geschmeichelt fühlen: »Du bist *für mich* die schönste Frau der Welt!« Wer solche persönlichen Komplimente macht, hat bei den Frauen ganz schnell einen dicken Stein im Brett. Die beiden kleinen Wörtchen »für mich« bewirken, dass sie erstens das Gefühl bekommt, dass man sie sich auch genau angeschaut hat, und zweitens, dass man sie so gut findet, wie sie nun einmal ist – mit allen eventuellen Schönheitsfehlern. Dadurch fühlt sich jede Frau als etwas Besonderes. Und es fällt ihr viel leichter, zu glauben, dass ein Mann wirklich in sie verliebt ist.

Auch »Du hast die schönsten Augen der Welt!« können Sie noch steigern. »*Ich* finde deine Augen einfach wunderschön!« wird eben diese noch viel mehr zum Leuchten bringen. Frauen freuen sich immer über Komplimente zu ihrem Aussehen. Augen, Lippen und Hände eignen sich am besten für die ersten Nettigkeiten, die man ihr sagt. Ihre Beine, ihre Figur insgesamt, ihr Hals und alle anderen Kleinigkeiten sind schon viel direkter – schließlich gibt man damit zu, dass man sie schon von Kopf bis Fuß ziemlich genau angeschaut hat, also übereilen Sie es nicht.

Wer eine Frau verblüffen möchte, der kann ihr auch

ein Kompliment zu ihrer Kleidung machen. Allgemein wird angenommen, dass wir Männer höchstens bemerken, ob ihre Sachen entweder sexy oder schnell auszuziehen sind. Daher kann eine Bemerkung darüber, dass sie elegant gekleidet ist oder ihr die Farbe ihrer Bluse hervorragend steht, ein Treffer ins Schwarze sein. (Vorausgesetzt, dass Sie das auch wirklich so sehen und es nicht einfach nur aufsagen, um ihr zu gefallen – Sie wissen ja, Frauen haben einen siebten Sinn dafür, das zu erkennen.)

Die besten Komplimente der Welt

Sozusagen die Luxusklasse unter den Komplimenten sind allerdings nicht diejenigen über ihr Aussehen oder ihre Kleidung, sondern die über ihr Wesen. Also zu ihrer Intelligenz, ihrer Ausstrahlung, ihrem Wissen oder ihrem Charme – und allem anderen, was man nicht auf den ersten Blick erkennen kann. Je selbstbewusster eine Frau, desto wichtiger ist ihr, dass man auch ihren Charakter zu schätzen weiß und nicht nur ihr hübsches Äußeres. Ob Ihnen nun ihr selbstsicheres Auftreten gefällt, ihr nettes Lächeln oder dass Sie sich mit ihr über die verschiedensten Themen unterhalten können – machen Sie doch einfach mal ein Kompliment daraus! »Ich finde es einfach toll, dass …« ist immer ein guter Anfang dafür, denn wie bei allen Komplimenten zählt auch hier, dass Sie Ihre persönliche Sicht der Dinge ausdrücken und das auch klar machen.

Nicht Frechheit siegt, sondern Ehrlichkeit!

Ein Fettnäpfchen gibt es, das Sie beim Thema Komplimente auf jeden Fall umgehen sollten (vor allem, weil es auf völlig unnötige Weise jedes Date in Gefahr bringt). Machen Sie einer Frau nie ein Kompliment, das nicht von Herzen kommt. Denn Ehrlichkeit ist hier die wichtigste Voraussetzung. Wer sich von einer Frau dabei erwischen lässt, dass er ihr etwas vorschwindelt, nur um ihre Gunst zu erringen, der wird ganz schnell auf dem Abstellgleis landen. Und unnötig ist dieses Risiko auch, denn wenn es nichts geben würde, dass Ihnen an dieser Frau gut gefällt, dann hätten Sie ja wohl kaum ein Date mit ihr!

Außerdem können Sie davon ausgehen, dass die Dame Ihres Herzens Sie beim Date gerne näher kennen lernen möchte. Daher sind Sie es ihr schuldig, auch bei Komplimenten ganz Sie selbst zu bleiben. Man sollte einer Frau nie irgendeinen Quatsch erzählen, nur weil sie es vielleicht gerne hören möchte. Selbst wenn sie es nicht sofort bemerkt (was jedoch eher unwahrscheinlich ist), wird sie spätestens nach der ersten Verliebtheit erkennen, dass man ihre Figur vielleicht doch nicht so umwerfend findet. Das kann einem vielversprechenden Start in die dauerhafte Zweisamkeit einen empfindlichen Dämpfer versetzen.

Die richtige Dosierung

Grundsätzlich kann ich Ihnen nur raten, es mit Nettigkeiten nicht allzu sehr zu übertreiben. Eine sparsame Dosierung sorgt dafür, dass Ihre Komplimente auch wirklich als solche wahrgenommen werden. Die meisten Frauen hören sich zwar ganz gerne die eine oder andere Schmeichelei an, aber wer ihnen zu viel Honig um den Mund schmiert, wird damit schnell das Gegenteil von dem erreichen, was er eigentlich möchte. Die entsprechende Dame wird sich nämlich fragen, ob er das alles ernst meinen kann – und wohl zu dem Schluss kommen, dass ihr Begleiter entweder zu hoffnungslosen Übertreibungen neigt oder alles dafür tun würde, um sie herumzukriegen. Und beides finden die Frauen von heute alles andere als unwiderstehlich.

Jede selbstbewusste und mehr oder weniger emanzipierte Frau wünscht sich in aller Regel einen Mann, der auch charakterlich etwas zu bieten hat. Mit Süßholzrasplern und Bauchpinslern kann man vielleicht einmal einen aufbauenden Abend verbringen, aber das ganze Leben? Wenn man eine Frau mit Komplimenten regelrecht überschüttet, schließt sie daraus sehr schnell, dass man verzweifelt auf der Suche nach einer Partnerin ist – und so ziemlich alles sagen würde, nur um ihre Zuneigung zu gewinnen. Und möglicherweise würde man sich dann wie eine Klette an sie hängen. Solche Aussichten findet keine Frau prickelnd.

Es wäre natürlich Unsinn, die Komplimente beim Date zu zählen, um es nur ja nicht zu übertreiben. Es reicht völlig, wenn Sie darauf achten, sich zwischendrin immer wieder ganz normal zu unterhalten. Komplimente eignen sich am besten für die Teile der Unterhaltung, die sowieso schon persönlicher sind – wenn Sie sich gegenseitig nach Ihrem Leben ausfragen oder mal wieder so heftig miteinander flirten, dass die Luft nur so knistert. Eine andere gute Gelegenheit bietet sich, wenn das Gespräch ins Stocken gekommen ist. Wer ein solches kurzes Schweigen mit einem netten Kompliment bricht, der verleiht ihm mehr Gewicht. Und er bringt das Gespräch auf das wichtigste Thema beim ersten Date: die Faszination, die man füreinander empfindet.

Hat sie wirklich Feuer gefangen?

Scheinbar läuft alles perfekt: Sie haben eine Frau gefunden, die hervorragend zu Ihnen passen könnte, sind verliebt, hatten schon einen aufregenden Flirt mit ihr, und jetzt sitzen Sie beim ersten Date und verstehen sich ganz wunderbar. Und irgendwann fragen Sie sich, ob sich Ihre Herzdame denn auch in Sie verliebt hat. Hier kann ich Sie zunächst beruhigen: Wenn Ihre Begleiterin Sie nicht zumindest interessant fände, hätte sie sich gar nicht auf das Date eingelassen, geschweige denn, Ihnen ihre Telefonnummer verraten. Und wenn Sie trotz des netten Flirts von neulich doch nicht die gleiche Wellenlänge haben? Ob wahre Liebe oder oberflächliche Begegnung, das können Sie herausfinden, indem Sie darauf hören, was sie sagt. Sofern Ihre Liebste tatsächlich ein tiefer gehendes Interesse an Ihnen hat, gibt es dafür verlässliche Anzeichen. Natürlich hören Sie ihr schon die ganze Zeit zu, aber es gibt einige Details, die Sie besonders hellhörig machen sollten.

Erzähl mir alles über dich!

Das sicherste Anzeichen für ihr Interesse an einer gemeinsamen Zukunft (nennen wir die Dinge ruhig beim Namen) ist, wenn Ihre Partnerin sich auffallend für Ihr Leben interessiert – nicht nur für den groben Ablauf, sondern für die genaueren Details – und vor allem nach Ihren Zukunftsplänen und Träumen fragt. Eine Frau, die bei diesen Themen mehr oder weniger genau nachhakt (das kann je nach Persönlichkeit variieren), fragt sich innerlich schon, wie gut Sie als Paar zusammenpassen würden – und das stellt sie sich auch bildlich vor. Ein etwas geistesabwesender Gesichtsausdruck bei ihr ist in dieser Phase des Gesprächs also durchaus ein positives Zeichen. Sie langweilt sich nicht, sondern ist im Geiste schon bei der Zukunftsplanung.

Absolut eindeutig wird das Ganze, wenn Ihre Traumfrau anfängt, sich nach Ihrem Liebesleben zu erkundigen. Die meisten Frauen versuchen ihre Neugierde in diesem Bereich ein bisschen zu verstecken, damit nicht zu sehr auffällt, wie genau sie alles wissen wollen. Es gibt aber im Grunde keine Frau, der es egal wäre, wie das Liebesleben ihres (zukünftigen) Partners bisher ausgesehen hat. Diese Informationen werden dann daraufhin ausgewertet, wie die Aussichten auf eine glückliche Beziehung stehen.

Mancher Geheimdienst wäre froh, wenn er in so kurzer Zeit so viele Schlüsse aus einer Hand voll Infos ziehen könnte, wie es eine Frau beim ersten Date mit ihrem potenziellen neuen Lebensgefährten tut. Und dabei erledigt sie das alles auch noch unterbewusst. Kurz gesagt: Fragen zu bisherigen Beziehungen und zum aktuellen Liebesleben sind immer ein sicheres Zeichen dafür, dass eine Frau mehr als nur ein oberflächliches Interesse an Ihnen hat. Sie müssen nur ein bisschen hellhörig dafür sein, da die meisten Frauen versuchen, einen Mann ganz unauffällig dazu zu bringen, ihr all seine tiefsten Geheimnisse zu verraten!

Hören Sie auch genau zu, wenn Ihr Schwarm von seinen eigenen Lebensplänen erzählt. Frauen reden zwar von Haus aus mehr über sich als jeder durchschnittliche Mann, aber normalerweise gehen sie dabei nur selten konkret auf das ein, was sie in ihrem Leben vorhaben – erst recht nicht, wenn's um die Partnerschaft geht. Wenn eine Businessfrau also plötzlich erzählt, dass sie auf jeden Fall immer finanziell unabhängig bleiben und weiterarbeiten will, dann haben Sie gerade eine wichtige Botschaft erhalten. Das Gleiche gilt, wenn ein Hausmütterchen auf einmal davon schwärmt, wie viele Kinder sie sich eigentlich wünscht.

Viele Frauen versuchen zwar, beim ersten Date noch nicht zu viel von sich zu verraten (denn fast alle haben schon einmal gelesen, dass geheimnisvolle Frauen viel mehr Erfolg bei den Männern haben), aber wer genau aufpasst, wird trotzdem die wichtigsten Details heraushören können. Und dann liegt es nur noch an Ihnen, Ihrer Traumfrau klar zu machen, dass Sie der perfekte Partner bei der Verwirklichung all ihrer Träume sind!

Auch die Weltanschauung zählt

Ob Sie es glauben oder nicht: Sogar Gesprächsthemen, die auf den ersten Blick nicht das Geringste mit Liebe zu tun haben, können ein Zeichen dafür sein, dass eine Frau mehr als nur ein Auge auf Sie geworfen hat. Dann nämlich, wenn es um die persönliche Weltanschauung und Lebensphilosophie geht. Für eine glückliche Partnerschaft ist schließlich auch wichtig, dass man die Welt zumindest mit ähnlichen Augen betrachtet. Völlig unterschiedliche Meinungen über das Leben können dazu führen, dass es immer wieder zu handfesten Meinungsverschiedenheiten kommt. Viel besser sind die Aussichten mit einem Partner, der zumindest in groben Zügen ein ähnliches Bild von der Welt hat wie man selbst.

Einer Beziehung zwischen einem eingefleischten Verfechter des Kapitalismus und einer überzeugten Globalisierungsgegnerin beispielsweise würde ich keine guten Zukunftsaussichten einräumen. Wer ein aktiver Umweltschützer ist, wird mit einem Fan von Wegwerfartikeln und schnellen Autos auch nicht besonders viel Freude haben (und umgekehrt). Und wem seine Fitness so sehr am Herzen liegt, dass er täglich zum Joggen und Biken geht, kann mit einer Couch-Potatoe-Partnerin auf Dauer nicht viel anfangen.

Frauen sind solche Unterschiede noch viel stärker bewusst als den meisten Männern. Daher neigen sie dazu, solche Themen eher zur Sprache zu bringen. Wenn Ihre Traumfrau Ihnen beim ersten Date schon von ihren tiefsten Überzeugungen erzählt, dann ist das kein Zeichen von Geschwätzigkeit, sondern es zeigt Ihnen, wie viel Interesse sie an Ihnen hat. Tragen Sie also ruhig Ihren Teil dazu bei und erzählen auch Sie ihr, was Sie bewegt und was Sie erreichen möchten – je harmonischer dieses Gespräch verläuft, desto sicherer haben Sie mit dieser Frau endlich Ihren Glückstreffer gelandet!

Und was gibt es sonst noch zu entdecken?

Ob eine Frau Interesse an Ihnen hat, können Sie nicht nur hören, sondern auch sehen. Wenn Ihre Begleiterin nur noch Augen für Sie hat, haben Sie Glück gehabt. Denn Frauen neigen während fast jeder normalen Unterhaltung dazu, noch allerlei anderes im Raum in Augenschein zu nehmen – Sie wissen ja, Frauen haben mit Multitasking kein Problem. Umso besser (für Sie), wenn eine Frau wie gebannt an Ihren Lippen hängt und den Blick nicht mehr von Ihnen lassen kann. Beim ersten Flirten kann das noch pure Faszination sein (und somit leider auch recht kurzlebig). Wenn Sie sich aber bereits ein oder zwei Stündchen gegenübersitzen, sieht die Sache schon anders aus. Wenn sie immer noch so begeistert von Ihrem Anblick ist, können Sie sicher sein, dass es dafür handfeste Gründe gibt. Entweder sehen Sie ihrem Lieblingsschauspieler unglaublich ähnlich (und das wüssten Sie vermutlich), oder die Dame hat wirklich angebissen und sich in Sie verliebt. Wenn sie Ihnen zudem immer näher kommt, sich etwa immer weiter über den Tisch beugt, die Arme in Ihre Richtung ausstreckt oder auf dem Sofa enger an Sie heranrückt, dann sind die Voraussetzungen optimal: Der Wunsch nach körperlicher Nähe zeigt, dass Ihre Eroberung Sie sehr, sehr anziehend findet.

Warum Sex oft noch warten kann

Gut Ding will Weile haben: Diese alte Weisheit sollten Sie sich ganz besonders zu Herzen nehmen, wenn es um den ersten Sex mit Ihrer Zukünftigen geht. Sie sind schließlich nicht auf der Suche nach dem (mehr oder weniger) schnellen Vergnügen, sondern wollen die richtige Partnerin zum Glück finden – und das heißt, dass Sie mit ihr sicher noch mehr Zeit verbringen werden. Warum also die Sache überstürzen und sie schon beim ersten Date ins Bett zerren? Es gibt eine Reihe von guten Gründen, beim ersten (und sogar beim zweiten, dritten oder vierten) Treffen nicht sofort dem Trieb zu folgen. Einer davon ist, dass die allermeisten Frauen sehr empfindsame Wesen sind, wenn es um Sex geht. Oder besser gesagt, um Sex mit jemandem, mit dem sie gerne auch eine Beziehung haben wollen (denn die Frauen, die sich nur mal schnell vergnügen und austoben wollen, zählen jetzt nicht). Daher ist Geduld eine von vielen Damen sehr geschätzte Tugend. Damit verfolgen sie durchaus eine vernünftige Strategie. Sie gehen einfach davon aus, dass ein Mann, dem mehr an ihnen liegt, es auch aushält, mit der schönsten Nebensache der Welt noch etwas abzuwarten. Und dass er genügend Selbstbeherrschung besitzt, um nicht sofort der Macht seiner Hormone zu verfallen.

Vergessen Sie nicht: Schon zu Zeiten der Neandertaler waren Frauen darauf angewiesen, dass ihre Männer nicht nur den Nachwuchs zeugten, sondern auch noch für sie sorgten, wenn aus allen Ecken schon kleine Kinder krähten. Dieses biologische Programm läuft heute noch ab, wenn eine Frau Ausschau nach einem potenziellen Partner hält. Sie vertraut viel eher darauf, dass es auch bei ihm die große Liebe ist, wenn er es mit dem Sex nicht so eilig hat – und eigentlich stimmt das doch auch, oder?

Warten erhöht die Spannung

Es gibt jedoch auch noch angenehmere Gründe, weshalb man sich mit dem ersten Sex lieber ein bisschen Zeit lassen sollte. Warten erhöht die Spannung – und die macht das Verliebtsein erst richtig intensiv. Der Weg zum Herzen einer Frau führt nun einmal nur in den allerseltensten Fällen direkt durch ihr Bett. Stattdessen müssen Sie ihr erst einmal zeigen, dass Sie auch der richtige Mann für sie sind. Dazu braucht es eine große Prise Romantik, ein gesundes Selbstbewusstsein sowie Durchhaltevermögen, Geduld und Selbstbeherrschung. (Nicht umsonst heißt es in diesem Zusammenhang, dass man Frauen »erobern« muss ...)

Übrigens: Knisternde Erotik ist auch möglich, ohne dass man sich gegenseitig die Kleidung vom Leib reißt. Küsse und Streicheleinheiten können eine unerwartete Wirkung entfalten, wenn klar ist, dass sie für den Moment die einzige Form der Berührung bleiben. Und je öfter Sie Ihrer Liebsten sagen, dass Sie lieber noch ein bisschen abwarten und sich näher kennen lernen wollen, desto ungeduldiger und begieriger wird sie werden. Und wenn es dann endlich so weit ist, wird es richtig spannend ...

Ruf mich an! oder »Die Zeit nach dem First Date«

Warten, warten, warten: Die Zeit zwischen dem ersten Date und der nächsten Nachricht der Erwählten kommt einem schnell unerträglich lange vor. Ganz gleich, ob es sich um Stunden oder Tage handelt – wer richtig verliebt ist, könnte genauso gut die Minuten und Sekunden bis zum Wiedersehen zählen, so langsam vergeht die Zeit. Trotzdem gilt jetzt vor allem eins: Nur nicht ungeduldig werden! Gerade die Zeit nach dem ersten Date ist in der Liebe eine delikate Phase. Denn nun werden in aller Regel die Weichen für die Zukunft gestellt: Man steuert geradewegs auf eine Partnerschaft zu und hat die letzte Gelegenheit, noch einmal in aller Ruhe darüber nachzudenken.

Nutzen Sie diese Stunden, statt die Zeit mit Warten totzuschlagen. Diese Phase kann sehr wichtig und wertvoll sein – sowohl für Sie persönlich als auch dafür, wie die spätere Beziehung verläuft. Ein bisschen Reflexion über das Date, die Dame und die eigenen Gefühle ist jetzt genau das Richtige!

Wenn das Telefon zum Nabel der Welt wird …

… dann hat es beim Date wohl ziemlich gefunkt. Es ist ganz natürlich, dass man in der ersten Verliebtheit am liebsten alle fünf Minuten zum Hörer greifen und die Geliebte anrufen möchte. Je schlimmer es einen erwischt hat, desto mehr drehen sich alle Gedanken nur noch um das oder besser gesagt die eine. Trotzdem tun Sie sich (und ihr) einen großen Gefallen, wenn Sie Ihrem Kontaktbedürfnis nicht völlig freie Bahn lassen. Es wäre doch ein bisschen überstürzt, die Dame Ihres Herzens plötzlich Tag und Nacht mit Anrufen zu verfolgen – so gut kennen Sie sich schließlich noch nicht. Das Gleiche gilt für Überraschungsbesuche und »zufällige« Treffen.

Zum Glück sind wir Männer ja normalerweise vernünftig genug, um es mit derartigen Aufdringlichkeiten nicht zu übertreiben. Und das ist auch gut so, denn Frauen möchten zwar umworben werden, dabei aber trotzdem noch einen gewissen Sicherheitsabstand einhalten. Am besten, Sie gönnen ihr den und entspannen sich einfach solange …

Bitte nicht zu viel des Guten!

Das beste Rezept für die Zeit nach dem ersten Date: ein Anruf pro Tag – so lange, bis man sich für das nächste Date verabredet. Dann darf auch einmal ein Tag ohne Anruf vergehen. Schließlich soll Ihre Auserwählte nicht denken, dass Sie nichts anderes zu tun haben, als ständig am Hörer zu hängen. Wer zu oft anruft, wirkt aufdringlich und verzweifelt. Und ruiniert sich damit die souveräne Ausstrahlung, die er vorher so mühsam aufgebaut hat.

Sie sollten sich übrigens nicht entmutigen lassen, wenn Ihre Traumfrau einmal nicht zu erreichen ist oder nicht gleich zurückruft – ganz im Gegenteil. Dies zeigt nur, dass sie sich selbst eine Nachdenkphase verordnet hat (was der Liebe immer ganz gut tut) und es Ihnen nicht zu leicht machen will. Wenn sie sich heute nicht meldet, ist morgen immer noch ein guter Tag, um selber wieder zum Hörer zu greifen. Und Sie haben noch ein bisschen Zeit, um noch einmal alles zu überdenken.

Wie war das Date nun eigentlich wirklich?

Sie hatten einen schönen Abend, doch jetzt ist das Date vorbei. Es wird also Zeit, die rosaroten Liebeswölkchen ein bisschen beiseite zu schieben und das Ganze noch einmal Revue passieren zu lassen. Schließlich wollen Sie herausfinden, ob Sie wirklich die richtige Frau für lebenslanges Liebesglück gefunden haben. Je klarer der Kopf bei solchen Überlegungen ist, desto sinnvoller sind sie. Sobald Sie ein Stündchen Ruhe haben, geht es an die Kopfarbeit: Wie war das Date nun eigentlich?

Wonne und Wohlgefühl

Die erste Frage dabei lautet, ob Sie sich wohl gefühlt haben. Und zwar in der Gegenwart dieser ganz speziellen Frau – die Umgebung und andere Leute spielen dabei nur eine Nebenrolle. Schließlich kann man sich sogar bei einer Reifenpanne nachts am Straßenrand recht wohl fühlen, wenn man einen geliebten Menschen bei sich hat. Die Atmosphäre der Location, die lästigen Tischnachbarn und die nette Bedienung tun also nichts zur Sache: Vergessen Sie sie, und erinnern Sie sich nur an Ihre Begleiterin. Nachdem sie Ihnen vermutlich schon ziemlich den Kopf verdreht hat, haben Sie sich in ihrer Nähe bestimmt wohl gefühlt. Aber war das die ganze Zeit über so? Ober gab es Momente, in denen es ein bisschen langweilig wurde, Sie sich plötzlich gefragt haben, ob es allein zu Hause vor dem Fernseher jetzt nicht auch nett wäre, oder in denen Sie sich sogar unwohl gefühlt haben?

Ich weiß, dass viele Männer solche Überlegungen etwas lästig finden, aber glauben Sie mir, die Mühe lohnt sich! Schließlich wollen Sie (diesmal) ja wirklich die richtige Frau zum Glück finden – und nicht womöglich nach sechs Monaten herausfinden müssen, dass Sie irgendwie doch nicht so gut zusammenpassen. Noch haben Sie die Möglichkeit, gezielt auszusortieren. Wenn diese Frau nicht die Richtige ist, dann lernen Sie bestimmt schnell eine andere kennen. In einer Partnerschaft kann solch eine Erkenntnis dagegen schon viel schmerzhafter sein. Mit der richtigen Dosis Selbstanalyse können Sie sich jede Menge Stress ersparen.

Zwischen den Zeilen gelesen

Sehen Sie sich das Date also noch einmal in aller Ruhe an. Ob Sie sich rundum wohl gefühlt haben, ist nur eine der Fragen, die Sie sich dabei stellen sollten. Eine andere ist, ob Sie sich auch gut unterhalten haben. Natürlich gibt es Fälle schwerer Verliebtheit, bei denen man sich stundenlang schweigend in die Augen schaut. Manchmal passiert so etwas sogar im wirklichen Leben und nicht nur in romantischen Liebesfilmen. Tatsächlich wird man immer wenigstens ab und zu ein paar Worte wechseln (sonst wäre der Abend wohl doch ziemlich eintönig). Die Hormone sorgen sogar dafür, dass Verliebte eher zu viel als zu wenig reden. Meistens wächst man über sich hinaus und redet drauflos, was das Zeug hält – immer auf der Suche nach rhetorischen Meisterleistungen, charmanten Witzchen oder kleinen Heldentaten, mit denen man seine vermeintliche Traumfrau unterhalten kann.

Dass man nach dem ersten Date oft nicht mehr genau weiß, was man eigentlich die ganze Zeit über gesagt hat, liegt an der Aufregung und am hormonellen Ausnahmezustand (und manchmal auch daran, dass man sich lieber nicht mehr so genau daran erinnern möchte). Wenn Sie aber trotz allem eine interessante, tief gehende, witzige und abwechslungsreiche Unterhaltung mit Ihrer Liebsten hatten, kann ich nur sagen: Bravo! Wer sich beim ersten Date schon köstlich miteinander amüsiert, der hat auch für den Rest des Lebens gute Chancen, dass die Beziehung nicht langweilig wird.

Aber auch wenn die Unterhaltung öfter mal ins Stocken gekommen ist, muss man nicht gleich das Handtuch werfen. Es kommt schließlich ganz darauf an, warum auf einmal die Worte gefehlt haben. Kleine und auch größere Pausen für zärtliche Augenblicke oder Berührungen sind nun wirklich kein schlechtes Zeichen für die angehende Liebe. Sogar die klassischen nervösen Aussetzer, bei denen man sich verzweifelt an seinem Glas festklammert und nur noch verliebt lächeln kann, geben keinen Grund zur Sorge. Die suchen schließlich jeden einmal heim. Bedenklich ist eher, wenn fehlende Worte eben nicht mit Blicken, Lächeln oder Berührungen ersetzt wurden und man nach einer halben Stunde schon nicht mehr wusste, worüber man überhaupt noch reden könnte. Dass hier die Kommunikation nicht stimmt, ist klar. Und wer sich nichts zu sagen hat, der wird auch kaum auf Dauer glücklich miteinander sein.

Im Sturm der Gefühle

Verliebte neigen mitunter zu Gefühlen, die ihnen den Verstand rauben. Zugegeben – meist sind es eher die Frauen, die sich dann in tosenden Gefühlsstürmen wiederfinden. Doch Hand aufs Herz: Wie sieht es bei Ihnen aus? Ich möchte Sie natürlich nicht auf die Couch legen, aber einen Blick sollten Sie auf Ihre Gefühle schon werfen. Schließlich ist unsere Libido nun einmal so eingerichtet, dass sie gelegentlich Gehirn und Herz lahm legen kann. Wenn es um wirkliches Liebesglück geht, eignet sich diese brodelnde Hormonküche allerdings nicht als verlässlicher Ratgeber – neben sexuellen spielen noch zu viele andere Faktoren eine große Rolle. Umso wichtiger, die eigenen Gefühle nach dem Date einmal unter die Lupe zu nehmen. Schließlich macht Herzklopfen allein noch nicht die große Liebe aus – sonst könnten Sie ja auch einfach zum Joggen gehen …

Klar: Erotik, Begierde oder Sehnsucht sind sicher immer mit im Spiel, wenn es um das Thema Liebe geht. Doch daran wird es sowieso nicht gefehlt haben. Mit der richtigen Frau zum Glück sollte Sie aber noch mehr verbinden – und zwar auch gefühlsmäßig. Ob Sie sich in ihrer Gegenwart wohl gefühlt haben, wissen Sie sicher längst. Und sympathisch ist sie Ihnen wohl auch, sonst hätten Sie sie ja gar nicht erst getroffen. Aber wie hat es zum Beispiel mit dem Vertrauen ausgesehen? Haben Sie sich bei der Frau Ihrer Wahl so gut aufgehoben gefühlt, dass Sie ihr Ihre kleinen und großen Geheimnisse anvertrauen könnten?

Der Vertrauenstest

Stellen Sie sich einfach einmal vor, Sie würden ihr etwas anvertrauen, das sonst nur Ihre besten Freunde erfahren dürften – und beobachten Sie, wie Sie sich dabei fühlen. Natürlich sollten Sie dabei weder an Leichen im Keller noch an unterschlagene Millionen denken, sondern an etwas Realistisches – das aber persönlich genug ist, dass Sie es wirklich nur guten Freunden erzählen würden. Sie kennen diese Frau zwar noch nicht so genau, aber Ihre Intuition verrät Ihnen normalerweise recht gut, wie weit das Vertrauen zu ihr reicht. Wenn Sie bei dem Gedanken, die Betreffende so weit ins Vertrauen zu ziehen, sofort ein ungutes Gefühl beschleicht, seien Sie besser vorsichtig. Lassen Sie sich noch ein paar Begegnungen lang Zeit, bevor Sie sich entscheiden, ob diese Frau wirklich die Richtige ist, um das Leben mit ihr zu teilen. Wenn sich Ihnen sogar alle Haare dabei sträuben und die Alarmglocken anfangen zu schrillen, dann gilt das erst recht, denn mit dem Vertrauen zu ihr scheint es nicht weit her zu sein.

Ganz anders sieht die Sache aus, wenn Sie sich problemlos vorstellen können, ihr ohne Zögern die dunkelsten Kapitel Ihrer Lebensgeschichte zu erzählen und ihr dazu noch Ihre Kreditkarte, Ihre Hausschlüssel und vielleicht sogar Ihr Auto anzuvertrauen. Offensichtlich vermittelt Ihnen die geliebte Frau wirklich das Vertrauen, das für eine erfolgreiche Partnerschaft nötig ist. Denn wie soll man mit jemandem glücklich werden, vor dem man seine Geheimnisse hüten muss?

Außerdem sollte das Gefühl menschlicher Wärme bei Ihrem ersten gemeinsamen Treffen auftauchen. Natürlich hat das viel mit der Ausstrahlung einer Person zu tun und ist deshalb nicht bei allen Menschen gleich stark ausgeprägt. Selbst wenn man eine gewisse kühle Distanziertheit bei einer Frau besonders anziehend findet, sollte diese nicht überhand nehmen – sonst könnten Sie ja gleich mit einer Schaufensterpuppe zusammenziehen. Sie selbst dürfen beim Date auch ruhig spüren, dass diese Frau mehr in Ihnen weckt als nur das Bedürfnis, möglichst cool zu erscheinen!

Vertrautheit

Menschen, die uns ähnlich sind, wecken automatisch ein gewisses Gefühl von Vertrautheit, das wissen Sie bereits. Daher lässt sich darauf schließen, dass eine Frau, die einem Mann unwillkürlich vertraut erscheint, sicher den einen oder anderen Zug mit ihm gemeinsam hat. Und das ist wiederum ein gutes Zeichen für eine gemeinsame Zukunft. Das viel zitierte Gefühl, sich schon seit ewigen Zeiten zu kennen, ohne dass man wüsste, woher, verspricht besonders viel Erfolg. Man muss nicht an mystische Zusammenhänge glauben, um so etwas zu erleben, denn eigentlich lässt es sich ganz einfach erklären: Ist uns jemand in seinem Wesen sehr ähnlich und hat dazu noch ähnliche Dinge erlebt wie wir, dann ergibt sich daraus eine große Vertrautheit. Und gerade beim ersten Date erzählt man sich ja in kürzester Zeit sehr viel über das eigene Leben.

Zwischen Verliebten wird die Vertrautheit schnell so stark, wie sie sich unter guten Freunden oft erst nach Jahren entwickelt. Kaum hat man ein paar Worte gewechselt, kommt es einem so vor, als würde man sich schon ewig kennen. Wenn Sie das beim ersten Date erlebt haben, ist das auf jeden Fall ein gutes Zeichen. Und wenn die geliebte Frau dasselbe gespürt hat, umso besser.

Sie müssen aber nicht verzweifeln, wenn es bei Ihrem ersten Date anders war. Im Lauf der Zeit wächst die Vertrautheit ganz automatisch – und das Knistern hält sich so umso länger. Wichtig ist nur, dass es zumindest ein bisschen Vertrautheit zwischen Ihnen gegeben hat. Denn wenn Sie und Ihre Traumfrau sich nach dem ersten Date noch völlig fremd sind, passen Sie vielleicht doch nicht so gut zusammen – oder müssen noch viel Zeit und Energie investieren, um das wirkliche Liebesglück zu erreichen.

Gute Zeichen, schlechte Zeichen

Wie Sie Ihr Date in etwa einordnen können, wissen Sie jetzt – Ihre eigenen Gedanken und Gefühle dazu haben Sie sich ja inzwischen aus allen Blickwinkeln angeschaut. Doch wie sieht es mit der Frau aus, die immerhin Ihre Herzdame werden könnte? Es gibt eine Reihe konkreter Anhaltspunkte, die Ihnen mehr über die Frau verraten, mit der Sie so ein nettes Treffen hatten. Ganz gleich, welchem Typ Ihre Auserwählte angehört: Es gibt ein paar Punkte, die an ihr einfach stimmen sollten, damit aus einer Liebelei auch wirklich Liebe wird. Nur nach Schema X ist noch keine Beziehung glücklich geworden, und die für alle Männer perfekte Frau gibt es nicht. Dennoch, ein paar Voraussetzungen sollte die richtige Partnerin schon mitbringen!

Beziehungstauglich oder nicht?

Für jeden gibt es den passenden Partner oder die passende Partnerin. Allerdings ist dieser Mensch nicht automatisch auch immer der, mit dem man rundum glücklich wird, geschweige denn ein Leben lang. Zwar träumt jeder davon, den Mann oder die Frau fürs Leben kennen zu lernen, aber manche Menschen sind dafür einfach noch nicht bereit. Sie stürzen sich aus den verschiedensten Gründen in Beziehungen, in denen sie von vornherein nie glücklich werden können, ohne dass ihnen das auch nur im Geringsten bewusst wäre.

Ein verbreitetes Beispiel für solche ungesunden Beziehungsmuster ist der Fall, dass man sich nach einer gescheiterten Beziehung möglichst schnell einen neuen Partner anlacht, um sich über die Trennung hinwegzutrösten. Auch wenn sich die meisten Betroffenen dessen gar nicht bewusst sind, sie suchen keinen Partner, mit dem sie auf Dauer glücklich werden, sondern jemanden, der sie bemitleidet und ihr Selbstbewusstsein wieder aufbaut. Die Chancen, dass aus einer derartigen Beziehung lebenslanges Liebesglück entsteht, sind minimal. Hinter dem Wunsch, einen Partner zu finden, verbergen sich die unterschiedlichsten Gründe: die Suche nach Trost, Selbstbestätigung, nach jemandem, der sich um einen kümmert, der einem hilft, für den man da sein kann, der einem Gesellschaft leistet ... – doch sie sind meist keine Garantie dafür, dass es mit der neuen Beziehung auf Dauer klappen wird, eher im Gegenteil.

Sie können sicher sein, dass auch Ihnen bei der Suche nach der richtigen Partnerin fürs Leben auch Frauen begegnen werden, die noch gar nicht bereit sind für die große Liebe – aus welchen psychologischen Gründen auch immer. Allerdings wollen Sie das wohl nicht erst nach ein paar Monaten mit einer davon herausfinden. Das Schwierige dabei ist nur, dass Sie der Kandidatin natürlich nicht ansehen können, ob sie nur mit Ihnen zusammen sein will, damit sich endlich jemand um sie kümmert oder sie sich beweisen kann, dass sie attraktiv und begehrenswert ist. Denn meistens ist es »beziehungsuntauglichen« Menschen gar nicht bewusst, dass hinter ihrem Verliebtsein ein Haufen ungelöster Probleme mit der eigenen Persönlichkeit steht.

Natürlich können genügend Liebe und Geduld dazu beitragen, auch mit einer Frau, die solche ungesunde Beziehungsmuster zeigt, eine glückliche Partnerschaft aufzubauen. Aber man sollte sich besser von Anfang an darüber im Klaren sein, auf was man sich einlässt – und dass der Erfolg nicht sicher ist. Sehen Sie sich also vorher in Ruhe an, welche Altlasten Ihre Traumfrau vielleicht mit sich herumträgt! Im Folgenden finden Sie einige Tipps, die vermeiden helfen, dass Sie bei der Suche nach der Richtigen bei der völlig Falschen landen. Dabei geht es vor allem darum, gut zuzuhören, wenn das Gespräch auf die Liebe kommt – dadurch bekommen Sie immer den einen oder anderen Hinweis darauf, wie beziehungstauglich eine Frau wirklich ist! Die Andeutungen verbergen sich in dem, was sie über die Liebe und über vergangene Beziehungen zu sagen hat.

»Immer wieder Pech gehabt«

Verstehen Sie es als deutlichen Hinweis darauf, dass eine Frau ein ungesundes Beziehungsmuster mit sich herumträgt, wenn sie darüber klagt, dass sie bisher immer nur die falschen Männer erwischt hat. Ein paar Fehlgriffe im Liebesleben sollte man jedem zugestehen, die gehören zur persönlichen Entwicklung oft einfach dazu. Aber wenn eine Frau wieder und wieder an den Falschen gerät, dann stecken weder Pech noch Schicksal dahinter, sondern schon System.

»Immer Pech mit den Männern« sollte Sie also hellhörig werden lassen. Da Frauen nun einmal gerne über ihr Liebesleben sprechen, können Sie durch etwas Anteilnahme und Nachfragen schnell herausfinden, ob ihre bisherigen Beziehungen immer wieder aus ähnlichen Gründen gescheitert sind. Falls ja, steckt ein Muster dahinter – und Sie sollten sich gut überlegen, ob Sie selbst vielleicht auch auf diese »Immer-wieder-Liste« gehören oder sich tatsächlich so sehr von ihren Verflossenen unterscheiden, dass Sie diese Klippen gut umschiffen können.

»Ich wusste es sofort!«

Ein anderer Grund, aufmerksam zu werden, verbirgt sich in dem Satz: »Ich wusste sofort, dass du der Richtige bist!« Die Liebe auf den ersten Blick ist eine schöne Geschichte, aber im wirklichen Leben gehört doch ein bisschen mehr dazu. Sie haben sich schließlich auch ein paar Gedanken über sich und Ihre Wünsche gemacht, und bei ihr sollte das genauso sein, wenn das Liebesglück ein Leben lang halten soll.

Frauen, die in einem Mann schon beim Flirten ihren Traumprinzen erkannt haben wollen, sind meistens dringend auf der Suche nach ihm – und greifen dabei nach jedem Strohhalm. Auch wenn Sie alle Qualitäten eines Traummannes haben, bleibt es zweifelhaft, ob eine Frau mit so viel Liebeshunger das überhaupt zu schätzen weiß (für sie zählt nämlich vor allem, dass Sie sich überhaupt für sie interessieren). Dass eine daraus entstehende Beziehung auf tönernen Füßen steht, ist also kein Wunder. Bei aller weiblichen Hellseherei – keine Frau der Welt kann auf den ersten Blick erkennen, was alles an Charakter und Persönlichkeit in Ihnen steckt. Wenn dann eines Tages deutlich wird, dass die Gute sich ihren Traumprinzen doch anders vorgestellt hat, ist ihre Enttäuschung groß, und vermutlich wird sie sich schnell nach einem anderen »Richtigen« umsehen.

»Ich brauche meine Freiheit«

Seine Freiheit braucht in gewissem Sinn jeder. Zu einer Partnerschaft gehört es aber nun einmal, dass man einen Teil seiner Freiheit in die Verbindung zueinander verwandelt: Entscheidungen werden gemeinsam getroffen, Kompromisse geschlossen und der eine passt sich gelegentlich einfach an den anderen an. Manche Frauen haben große Probleme damit, sich auf eine Partnerschaft einzulassen, in der das »Wir« genauso viel Bedeutung hat wie ihr »Ich«. Sie haben Angst, dabei ihre Persönlichkeit aufzugeben oder nicht mehr alle Möglichkeiten nutzen zu können, die ihnen ihr Leben vielleicht noch bietet.

Eine Frau, die betont, dass sie sich von einer Beziehung nicht einengen lassen will, ist vermutlich nicht dazu bereit, überhaupt eine engere Bindung einzugehen. Auch wenn sie nach einem Partner sucht und sich nach Liebe sehnt, können solche Bindungsängste die wirkliche Nähe zueinander von vornherein ausschließen. Wer das Herz einer solchen Frau erobern will, braucht eine Extraportion Geduld und ein gesundes Selbstbewusstsein, damit er ihr Verhalten nicht irgendwann als persönliche Zurückweisung versteht.

Ist sie die Richtige?

Keine Sorge: Es gibt Unmengen von Frauen, die nicht die Spur eines ungesunden Beziehungsmusters zeigen und nur darauf gewartet haben, Ihnen zu begegnen. Sie erkennen sie vor allem daran, dass sie sich beim Date offen und aufgeschlossen verhalten, ohne den Eindruck zu machen, dass sie dringend auf der Suche nach einem Partner sind. Selbstbewusste Frauen, die auch allein glücklich sein können, bringen die besten Voraussetzungen für das große Glück mit, denn sie verstricken sich nicht so leicht in Abhängigkeiten oder leidigen Beziehungs-Spielchen. Beim Date ist Ihnen sicher aufgefallen, in welcher Stimmung Ihre Auserwählte war. Wenn sie entspannt, fröhlich und dazu bereit war, sich einfach einen schönen Abend mit Ihnen zu gönnen, dann kann ich Ihnen gratulieren: Sie haben eine vielversprechende Kandidatin für ein schönes Leben zu zweit entdeckt.

Ein bisschen Mühe sollten Sie ihr schon wert sein ...

Ein besonders gutes Zeichen ist es, wenn Ihre Begleiterin sich bemüht hat, einen guten Eindruck zu hinterlassen, ohne verkrampft oder zwanghaft zu wirken. Wenn sie sich also hübsch gemacht hat, ohne es zu übertreiben, pünktlich am Treffpunkt war (Sie wissen ja, bei Frauen bedeutet das: die vereinbarte Zeit plus zehn Minuten – es sei denn, sie hat sich verfahren), viel über sich erzählt hat, aber trotzdem zuhören konnte, immer ein Lächeln auf den Lippen hatte und nett mit Ihnen geflirtet hat, dann stehen die Chancen sehr gut, dass Sie bei dieser Frau an die Richtige geraten sind! Haben Sie das nächste Date schon vereinbart?

Verliebtheit kann einem manchmal ganz schön die Sinne vernebeln, deshalb sollten Sie sich mit etwas Abstand noch einmal fragen, ob irgendetwas an der Dame Sie konkret gestört hat. Vielleicht war sie ja den ganzen Abend über zwar nicht zugeknöpft, aber eigentlich doch unnahbar. Dann sollten Sie schnellstens herausfinden, ob sie einfach nur schüchtern ist, mit dem letzten Mann schlechte Erfahrungen gemacht hat – oder sich tatsächlich immer so verhält. Überlegen Sie sich dann, wie gut Sie jeweils damit umgehen können.

Oder Ihre Partnerin hat sich benommen wie eine Diva und es Ihnen überlassen, sie den ganzen Abend über zu unterhalten und zu verwöhnen. Manche Frauen können das zwar auf recht charmante Weise, und manche Männer finden es durchaus unwiderstehlich, aber fragen Sie sich ruhig, ob Sie das wohl auch nach zehn Jahren noch so charmant finden wie beim ersten Date. Im Verlauf der nächsten zwei oder drei Treffs stellt sich hoffentlich heraus, ob die Gute nur einen Anfall von weiblichem Größenwahn hatte und sonst ganz normal ist oder ob dies zu ihrer Art gehört. Im zweiten Fall wäre sie für dauerhaftes Glück doch eher eine schwierige Kandidatin.

Über Frauen, die schon beim ersten Date zickig sind und einem das Leben schwer machen, muss ich hoffentlich nicht viel sagen. Zum Glück haben die meisten Männer inzwischen einen intuitiven Zicken-Alarm entwickelt, der sie vor solchen schwierigen Zeitgenossinnen frühzeitig warnt. Hören Sie darauf, wenn gleich beim ersten Date das Warnlicht angeht!

Bloß keine Wiederholungen!

Eines möchte ich Ihnen noch ans Herz legen: Achten Sie darauf, dass Ihre aktuelle Liebste nicht nur eine Neuauflage Ihrer Ex ist! Auch wir Männer sind nun einmal Gewohnheitstiere, und so kann es vorkommen, dass man sich bei aller Auswahl doch wieder eine Frau aussucht, die der Vorgängerin verräterisch ähnlich ist. Seien Sie vorsichtig, denn schließlich wird es seine Gründe gehabt haben, dass die Ex nun eben die Ex und nicht mehr die Frau Ihres Lebens ist! Immerhin sollte es Ihnen relativ leicht fallen, sich in diesem Punkt Klarheit zu verschaffen, denn niemand weiß so gut wie Sie, was mit Ihrer Ehemaligen schief gelaufen ist. Sehen Sie sich also genau an, ob die Neue sich tatsächlich hinreichend von der Alten unterscheidet.

Nach der ganzen gedanklichen Arbeit sollte jetzt eigentlich alles klar sein. Sie wissen, ob Ihnen das Date mit

Ihrer Auserwählten gefallen hat, Sie haben sich angesehen, wie Sie sich mit ihr gefühlt haben, und Sie haben die Auserwählte selbst noch einmal gründlich unter die Lupe genommen. Perfekt! Damit sind alle größeren Hürden überwunden, und der Weg ist frei, um mit Ihrer Traumfrau in eine traumhaft schöne Partnerschaft zu starten!

Einmal ist keinmal – *Warum der erste Sex nicht maßgeblich ist*

Sie haben endlich die richtige Frau gefunden, und so langsam wird es was. Man sieht sich öfter, kennt sich besser, und nach und nach denkt man auch an mehr. Mit dem Sex haben Sie sich hoffentlich bisher noch etwas Zeit gelassen. Ich weiß, dass das nicht immer leicht ist, besonders wenn man sehr verliebt ist. Aber ein kleines bisschen Geduld hat auf jeden Fall seine Vorteile. Nicht zuletzt den, dass sich die Spannung erhöht! Viel wichtiger ist allerdings das, was Sie Ihrer Herzensdame durch Geduld signalisieren – dass Sie nicht auf ein schnelles Abenteuer aus sind, sondern viel weitergehende Absichten haben. Und auch eine Frau, die es ernst meint, wird es im Bett (normalerweise) lieber langsam angehen lassen! Immerhin wollen Sie noch viel Zeit miteinander verbringen, da muss man ja nichts überstürzen.

Zärtliche Zurückhaltung ist eine gute Methode, um ein stabiles Fundament für die Liebe zu bauen. Küssen, Kuscheln und alles, was dazugehört, ergibt sich trotzdem ganz von selbst – genießen Sie dies in vollen Zügen! Mit jeder Berührung und jeder gemeinsam verbrachten Minute wird die Verbindung zwischen Ihnen und Ihrer Traumfrau enger werden. Darüber hinaus kann in der ersten Verliebtheit schon jede kleinste Berührung einem erotischen Feuerwerk gleichkommen. Intensiver werden die Zärtlichkeiten dann sowieso ganz von allein.

Ein bisschen Gelassenheit hilft übrigens auch dabei, der großen Premiere etwas ruhiger entgegenzusehen. Immerhin ist der erste Sex mit der Traumfrau nicht dasselbe wie eine kleine Partyaffäre zwischen Tür und Angel, bei der es tatsächlich nur um das eine geht. Viele Männer neigen dazu, sich umso mehr Gedanken über den Sex zu machen, je mehr ihnen ihre Partnerin bedeutet – und setzen sich damit ganz gehörig unter Druck. Sie zerbrechen sich ziemlich oft den Kopf darüber, ob sie den Erwartungen der Geliebten entsprechen werden und ob ihr bestes Stück deren Ansprüche ebenfalls erfüllen kann. Natürlich gibt es keiner von uns gerne zu, aber in emotionalen Ausnahmesituationen kann der Gedanke an Sex ganz schön viel Stress erzeugen. Zum Glück übernehmen aber normalerweise die Hormone rechtzeitig die Kontrolle über das Denken, sodass dann doch alles wie am Schnürchen klappt!

Um unnötigen Leistungsdruck schon im Vorfeld abzubauen, hilft es sehr, sich erst besser kennen zu lernen, damit mehr Vertrautheit und Vertrauen entstehen können. Und desto leichter ist es, im lang ersehnten Moment einfach loszulassen und zu genießen. Und auch hier gibt es einige Tipps, um den ersten Sex zu einem erinnerungswürdigen Erlebnis zu machen. Und die beginnen wie immer mit etwas gedanklicher Vorbereitung.

Zu dir oder zu mir?

Diese Frage wird sich früher oder später stellen, und sie ist der erste Schritt auf dem Weg unter die Bettdecke. Nicht dass man automatisch beim ersten Besuch zu Hause sofort übereinander herfallen wird, aber die überwiegende Mehrheit aller Paare erlebt den ersten Sex nun mal im eigenen Bett. Die Frage lautet eben nur, ob in ihrem oder in seinem.

Um alle Eventualitäten auszuschließen, sollte Sie der Zustand Ihrer Bude trotz aller Verliebtheit keinesfalls kalt lassen. Immerhin haben Sie eine Frau am Haken, mit der Sie ein Leben lang zusammenleben möchten. Da wäre es schade, wenn sie beim ersten Schritt in Ihre Wohnung entsetzt die Hände über dem Kopf zusammenschlägt (und sei es auch nur innerlich). Frauen legen nun mal ziemlich viel Wert auf ein angenehmes Zuhause.

Der Appartement-Check

Es gibt kaum etwas, das einer Frau mehr über den Charakter eines Mannes verrät als sein Zuhause. Damit der erste Besuch Ihrer Liebsten nicht zum Psycho-Drama wird, sollten Sie sich auch in dieser Hinsicht von Ihrer besten Seite zeigen! Etwas Arbeit müssen Sie zwar eventuell dafür investieren, aber sie lohnt sich auf jeden Fall. Und nicht vergessen: Sie sind kein Junggeselle mehr! Es ist also keine gute Idee, wenn Ihre Wohnung gleich wieder so viel Eigenleben entwickelt, dass jeder Chaosforscher dort seine Studien betreiben könnte.

Worüber Sie sich die geringsten Sorgen machen müssen, ist der Stil Ihrer Wohnung – also bloß nicht gleich einen Innenarchitekten bestellen! Vielmehr sollten Sie darauf achten, in welchem Zustand sie sich befindet. Sie müssen natürlich nicht gleich eine Putzfrau engagieren, die täglich alles auf Hochglanz poliert. Aber auf eines legen die Damen der Schöpfung einfach Wert: auf Sauberkeit. Oder besser gesagt, auf so viel Sauberkeit, wie sie sie einem Vertreter des männlichen Geschlechts zutrauen, der schließlich auch Wichtigeres im Leben vorhat, als zu lernen, wie man Fenster streifenfrei putzt.

Das perfekte Zuhause

Sie können also aufatmen: Ihre Liebste ist sicher nicht ganz so anspruchsvoll, wie Mutter es vielleicht früher einmal war. Auf drei Dinge sollte allerdings jeder Mann achten, der das Auftauchen eines attraktiven weiblichen Wesens erwartet:

1. Es sollte möglich sein, auch auf zehn Zentimeter hohen Stöckelschuhen von der Tür bis zur Couch zu kommen, ohne sich dabei das Genick zu brechen. Und natürlich sollte auch der Rest der Wohnung begehbar und aufgeräumt sein, wenn man wirklich einen guten Eindruck machen will. Das gilt besonders für dreckige Wäsche und umherwandernde Socken. Frauen wünschen sich nun mal ein Zuhause, an dem die Dinge wenigstens nicht im Weg herumliegen, wenn sie schon nicht an ihrem Platz sind.
2. Auch wer seine Küche nur betritt, um Bier aus dem Kühlschrank zu holen und leere Pizzaschachteln abzustellen, sollte rechtzeitig einen Blick hineinwerfen –

und sie von allem befreien, was nach Ansicht der Frauen in einer richtigen Küche nichts zu suchen hat. Dazu gehören vor allem Stapel von dreckigem Geschirr, Leere-Flaschen-Sammlungen, abgelaufene Lebensmittel und Essensreste (vor allem die, die schon leben) sowie alles, was klebt, sei es auf dem Tisch, der Küchenzeile oder dem Boden.

3. Last but not least sollten Sie Ihrem Badezimmer ein bisschen Aufmerksamkeit schenken. Frauen rechnen aus Erfahrung mit dem Schlimmsten, wenn sie ein Männerbad betreten – und wünschen sich nichts mehr, als sich zu wundern, weil es viel sauberer ist als erwartet. Vermutlich liegt ihnen das Bad deshalb am Herzen, weil sie dort so viel mehr Zeit als wir verbringen (allein schon die unzähligen Stunden vor dem Spiegel). Gönnen Sie Ihrem Bad also einen gründlichen Putzdurchgang, wenn Sie weiblichen Besuch erwarten.

Ach so: Das Tüpfelchen auf dem i fehlt natürlich noch – die frische Bettwäsche. Wenn es mit dem ersten Date und der Fortsetzung geklappt hat, brauchen Sie natürlich nicht täglich das Bett frisch zu beziehen. Sauber sollte es im Bett (und darunter) dennoch sein, denn spätestens am Morgen danach räkelt sich jede Frau doch am liebsten zwischen frisch duftenden Laken!

Die richtige Atmosphäre

Erotik ist zu einem guten Teil nicht nur von inneren, sondern auch von äußeren Faktoren abhängig, also von der richtigen Atmosphäre. Indem Sie für eine schöne Stimmung sorgen, können Sie daher ganz geschickt dazu beitragen, dass im Bett auch alles nach Wunsch verläuft! Ich persönlich würde Ihnen beim ersten Sex mit der Frau Ihres Lebens zu einer entspannten Atmosphäre raten, denn aufregend wird es sicher ganz von allein. Mithilfe von Licht, Duft und Musik lässt sich aus jedem noch so kargen Schlafzimmer ein idealer Platz für die Liebe zaubern. Die Kunst dabei ist, damit nicht zu übertreiben. Wenn auf Knopfdruck das Licht gedimmt wird, ein Springbrunnen plätschert und sexy Kuschelmusik erklingt, fragt sich garantiert jede Frau, an welchen professionellen Verführer sie denn nun geraten ist. Und auch dutzende von Kerzen und massenhaft Räucherstäbchen sind nicht angesagt – schließlich wollen Sie ja nicht riskieren, dass mitten im schönsten Moment plötzlich die Feuerwehr vor der Tür steht.

Die Grundregeln für eine ganz entspannte Atmosphäre sind in Wirklichkeit ganz einfach: kein grelles Licht, kein Lärm, keine Störungen und keine schlechte Luft. Ob Sie dafür nun die eine oder andere Kerze anzünden oder einfach nur die hellste Lampe ausschalten, ist eine Frage Ihres persönlichen Geschmacks. Das Gleiche gilt für die Musik, die Sie auswählen, und ob Sie mit Duftkerzen oder ätherischen Ölen für einen zarten Duft im Raum sorgen oder lieber nur ausgiebig frische Luft hereinlassen. Keine Kompromisse sollte es dagegen beim Thema »Bitte nicht stören« geben! Das Telefon sollten Sie ausstöpseln und eventuelle Mitbewohner müssen draußen bleiben!

Der Geheimtipp für die richtige Stimmung ist wie immer ganz einfach, aber unglaublich wirkungsvoll (und wichtig!): Sorgen Sie dafür, dass es kuschelig warm ist! Auch wenn Sie sonst beim Heizen lieber sparen, sollten Sie eine Ausnahme machen, wenn Ihre Liebste Sie besucht. Es gibt kaum etwas, das einer Frau so schnell die Lust verdirbt wie kalte Füße und Zitterpartien, sobald man sie von ihrer Kleidung befreit!

Geplant oder spontan?

Diese Frage stellen sich die meisten von uns, wenn es um den ersten Sex geht. Schließlich denken wir ja doch ziemlich bald daran, wie es wohl sein wird und wann es endlich so weit ist. Und eben auch, ob wir das erste Mal gezielt vorbereiten oder es lieber ganz spontan passieren lassen sollten. Grundsätzlich ergibt es sich einfach, dass man sich mit der geliebten Frau früher oder später an einem ungestörten Ort wiederfindet – der Weg ins Bett ist oft kürzer, als man denkt. Außerdem gehören ja auch zwei dazu, sodass es reichlich unrealistisch wäre, Sex zu einem bestimmten Zeitpunkt einzuplanen. Wenn beide den Moment für richtig halten, wird sich alles Weitere ganz von allein ergeben.

Ein bisschen Vorbereitung kann trotzdem nicht schaden, auch wenn man noch nicht weiß, wann der Zeitpunkt gekommen ist. Deshalb auch die Tipps fürs Zuhause und die richtige Stimmung – wenn die Geliebte in der Tür steht, bleibt kaum noch Zeit, um aufzuräumen oder Kerzen kaufen zu gehen.

So verliebt man auch sein mag (und so sehr die Hormone womöglich Amok laufen), so wichtig ist ein kleines bisschen Planung, wenn es um Verhütung geht. Selbst wenn Sie Ihrer Süßen am liebsten sofort einen Heiratsantrag machen würden und sich sowieso ein halbes Dutzend Kinder wünschen, sollten Sie vielleicht doch nicht gleich alle Vorsicht über Bord werfen – und vermutlich sieht die Frau Ihres Herzens das ganz ähnlich.

Ein moderner Gentleman überlässt dieses zugegebenermaßen manchmal lästige Thema nicht einfach so seiner Liebsten. (Außerdem gibt es immer wieder Frauen, die im Eifer des Gefechts selbst nicht daran denken.) Daher sollten Sie auf jeden Fall eine Packung Kondome besorgen – und auch eines benutzen. Falls Ihre Partnerin die Pille nimmt oder andere Methoden parat hat, wird sie es sicher sagen, doch immerhin haben Sie den Teil Ihrer Verantwortung schon übernommen!

Alkohol – von Lust und Last

»Ein Gläschen in Ehren kann niemand verwehren«, aber nur, solange auf eines nicht noch eins und noch eins und noch viele mehr folgen. Sex und Alkohol ist ein Thema für sich, und weil es auch den ersten Sex mit der Frau Ihrer Träume betreffen könnte, schadet es nicht, darüber ein paar Worte zu verlieren. Wir wissen es ja alle: Ein bisschen Alkohol wirkt äußerst anregend und hilft ganz hervorragend dabei, lästige Hemmungen zu verlieren. Manch einer hat sich beim ersten Date oder gar dem allerersten Mal an diese Weisheit gehalten und ist damit baden gegangen, weil er die Dosierung nicht im Griff hatte. Während kleine Mengen Alkohol durchaus dazu beitragen können, den Weg ins Bett schneller zu finden und dort viel Spaß zu haben, sorgt das berühmte Glas zu viel dagegen für Frust. Man schläft schnell ein und hat sich im schlimmsten Fall zuvor noch ordentlich blamiert.

Wer zu viel getrunken hat, dem fällt es schwer, den Sex mit allen Sinnen zu genießen, denn ein Großteil davon ist dann mit Sicherheit schon abgeschaltet. Nicht selten hängt es vom Alkoholkonsum ab, ob Mann mit Standschwierigkeiten kämpfen muss. Kein Wunder: Von medizinischer Seite ist inzwischen längst bestätigt, dass nur sehr kleine Mengen Alkohol die Potenz fördern, während größere … – nun ja, Sie wissen es ja selbst.

Zu guter Letzt kann die Mischung aus Sex und zu viel Alkohol schnell dazu führen, dass man sich am nächsten Morgen verunsichert fragt, ob das, was man letzte Nacht getrieben hat, wirklich so schlau war. (Oder dass man sich sogar fragen muss, was da überhaupt abgelaufen ist, falls man sich an nichts mehr erinnern kann.) Im Großen und Ganzen lohnt es sich also, lieber liebestrunken als alkoholtrunken zusammen ins Bett zu gehen – und das gilt erst recht fürs erste Mal.

Verführungsstrategien

Kommen wir endlich zum Kern der Sache – zu ein paar Basics in Sachen »Verführungsstrategie«. Sie können es nicht mehr erwarten, mit ihr ins Bett zu kommen, und Ihre Liebste zeigt Ihnen, dass sie auch mehr will. Natürlich möchte sie sich jetzt nach allen Regeln der Kunst von Ihnen verführen lassen. Nun, daran soll es nicht scheitern! Um die Kunst der Verführung zu beherrschen, müssen Sie weder Volkshochschulkurse belegen noch umfangreiche Ratgeber wälzen – das Talent dazu bekommt jeder Mann praktischerweise in die Wiege gelegt. Sobald Sie dem Ziel Ihrer Träume näher kommen und erst einmal Haut auf Haut spüren, werden Sie ohnehin das meiste vergessen, was Sie sich vorher mühsam gemerkt haben. Das »Denken« wird dann immer mehr vom Bauch übernommen. Und das ist auch gut so: Frauen schätzen es, wenn ihr Partner fürs Leben sich auch im Bett natürlich verhält – hier geht es schließlich mehr um Persönlichkeit als um filmreife Meisterleistungen.

Deshalb folgen hier nur die wichtigsten, grundlegenden Tipps zur Kunst der Verführung, die Ihnen verraten, was die Damen der Schöpfung sich tatsächlich vorstellen. Wie sie dieses Wissen in die Tat umsetzen, überlasse ich lieber Ihnen, denn dann kommt Ihr persönlicher Stil besser zum Vorschein – und auf den kommt es schließlich an.

Sanfte Küsse und Streicheleinheiten

Manche Frauen stehen auf Blümchen-Sex, andere lieben die wildesten Spiele, aber bei den ersten Verführungsversuchen wünschen sich praktisch alle Frauen das Gleiche: Zärtlichkeit, Streicheleinheiten und viele, viele Küsse. Sie lieben es, wenn man sich Zeit lässt und nicht zu schnell zur Sache kommt. Und wenn die Verlockung für sie so groß wird, dass sie sich nicht mehr zurückhalten können und kurzerhand die Initiative ergreifen.

Der weibliche Körper kann sich zu hundert Prozent in eine erogene Zone verwandeln, wenn man es nur richtig anstellt. Dann genügt schon die leichteste Berührung, um ihr einen Schauer über die Haut laufen zu lassen. Um so weit zu kommen, braucht man nicht viel: eigentlich nur seine Lippen, seine Hände und ein bisschen Spaß am Spielen. Damit erobert man ihren Körper dann einfach Zentimeter für Zentimeter und Stückchen für Stückchen!

Übrigens mögen es nur sehr wenige Frauen, wenn man dabei wie ein D-Zug vorprescht und sich gleich an ihrem Busen oder zwischen ihren Beinen verirrt. So schwer es auch fallen mag – lassen Sie sich unbedingt so viel Zeit wie möglich. Erkunden Sie stattdessen lieber erst einmal mit Küssen ihre Hände und ihr Gesicht – neben den Lippen sind auch Wangen, Schläfen und Stirn für zärtliche Zuwendungen besonders empfänglich.

Bei zartem Knabbern am Ohrläppchen werden manche Frauen besonders schwach. Andere dagegen lassen sich lieber im Nacken küssen oder kraulen, und wenn Frauen schnurren könnten wie Katzen, würden sie es dabei sicher tun. Auch an Beinen, Füßen und Rücken lassen sich Frau immer gerne streicheln. Und natürlich küssen, denn schließlich sind nicht nur die Lippen dazu da, geküsst zu werden!

Massage und mehr

Auch eine zärtliche Massage eignet sich für Verführungszwecke, wenn man sich auch nur ein klein wenig damit auskennt. Es geht ja schließlich nicht darum, tatsächlich verspannte Muskeln zu lockern, die werden später noch ganz von allein weich. Manche Frauen täuschen sogar gezielt Verspannungen vor, weil eine Massage so schön prickelnd sein kann und die Partner sich schnell ausgiebiger miteinander beschäftigen. Sanftes Drücken und Kneten sind gute Methoden, um nach und nach ihren gesamten Körper zu erkunden, und früher oder später löst man die Massage einfach durch sanfte Streicheleinheiten und Küsse ab. Weiterer Vorteil einer Massage: Die Dame muss sich dafür schon einmal aus der obersten Kleidungsschicht befreien – und spätestens, wenn Sie sich küssend in den Armen liegen, sollten Sie es ihr gleichtun.

Es mag vielleicht auf den ersten Blick etwas anstrengend erscheinen, sich mit den Basics der Partnermassage beschäftigen zu müssen, um sich dahin vorzuarbeiten, wo man eigentlich hin will, doch der kleine Umweg lohnt sich auf jeden Fall! Jede noch so kleine Berührung führt schließlich dazu, dass man sich besser kennen lernt und näher kommt – und gerade mit ein paar gezielten Massagegriffen und duftendem Lavendel- oder Mandelöl können Sie jede Frau zum Schmelzen bringen.

Erwartungen? Nein danke!

Auch wenn es im Kino oft anders aussicht: Der erste Sex spielt in lange dauernden Beziehungen gar keine so große Rolle. Immerhin werden Sie auch anschließend noch jede Menge Zeit haben, Ihre Leidenschaft in vollen Zügen auszuleben. Und wahrscheinlich werden Sie das Zusammensein von Mal zu Mal mehr genießen! Ich kann Ihnen daher nur raten, vom ersten Mal nicht zu viel zu erwarten. Nicht dass die Gefahr für einen Flop besonders groß wäre, aber wer nichts erwartet, kann nicht so leicht enttäuscht werden. Ganz im Gegenteil, er wird sicher schöne Überraschungen erleben. Eins ist aber klar: Auch wenn der Reiz des Unbekannten beim ersten Mal die Spannung erhöht, wird Sex normalerweise umso intensiver, je besser man sich kennt.

Beim ersten Mal kann man nicht verlangen, schon ein eingespieltes Team zu sein. Daher hat es überhaupt nichts zu bedeuten, wenn sich das sexuelle Feuerwerk dabei noch in Grenzen hält. Wir Männer haben es da leicht – ab einem gewissen Punkt läuft der sexuelle Urinstinkt ab und sorgt dafür, dass wir genau dorthin gelangen, wo wir im Grunde hinwollen: zum Orgasmus (zumindest schon mal zum eigenen).

Tempolimit

Die Damenwelt hat es dagegen nicht immer ganz so leicht – manchmal (und gar nicht so selten) sind Männer ihnen nämlich einfach zu schnell. Beim ersten Sex ist das eine besondere Gefahr, denn dann ist das Begehren oft kaum zu zügeln, und entsprechend schnell kommt dann auch der Höhepunkt. Doch Vorsicht: Setzen Sie sich deshalb bloß nicht noch zusätzlich unter Druck. Im schlimmsten Fall wird das nämlich dazu führen, dass es noch schneller geht oder dass umgekehrt gar nichts mehr klappt.

Die beste Strategie ist immer noch, eine kleine Pause einzulegen, wenn man bemerkt, dass man mit weitem Vorsprung aufs Ziel zusteuert, und die Partnerin solange mit Mund und/oder Händen zu verwöhnen. Der Trick dabei ist, sich nicht zu verkrampfen (weder vor Zurückhaltung noch vor lauter Anstrengung!) und vor allem nicht gleich alles zu erwarten. Gleichzeitig zum Orgasmus zu kommen ist zwar wunderschön, aber bei weitem nicht der Normalfall – schon gar nicht beim ersten Mal. Man sollte seiner Partnerin allerdings schon zeigen, dass man nicht nur an sich denkt. Schon allein deshalb sind kleine Pausen angebracht.

Schenken Sie ihr Ihre Aufmerksamkeit

Aus Frauensicht ist es am wichtigsten, dass Sie beim ersten Sex nicht zu egoistisch sind (und möglichst auch nicht bei allen folgenden Malen). Das gilt vor allem für danach! Viele Männer wünschen sich nach dem Höhepunkt nichts als Ruhe – sie müssen ja erst mal vom Gipfel der Lust wieder nach unten kommen. Die meisten Frauen wissen das zwar, aber sie haben ihre eigenen Bedürfnisse, und zwar nach Nähe und Zuwendung. Wer seine Liebste glücklich machen will, der sollte sie danach wenigstens im Arm halten und zärtlich zu ihr sein. Selbst wenn er es nicht schafft, auch nur ein Wort über seine Lippen zu bringen, verstehen viele Frauen diesen kleinen Liebesbeweis sehr gut.

Ein absoluter Fauxpas beim ersten Sex wäre es dagegen, sich danach einfach zur Seite zu rollen und einzuschlafen. Nach einigen Monaten kann eine Frau es verstehen, wenn bei ihrem Herzblatt nach dem Liebesspiel ab und zu alle Sicherungen ausgehen und er sofort ins Halbkoma verfällt. Beim ersten Mal würde es den meisten Frauen jedoch eher das Gefühl geben, dass er jetzt hat, was er will, und sich nicht weiter für sie interessiert – und das ist natürlich nicht gerade der Hit!

Der Geheimtipp für Sex (und nicht nur für den ersten) ist ganz einfach: Nehmen Sie auf jeden Fall Ihren Humor mit ins Bett! Mit Spaß und guter Laune wird jede Liebesstunde doppelt so schön, und kleine Pannen und Ausrutscher verlieren ihren Schrecken. Solange man sich gemeinsam wohl fühlt und das Ganze als ein sehr, sehr schönes Spiel betrachtet, lässt man sich auch nicht von unsinnigen Erwartungen beeinträchtigen.

Sex und Partnerschaft

Wie lang, wie oft, wie schnell – um diese Fragen ranken sich im Bezug auf Sex immer noch einige Mythen, die eher ins Reich der Märchen als in die Realität einer Partnerschaft gehören. Es gibt in Wirklichkeit nicht den geringsten Anlass, sich wegen solcher angeblicher »Leistungsmerkmale« in irgendeiner Weise unter Druck zu setzen. Der Grund dafür: Jedes Paar lebt und erlebt seine Sexualität unterschiedlich. Was für den einen Mann der Gipfel all seiner Träume ist, kann für den anderen völlig uninteressant sein – und genauso geht es auch den Frauen.

Jedes Paar liebt anders

Wer sich wünscht, dass das Liebesglück mit seiner Traumfrau ein Leben lang anhält, der vergisst also am besten schnellstens alles darüber, wie Sex sein sollte. Stattdessen geht es darum herauszufinden, wie es mit seiner Liebsten am schönsten ist – und zwar jedes Mal aufs Neue. Immerhin gibt es nur zwei Menschen im Universum, die damit zufrieden sein sollten, was in ihrem Bett passiert: Ihre Partnerin und Sie! Abenteuerliche Geschichten und angebliche Normen zählen für das wahre Liebesglück kaum, Ihre individuellen Bedürfnisse dafür umso mehr. Erlaubt ist alles, was beiden gefällt und niemandem wehtut.

Genauso wichtig wie das, was im Bett passiert, ist die Frage, welche Bedeutung Sex generell für die Partnerschaft hat. Für manche Paare bedeutet Sex nur eine schöne kleine Nebensache unter vielen anderen Gemeinsamkeiten, während er für andere den Grundpfeiler darstellt, auf dem ihre ganze Liebe steht. Bevor Sie sich also den Kopf über das Wie, Wo und Wie oft zerbrechen, sollten Sie die Zeit viel lieber damit verbringen, im Bett Spaß miteinander zu haben und herauszufinden, wie wichtig die Sexualität für Sie und Ihre Traumfrau ist! Und wenn Sie einmal unsicher sind, wie Ihre Partnerin die Sache sieht oder was ihr am besten gefällt, dann gibt es einen einfachen Trick: Fragen Sie sie!

KLARE SICHT
NACH DER ROSAROTEN BRILLE

Laut Psychologen klärt sich die Sicht durch die berühmte rosarote Brille nach rund 60 Tagen wieder, und was dann zum Vorschein kommt, kann einen ganz schön derb auf den Boden der Tatsachen zurückholen. Umso wichtiger ist es, schon vorher darauf zu achten, dass die Erwählte auch wirklich die Richtige ist. Trotzdem ist es nun mal eine Tatsache, dass Liebe blind macht. Zumindest uns Männer, denn es ist vor allem das Testosteron, das im Hormonrausch der ersten Verliebtheit den Verstand kurzerhand abschaltet. Diese hormonell gesteuerte Verliebtheit ist im Durchschnitt nach drei bis sechs Monaten zum größten Teil verflogen – spätestens dann landen Paare unsanft im Alltag, und der hat schon so mancher vielversprechenden Beziehung nach kürzester Zeit den Garaus gemacht. Um das zu vermeiden, können Sie einiges tun. Was das konkret ist, verrate ich Ihnen auf den folgenden Seiten. Wenn Sie erst einmal Ihre Traumfrau gefunden haben, werden Sie sicher nicht wollen, dass Ihr Liebesglück an lästigen Alltagsproblemchen scheitert.

Liebe macht blind

Es hat durchaus seine Vorteile, wenn die rosaroten Liebeswolken verblassen und die Dinge wieder deutlicher zu sehen sind: Denn das gibt Ihnen die Möglichkeit, noch einmal genauer hinzuschauen, bevor Sie Ihre neue Partnerschaft in allzu feste Formen gießen. Ich will Sie natürlich nicht zu unnötigen Zweifeln verleiten, aber Sie sollten sich noch einmal mit der Frage beschäftigen, ob Sie wirklich Ihre Traumfrau gefunden haben. Sie wissen ja: Je länger die Beziehung andauert, desto schmerzhafter ist das Erwachen, falls sie es doch nicht sein sollte.

Machen Sie sich nichts vor. Schauen Sie sich mit klarem Blick an, ob Sie wirklich glücklich mit Ihrer Auserwählten sind. Erobert haben Sie sie immerhin schon, Ihre männlichen Urinstinkte sollten also erst einmal befriedigt sein. Und ob im Bett alles zufriedenstellend läuft, das haben Sie inzwischen ja sicher auch schon herausgefunden. Was bleibt, ist vor allem die große Frage, ob Sie auch im Alltag gut miteinander auskommen. Denn bei aller Liebe ist das alltägliche Einerlei nun einmal das, womit Sie in den kommenden gemeinsamen Jahren einen großen Teil Ihrer Zeit verbringen werden.

Der Alltags-Check

Der erste Liebestaumel ist verflogen, der einem vorher das klare Denken fast unmöglich gemacht hat, und es kehrt wieder etwas Normalität ins Leben ein – sowohl bei Ihnen als auch bei ihr. Während man in den ersten Wochen der Verliebtheit Freunde und Familie gerne links liegen lässt, mit der neuen Traumfrau auch auf einer einsamen Insel glücklich wäre und oft sogar die Arbeit ein wenig schleifen lässt, kann die Sache nach einer Weile schon ganz anders aussehen. Auf Dauer kann es sich keiner leisten, für ein gemeinsames Wochenende auf einen neuen Auftrag zu verzichten oder seine Freunde vor den Kopf zu stoßen, weil man schon wieder keine Zeit für sie hat.

Vor allem aber stellt sich nun langsam heraus, ob das Zusammenleben tatsächlich funktioniert und ob Alltag und Beziehung überhaupt vereinbar sind. Schließlich werden Sie kaum von nun an alles anders machen, nur um sich dem Leben Ihrer Liebsten anzupassen – und von ihr werden Sie das hoffentlich auch nicht erwarten. Wer das eigene Leben völlig aufgibt, müsste auch große Teile seiner Persönlichkeit einfach unter den Tisch fallen lassen. Und auf dieser Grundlage kann auf keinen Fall das wahre Liebesglück wachsen, denn irgendwann werden Sie todunglücklich, wenn Sie Ihre Bedürfnisse unterdrücken müssen.

Geben Sie nie Ihre Persönlichkeit auf!

Sehen Sie sich in Ruhe all die kleinen Dinge an, die das Zusammenleben mit sich bringt. Passen Sie und Ihre Partnerin dabei gut zusammen? Falls Sie wirklich Ihre Traumfrau gefunden haben, sollte es keine großen Probleme geben. Bedenken Sie aber auch, dass alles, was Sie jetzt mit Freuden für Ihre Liebste tun, auch in fünf Jahren noch akzeptabel für Sie sein sollte. Die Klodeckelfrage ist ein hervorragendes Beispiel dafür: 90 Prozent aller Frauen bestehen darauf, dass der Deckel geschlossen wird, während mehr als die Hälfte aller Männer daran keinen Gedanken verschwenden – das Ding soll schließlich nur einsatzbereit sein. Die erste Verliebtheit bringt eine enorme Rücksichtnahme hervor, die fast alle Männer in Klodeckelschließer verwandelt. Ist diese Phase vorbei, ist jedoch alles wieder beim Alten – außer dass man nun eine Partnerin hat, die möglicherweise irgendwann Mordgelüste verspürt, sobald sie das Bad betritt.

Zum Glück sind offen stehende Klodeckel meist kein so gravierendes Problem, dass sie als Trennungsgrund (oder gar Mordmotiv) ausreichen: Mit etwas gegenseitiger Anpassung (er versucht, daran zu denken) und Akzeptanz (sie nimmt es ihm nicht übel, wenn er es mal wieder vergisst) kann man derartige banalen Kleinigkeiten gut in den Griff bekommen. Das Dumme ist nur, dass sich oft so viele Details zusammenballen, dass es bald kaum noch Bereiche gibt, in denen ihn oder sie nicht irgendetwas stören würde. Die wahre Liebe sollte natürlich über solchem Kleinkram stehen, aber im täglichen Zusammenleben hilft es ungemein, wenn man mögliche Streitpunkte schon frühzeitig durch kleine Kompromisse entschärft.

Frühaufsteher versus Langschläfer

Das Lexikon definiert den Begriff »Kompromiss« als Übereinkunft durch gegenseitige Zugeständnisse. »Gegenseitig« ist dabei das wichtige Wort, denn wenn nur einer nachgibt, kann von Kompromiss keine Rede sein. Beim Thema Liebe denkt man vielleicht im ersten Moment nicht an Zugeständnisse, aber sie sind nun mal Teil einer dauerhaften Partnerschaft. Zum Liebesglück gehören schließlich immer zwei – und beide sollten glücklich sein.

Ein klassischer Fall, in dem ein guter Kompromiss ein glückliches Zusammenleben fördert, ist die Beziehung zwischen einem Frühaufsteher und einem Langschläfer. Gelegentlich treffen zwei Menschen aufeinander, von denen der eine beim ersten Sonnenstrahl gut gelaunt aus dem Bett springt und sofort etwas unternehmen möchte, während der andere sich nichts mehr wünscht, als zu schlafen und so lange im Bett zu bleiben, bis er (oder sie) es dort wirklich keine Minute länger mehr aushält. Wenn er oder sie dann außerdem noch ein ausgeprägter Morgenmuffel ist, der vor dem Frühstück nichts von der Welt wissen will, sind Probleme kaum zu vermeiden. Tatsächlich gibt es Beziehungen, die nur daran scheitern, dass unterschiedliche Schlafbedürfnisse immer wieder aufs Neue aufeinander prallen und zu Streit führen, während andere Paare mit diesem Problem klarkommen.

Im letzten Fall ist ein gelungener Kompromiss die Basis, der normalerweise so aussieht: An manchen Tagen schleicht der Frühaufsteher lautlos aus dem Bett und unternimmt allein etwas (und macht dann vielleicht irgendwann das Frühstück für den Langschläfer), an anderen Tagen stellt sich die geborene Nachteule schon abends darauf ein, am nächsten Morgen früh geweckt zu werden und etwas zu unternehmen (aber auf jeden Fall erst nach einem richtigen Frühstück). Das funktioniert deshalb, weil beide Partner einerseits den anderen so akzeptieren, wie er nun einmal ist, und ihm andererseits immer wieder ein ganzes Stück entgegenkommen, was ja auch als Beweis wahrer Liebe gilt.

Die lieben Freunde

Freunde und Familien treten meistens erst nach einer gewissen Anfangsphase in das Leben eines frisch gebackenen Paares – was zuweilen katastrophale Auswirkungen hat. Was soll man tun, wenn die eigenen Freunde die Neue ganz und gar nicht gut finden oder eine der Familien alles andere als begeistert von der neuen Beziehung ist? Während der eine das Umfeld des anderen kennen lernt, kann das beginnende Glück durchaus auf eine harte Probe gestellt werden. Trotzdem sollte man nicht zögern, die Neue der Familie und dem eigenen Freundeskreis vorzustellen. Und sich auch nicht scheuen, ihre Umgebung genauer kennen zu lernen. Schließlich machen sowohl der Freundeskreis als auch die Familie einen wichtigen Teil des eigenen Lebens aus – und das will man ja voll und ganz mit seiner Liebe teilen!

Auch wenn Ihre Erzählungen über die neue Flamme nicht sehr wohlwollend aufgenommen werden, sollten Sie lieber früher als später dafür sorgen, dass alle Beteiligten sich persönlich kennen lernen. So hat sich schon manch ein vermeintliches Problem überraschend in Luft aufgelöst!

Nur nicht gleich verzagen

Wenn Ihre Auserwählte auch nach dem ersten Kennenlernen von Ihren Freunden oder Ihrer Familie nicht akzeptiert wird, sollten Sie versuchen, den Kern des Problems zu finden. Manchmal kommt eine neue Liebe nicht sofort gut an, weil den Menschen um Sie herum Ihre Ex noch in guter Erinnerung ist. Vielleicht war ihnen die lieber oder sie befürchten, dass Sie offenen Auges ins Unglück rennen (und wieder die Folgen allein tragen müssen). Sie sollten auf keinen Fall verzagen, wenn Ihre Liebste in Ihrem Umfeld nicht mit offenen Armen aufgenommen wird. In den allermeisten Fällen lösen sich solche Probleme mit der Zeit ganz von allein, wenn sich alle Beteiligten besser kennen gelernt haben und Ihre Freunde sehen, dass Sie mit der Dame auch länger glücklich sind.

Wenn Freunde oder Familienmitglieder Ihre neue Partnerin dagegen aus einem konkreten Grund nicht leiden können, ist es immer noch am besten, in Ruhe mit ihnen darüber zu sprechen. Allerdings besser in Abwesenheit Ihrer Süßen, denn für sie ist es viel leichter, mit den Betreffenden umzugehen, wenn sie nicht weiß, dass sie ihnen zu jung, zu fremd, zu schick, zu weltoffen oder weiß der Himmel was ist. Geben Sie nicht zu schnell die Hoffnung auf, auch wenn Ihr Umfeld zunächst ablehnend bleibt. Wahre Freunde werden Ihnen Ihr Glück sicherlich gönnen und früher oder später auch Ihre Liebste akzeptieren.

Vorsicht vor falschen Freunden!

Allerdings sollten Sie sich auf jeden Fall dagegen wehren, wenn ihnen jemand Ihre Auserwählte grundlos schlecht reden will. Solche Intrigen kennt man zwar eigentlich nur aus dem Fernsehen, aber manchmal greifen Menschen in der näheren Umgebung zu solchen Mitteln, wenn ihnen die Neue einfach nicht passt. Achten Sie also gut darauf, wer Ihnen was erzählt! Und denken Sie immer daran, dass niemand Ihre Auserwählte so gut kennt wie Sie – und dass immerhin Sie mit ihr leben wollen und nicht Ihre Freunde. Dasselbe gilt natürlich auch für die Familie.

Das heißt keinesfalls, dass Sie Ihrem gesamten sozialen Umfeld den Laufpass erteilen sollen, nur weil Ihre Liebste dort nicht willkommen ist. Die Menschen, denen etwas an Ihnen liegt, werden Ihre Entscheidung für diese spezielle Frau akzeptieren. Wie gesagt: Es geht hier ausschließlich um Ihr Liebesglück!

Und die Freunde Ihrer Traumfrau?

Dasselbe gilt, wenn die Freunde oder die Familie Ihrer Liebsten sich Ihnen gegenüber entsprechend verhalten. Vielleicht hatten deren Freundinnen einen anderen Mann für sie im Auge, oder die Familie fürchtet, dass die Liebe nicht lange hält – man kann ja nie wissen, worüber andere sich so den Kopf zerbrechen.

Das Beste, was Sie in solchen Fällen tun können, ist, ganz Sie selbst zu bleiben und an Ihrer Liebe zueinander festzuhalten. Immerhin wollen Sie weder mit der Mutter noch mit der besten Freundin Ihrer Auserwählten zusammenleben, sondern mit ihr selbst! Trotzdem können Sie versuchen, alle Beteiligten von sich zu überzeugen. Geben Sie ihnen die Gelegenheit, Sie besser kennen zu lernen. Dafür müssen Sie nicht gleich einen gemeinsamen Urlaub planen – gelegentliche Treffen reichen völlig aus. Je ungezwungener diese Situationen sind, desto leichter wird es Ihnen fallen, mit jedem mal ins Gespräch zu kommen. Die Familienfeier zu Weihnachten bietet sicher nicht die optimale Gelegenheit. Besser eignen sich kurze Besuche ohne besonderen Grund oder ein gemeinsames Abendessen im Restaurant.

Die meisten skeptischen Freunde und Verwandten wollen nur eins: dass die Freundin, die Tochter, die Nichte usw. wirklich glücklich wird. Und das wollen Sie ja schließlich auch! Nach und nach werden sie bemerken, wie sehr Sie die Dame Ihres Herzens lieben. Achten Sie darauf, sich immer von Ihrer besten Seite zu zeigen, wenn Sie im Umfeld Ihrer Liebsten unterwegs sind. Und zwar vor allem ihr gegenüber! Keine Frau würde es besonders lustig finden, wenn ihr Neuer ihrer besten Freundin oder Schwester mehr Aufmerksamkeit schenkt als ihr selbst, selbst wenn sie weiß, dass er nur das Eis brechen will.

Pluspunkte können Sie am besten sammeln, indem Sie konsequent offen und freundlich bleiben – und in jedem Moment zeigen, dass Sie der ideale Partner für Ihre Auserwählte sind. Dann wird auch den kritischsten Freundinnen irgendwann die Puste ausgehen, und sie werden zugeben müssen, dass sie sich wohl in Ihnen getäuscht haben.

Vor einer Stolperfalle sollten Sie sich unbedingt hüten: Lassen Sie sich nicht dazu hinreißen, vor Ihrer Liebsten schlecht über ihren Freundeskreis oder ihre Familie zu reden. Sogar wenn ihre Mutter ein alter Drachen, die beste Freundin ein verrücktes Huhn und ihr Bruder ein aufgeblasener Macho sein sollte, darf doch kein böses Wort über Ihre Lippen kommen! Wahrscheinlich weiß Ihre neue Partnerin ganz genau, welche Macken ihre Freunde, Geschwister usw. haben; dennoch liegt ihr sicher viel an diesen Menschen. Bleiben Sie also immer tolerant, vor allem, wenn die Abneigung auf Gegenseitigkeit beruht.

Schließlich wollen Sie, dass Ihre Traumfrau Ihnen viel Platz in ihrem Herzen einräumt – das wird sie nur tun, wenn Sie gelassen bleiben und gar nicht erst versuchen, ihre Freundinnen oder ihre Familie zu verdrängen.

Nobody's perfect

Bei aller gebotenen Vorsicht: Wenn Sie den einen oder anderen Fehler an Ihrer vermeintlich perfekten Traumfrau entdecken, ist das noch kein Grund, das Handtuch zu werfen. Immerhin sind wir alle nur Menschen, jeder von uns hat wenigstens ein paar kleine Macken. Der Trick besteht darin abzuwägen, wie wichtig oder störend bestimmte Punkte für Sie sind. Und bevor Sie eine schwerwiegende Entscheidung treffen, sollten Sie erst einmal über alles reden, statt die Sache sang- und klanglos hinzuwerfen. Wenn Sie bisher mit Ihrer Liebsten alle Klippen umschifft haben und glauben, dass sie tatsächlich die Richtige ist, wäre da nicht diese kleine, störende Sache, dann empfiehlt sich ein klärendes Gespräch. Denn so kommunikationsunfähig sind wir Männer ja nun auch wieder nicht, dass wir nicht ein paar offene Worte mit unserer Partnerin wechseln könnten!

Besonders wenn es im Alltagsleben Unstimmigkeiten gibt, sollten Sie kein Blatt vor den Mund nehmen. Natürlich ist es sinnvoll, Probleme möglichst charmant an den Mann – pardon, die Frau zu bringen. Dennoch muss man sie überhaupt erst einmal konkret aussprechen, um gemeinsam eine Lösung finden zu können. Und das sollten Sie auf jeden Fall immer zuerst tun!

Warum Perfektion nicht alles ist

In großen Teilen dieses Buches geht es darum, wie Sie die richtige Frau zum Glück finden – die perfekte Partnerin eben. Das bedeutet vor allem, dass Sie nach einer Frau Ausschau halten sollten, die so gut wie möglich zu Ihnen passt und Ihren Träumen zumindest im Großen und Ganzen entspricht. Doch bei aller Perfektion wird es auch in der harmonischsten Beziehung gelegentlich Meinungsverschiedenheiten geben. Selbst die beste Frau wird ihren eigenen Kopf haben – gottlob, denn sonst wäre es mit ihr in allerkürzester Zeit sterbenslangweilig.

Das wahre Liebesglück besteht nicht so sehr darin, jemanden zu finden, der einem alle Wünsche von den Augen abliest (sonst könnte man auch einen Butler engagieren). Der Reiz einer guten Partnerschaft besteht vielmehr gerade darin, dass zwei Menschen mit ihrer jeweils eigenen Persönlichkeit gemeinsam glücklich sind! Urteilen Sie also nicht zu hart, wenn Ihre Liebste nicht hundertprozentig Ihren Wünschen entspricht. Auch mit 90 Prozent können Sie der glücklichste Mann der Welt sein (wenn die übrigen zehn Prozent nicht gerade etwas betreffen, was Sie täglich an den Rand des Wahnsinns treibt).

Falls Sie sich trotz allem nicht sicher sind, ob die Dame Ihrer Wahl wirklich die Richtige ist, kann ich Ihnen nur folgenden Ratschlag geben: Hören Sie auf Ihr Herz! Es verrät Ihnen ganz bestimmt, ob Sie mit ihr glücklich sind und es auch bleiben können.

Die Hauptsache ist, dass Sie ehrlich zu sich selber sind: Wenn es Ihnen Kopfzerbrechen bereitet, dass Ihre Liebste über 500 Kilometer entfernt von Ihnen wohnt, Ihr Herz aber nur noch für sie schlägt, dann suchen Sie gemeinsam mit Ihrer Traumfrau eine Lösung. Natürlich kann auch das Gegenteil der Fall sein. Wenn Sie eine Beziehung eingegangen sind, bei der Sie nicht mit Herz und Seele dabei sind, dann hilft es nichts: Nehmen Sie Ihren ganzen Mut zusammen und machen Sie sich noch einmal auf die Suche nach der »Richtigen«.

Mein Haus ist dein Haus

Sie haben Ihre Traumfrau gefunden? Glückwunsch! Dann steht Ihrem Liebesglück eigentlich nichts mehr im Wege. Und vermutlich wird nun ganz schnell der Wunsch auftauchen, mit der geliebten Frau auch Tisch und Bett zu teilen. Zusammenzuziehen ist eine der großen Herausforderungen für jede Partnerschaft. Schließlich gibt man damit sein eigenes Reich auf, um sich mit der Partnerin ein neues zu schaffen. Bei fast allen Paaren steht ein gemeinsames Zuhause fest auf dem Plan für ihre Zukunft, doch die Verwirklichung ist manchmal gar nicht so einfach. Damit meine ich nicht die Schwierigkeit, eine geeignete Wohnung zu finden, sondern den großen Schritt, den beide Beteiligten machen, wenn sie ihr Hab und Gut in das gemeinsame Heim bringen. Damit auch dabei alles wie am Schnürchen klappt, habe ich ein paar kleine Tipps für Sie.

Gut geplant ist halb geräumt

Die meisten Frischverliebten können es kaum abwarten, endlich ein gemeinsames Zuhause zu haben. Das ist durchaus verständlich, denn einerseits will man ja so viel Zeit wie möglich miteinander verbringen, und andererseits kann das Pendeln zwischen zwei Wohnungen auf Dauer anstrengend werden – allein schon wegen der vielen Kleinigkeiten, die man gerade mal wieder am jeweils anderen Ort liegen gelassen hat. Trotzdem ist es besser, das Zusammenziehen nicht zu sehr zu überstürzen. Das Ganze soll schließlich nicht im Chaos enden, sondern mit einem schönen neuen Zuhause, und das gelingt umso besser, je klarer und gelassener man alles plant.

Gerade in der Anfangsphase einer Beziehung hat es manchmal sogar Vorteile, wenn noch jeder in seiner eigenen Wohnung lebt. So bleibt beiden eine Rückzugsmöglichkeit, und man kann sich in aller Ruhe richtig gut kennen lernen. Und sich aneinander gewöhnen, denn bei aller Liebe braucht es doch immer ein bisschen Zeit, sich vom Single-Dasein auf traute Zweisamkeit umzustellen.

Platzmangel tut selten gut

Falls weder Sie noch Ihre Partnerin eine verschwenderisch große Wohnung mit genügend Platz für eine halbe Fußballmannschaft Ihr Eigen nennen, würde ich Ihnen empfehlen, nach Möglichkeit lieber eine gemeinsame neue Wohnung zu suchen, als zu zweit in ein Single-Appartement zu ziehen. Ein Wohnzimmer und ein Schlafzimmer reichen zum Zusammenleben zu zweit notfalls schon auch, aber es sollte doch genug Platz vorhanden sein, um sowohl seine Modellautosammlung als auch ihr Schuhsortiment unterzubringen. Je nach Veranlagung braucht jeder außerdem etwas Raum für sich allein! Denken Sie also gemeinsam darüber nach, wie Sie gerne leben möchten, und machen Sie sich dann zusammen auf die Suche nach der dazu passenden Wohnung.

Um »Wohn-Probleme« gleich von Anfang an zu vermeiden, hilft vor allem eins: Unterhalten Sie sich schon vor dem Umzug darüber, wie die neue Wohnung sein soll und wie jeder von Ihnen sie gerne einrichten würde. Vor allem Frauen haben oft sehr konkrete Vorstellungen davon, wie ihr Zuhause aussehen soll. Und zwar bis in die Details – vermutlich weiß sie schon nach der ersten Wohnungsbesichtigung, wo welches Möbelstück stehen soll.

Wenn es Ihnen ganz recht ist, dass Ihre Liebste diese Planung komplett übernimmt, dann können Sie sich natürlich zuerst einmal zurücklehnen. Aber bitte nicht zu sehr, denn Sie werden vielleicht gebraucht, wenn es darum geht, Regale aufzustellen und Lampen zu montieren! Nur weil Sie ihr die Planung überlassen, bedeutet das ja nicht, dass sie auch die ganze Arbeit allein machen soll. Sagen Sie Ihrer Liebsten aber auch klar, dass sie bei der Einrichtung freie Hand hat, denn sonst wird sie Sie vermutlich ständig mit Fragen bedrängen.

Wenn Sie dagegen lieber das eine oder andere Wörtchen mitreden möchten oder schon genaue Vorstellungen vom Stil oder der Einrichtung haben, sollten Sie das so früh wie möglich sagen. Wenn Sie erst einmal beim Auspacken sind und Ihre Liebste im Geiste die Wohnung schon allein eingerichtet hat, ist es nämlich viel zu spät:

Leidige Diskussionen über jedes kleine Detail lassen sich dann kaum noch vermeiden. Setzen Sie sich also besser schon vorher in Ruhe mit ihr zusammen und planen Sie die neue Wohnung einfach gemeinsam durch – so wird aus einem möglichen Streitpunkt etwas sehr Verbindendes.

Auf dem Weg zum großen Glück

Sie wünschen sich, dass aus dem anfänglichen Verliebtsein dauerhaftes Liebesglück wird? Dann darf Ihnen jetzt eines nicht passieren: dass Sie sich zurücklehnen und den Dingen einfach ihren Lauf lassen. Die große Liebe will jeden Tag ein bisschen gepflegt werden, damit sie auf Dauer wachsen und sich festigen kann. An dieser Stelle möchte ich Ihnen weitere Tipps geben, wie Sie den Weg zum großen Glück sicher beschreiten können – und welche Sackgassen Sie dabei unbedingt vermeiden sollten.

Stolperfallen und wie man sie umgeht

Es gibt ein paar Dinge, die das frische Liebesglück ganz empfindlich stören können und im schlimmsten Fall sogar dafür sorgen, dass Mann oder Frau sich relativ schnell wieder »entliebt« – und das wäre doch zu schade. Die meisten Stolperfallen hängen damit zusammen, dass wir dazu neigen, in der Liebe etwas nachlässig zu werden, sobald die rosaroten Wolken erst einmal weggezogen sind. Ohne dass wir es merken, schläft unser zuvor so hellwaches Bewusstsein allmählich wieder ein wenig ein, und mit einem Mal wundern wir uns darüber, dass wir all die schönen Seiten der Zweisamkeit nicht mehr so intensiv spüren können.

Der größte Fehler, den viele Frischverliebte nach einer Weile leider ganz unbewusst machen, besteht darin, die Beziehung als selbstverständlich zu betrachten. Klar, wenn alles gut läuft, kann man doch wohl davon ausgehen, dass die Traumfrau einen über alles liebt und deshalb auf jeden Fall bei einem bleibt, oder?

Liebe ist nie selbstverständlich

Viele Männer vergessen dabei, dass sie sich in der ersten Phase der Verliebtheit natürlich von ihrer besten Seite gezeigt haben – und wenn die danach immer seltener zum Vorschein kommt, kann das zu Problemen führen. So manche Frau hat sich nach den ersten glücklichen Wochen und Monaten schon gefragt, wohin eigentlich der charmante, zuvorkommende und liebevolle Mann verschwunden ist, in den sie sich so unsterblich verliebt hat. Kein Wunder: Wenn der Partner sich plötzlich überhaupt nicht mehr um sie bemüht oder völlig unvermutete Seiten an ihm zum Vorschein kommen, weckt das natürlich Zweifel.

Es ist zwar logisch, dass wir nicht ständig zur Hochform auflaufen können wie in der ersten Verliebtheit. Aber wir sollten einer Frau, die wir lieben, doch immer zeigen, wie viel uns an ihr liegt. Und dazu gehört eben auch, dass wir einigermaßen regelmäßig unsere Qualitäten als Gentleman und Verführer hervorzaubern und ihr das Gefühl geben, dass sie immer noch etwas ganz Besonderes für uns ist! Außerdem bedeutet es, dass wir eventuelle schlechte Angewohnheiten aus unserer Single-Zeit dort lassen, wo sie hingehören – hinter uns! Keine Frau hat es gern, wenn ihr Liebster plötzlich das ganze Wochenende im Trainingsanzug auf der Couch vor dem Fernseher verbringt und kaum drei Worte mit ihr redet, nur weil er das früher eben auch so gemacht hat. Oder wenn er tagelang mit seinen Kumpels auf der Piste ist, ohne sich zwischendurch wenigstens mal kurz zu melden.

Klare Sache also: Wenn Sie in den ersten Wochen regelmäßig von jeder Geschäftsreise angerufen haben, sollten Sie daran auch noch gelegentlich denken, wenn Sie längst sicher sein können, dass Ihre Traumfrau zu Hause sehnsüchtig auf Sie wartet. Sonst wird sie sich womöglich eines Tages fragen, ob sie sich nicht doch in den Falschen verliebt hat … Denken Sie daran: Liebe ist nie selbstverständlich – und sollte es auch nicht werden, weder nach einer Woche noch nach 20 Jahren.

Rücksicht und Respekt

Keine Sorge, um Ihre große Liebe zu halten, müssen Sie natürlich nicht alle »Laster« aufgeben, die Ihnen als Single lieb und teuer waren! Sie sind ja hoffentlich bei der Suche nach der Richtigen immer so weit Sie selbst geblieben, dass Ihre Auserwählte in etwa wusste, was für ein Exemplar Mann sie sich da anlacht. Trotzdem gehört es zu einer guten Partnerschaft, dass man Rücksicht aufeinander nimmt und seine Partnerin mit allzu schlechten Angewohnheiten verschont. Genauso wichtig ist, dass man den Respekt voreinander nicht verliert. Sich zu lieben bedeutet nicht, dass man nachlässiger miteinander umgehen sollte als mit Leuten, die man nur flüchtig kennt. Ganz im Gegenteil! Schließlich hält man seine Partnerin im Grunde ja für etwas ganz Besonderes – und das sollten Sie sie auch spüren lassen.

Paare, die ständig vor anderen aufeinander herumhacken, die Geheimnisse und Peinlichkeiten öffentlich ausplaudern, sich entsetzliche »Kosenamen« geben und untereinander alle guten Manieren vergessen, sind im Fernsehen vielleicht ein Spaß – aber in der Wirklichkeit möchte doch niemand so etwas erleben.

Wenn Sie also wissen, dass Ihre Herzdame es hasst, wenn sie vor anderen Leuten »Hasi« oder »Schnuckiputz« genannt wird, sollten Sie das auch lassen. Wer weiß, dass seine Liebste alles, was man im Bett miteinander anstellt, als äußerst intimes Geheimnis betrachtet, der sollte das auch in einer Männerrunde nicht an die große Glocke hängen. Und wer plötzlich vergisst, dass Rülpser und andere Körpergeräusche nicht gerade den Erotik-Faktor steigern, und noch dazu die persönliche Hygiene auf einmal als unnötigen Luxus betrachtet, der sollte sich nicht wundern, wenn sich das negativ auf sein Liebesleben auswirkt. Zum gegenseitigen Respekt gehört eben auch, dass man sich nicht so benimmt, als wäre man ganz allein auf der Welt. Oder würde es Ihnen gefallen, wenn Ihre Bettgefährtin sich plötzlich in ein schmatzendes, fluchendes und ungepflegtes Ungeheuer verwandeln würde? Wohl kaum …

Die Liebe pflegen

Zum Glück gibt es eine ganze Menge Möglichkeiten, die Liebe zu hegen und zu pflegen und sogar kleine Schnitzer und Patzer wieder auszubügeln. Wer das eine oder andere Laster aus seiner Junggesellenzeit mit in die Beziehung gebracht hat, sollte die nächsten Zeilen besonders aufmerksam lesen: Denn er erfährt hier, wie er die Frau seines Herzens so glücklich macht, dass sie über kleine Charakterschwächen gerne hinwegsehen wird.

Magische Worte

Es sind schon ganze Bücher darüber geschrieben worden, wie gerne Frauen ein paar bestimmte Wörtchen hören – und wie selten wir Männer es schaffen, sie über unsere Lippen zu bringen. Sie haben es sicher schon erraten, es geht um den Satz der Sätze, der da lautet: »Ich liebe dich!« Das Problem liegt natürlich nicht darin, dass wir Männer Sprechstörungen hätten, die es uns unmöglich machen, diesen simplen Satz zu sagen. Meiner Meinung nach hören ihn die Damen nur deshalb nicht so oft, weil sie etwas Entscheidendes übersehen: Indem wir mit ihnen zusammenleben und ihnen treu sind, zeigen wir ihnen doch schon, wie sehr wir sie lieben! Dass sie dann noch zusätzliche Bestätigungen erwarten (und zwar morgens, mittags und abends – und am besten auch noch zwischendurch), beweist nur, dass es manchmal eben auch die Frauen sind, denen es an Verständnis für das andere Geschlecht fehlt.

Trotzdem, die besagten drei kleinen Worte sind der Schlüssel zum Herzen einer jeden Frau. Jedes Mal, wenn Sie sie über Ihre Lippen bringen, nutzen Sie damit eine der einfachsten Möglichkeiten, die es gibt, um Ihre Partnerin glücklich zu machen. Also – tun Sie's doch einfach hin und wieder …

Kleine Aufmerksamkeiten erhalten die Liebe

Für eine Frau zählt zu den größten Liebesbeweisen, wenn sie mit kleinen (oder größeren) Geschenken und Aufmerksamkeiten umworben wird. Die meisten erleben das nur, solange die Liebe noch ganz frisch ist. Dabei gibt es eigentlich keinen Grund, später damit nachlässig zu werden. Es muss ja nicht immer gleich ein Diamantring sein – mit jedem noch so kleinen Mitbringsel zeigen Sie, dass Sie an Ihre Liebste gedacht haben.

Die Klassiker unter den kleinen Geschenken sind immer noch Pralinen und Blumen – und beides erfüllt nach wie vor hervorragend seinen Zweck. Natürlich sollte man seiner Partnerin nicht gerade dann ihre Lieblingspralinen vor die Nase halten, wenn sie endlich standhaft ihre Diät macht. Und fanatische Naturliebhaberinnen erfreut ein kleines Blümchen im Topf um einiges mehr als der größte Strauß zum Tode verurteilter Schnittblumen. Im Zweifelsfall sind Blumen und Pralinen aber eine gute Wahl, wenngleich Sie Ihre Liebste inzwischen sicher gut genug kennen, um immer genau das richtige Mitbringsel auszuwählen!

Um einer Frau das Gefühl zu geben, dass Sie sie lieben, sind Sie jedoch weder auf den Konditor noch auf eine Floristin angewiesen. Das Wichtigste ist, ihre Vorlieben so gut zu kennen, dass Sie sie mit ihrer Lieblingszeitschrift, ihren Lieblingsfrüchten oder dem lang ersehnten Schal überraschen können – damit landen Sie garantiert den absoluten Hit. Je besser Sie wissen, was Ihre Partnerin mag, umso leichter können Sie ihr immer wieder eine kleine Überraschung bereiten. Es muss ja nicht täglich sein, aber hin und wieder macht es ihr einfach Spaß, beschenkt zu werden (und Ihnen hoffentlich, ihr etwas zu schenken).

Romantik über alles

Auch wenn Romantik nicht zu Ihren größten Stärken gehören sollte (womit Sie sicher nicht allein dastehen), ist sie doch etwas, das auf dem Weg zum großen Glück nicht fehlen darf. Fast alle Frauen sehnen sich so sehr nach Romantik in ihrem Leben, dass Sie Ihrer Partnerin wenigstens ab und zu eine kleine Dosis davon gönnen sollten!

Wie Sie das schaffen? Ganz einfach: Die beste Gelegenheit dafür bietet immer noch ein Candle-Light-Dinner in einem schönen Restaurant. Sprechen Sie Ihre Einladung am besten ein paar Tage vor dem geplanten Termin aus. Zwar werden Überraschungen immer als etwas ganz Besonderes angepriesen, doch die Erfahrung zeigt: Die Gefahr, dass die Dame genau an dem Abend schon etwas anderes vorhat oder einfach keine Lust hat, noch groß auszugehen, ist sehr groß. Wenn Sie sich schon vorher mit ihr verabreden, kann sie sich dagegen auf das Essengehen freuen, überlegen, was sie anziehen soll, ihrer besten Freundin davon erzählen und in gute Ausgehlaune kommen.

Außerdem werden bei ihr angenehme Erinnerungen an die Zeit geweckt, als Sie noch kein festes Paar waren und Sie sie zum Date ausgeführt haben. Glauben Sie mir: Daran denken alle Frauen besonders gerne zurück. Dieser Effekt lässt sich noch verstärken, wenn Sie von Zeit zu Zeit dorthin gehen, wo Ihr erstes Treffen stattgefunden hat, oder das Restaurant und genau den Tisch auswählen, an dem Sie sich zum ersten Mal geküsst haben. Die Erinnerung an die erste Verliebtheit ist für das große Liebesglück etwas besonders Wertvolles. Wissenschaftler haben herausgefunden, dass schon der Gedanke an die Zeit des Verliebtseins den Hormonspiegel ähnlich in Wallung geraten lässt wie damals.

Verjüngungskur für die Liebe

Nicht umsonst pflegen viele langjährige Paare kleine Rituale, die an die Zeit der großen Verliebtheit erinnern. Sie besuchen eine bestimmte Bar, fahren an einen gewissen Urlaubsort oder hören ihr gemeinsames Lied – Hauptsache, es ist alles ganz wie »damals«. Dadurch fällt ihnen all das wieder ein, was anfangs am meisten Faszination für den geliebten Menschen ausgelöst hat. Und das ist gut so, denn mit der Zeit legt sich manchmal ein Schleier über die Dinge, die man früher überaus liebenswert gefunden hat. Auch wenn Ihre Beziehung perfekt, harmonisch und liebevoll ist, wird die Erinnerung an diese besondere Zeit immer ein Kribbeln hervorrufen. Damit bleibt die gegenseitige Anziehungskraft so prickelnd und lebendig wie am Anfang.

Die Tücken der Kommunikation

Über die weibliche Art der Kommunikation wissen Sie ja inzwischen ganz gut Bescheid, und das haben Sie sicher schon das eine oder andere Mal genutzt. Dass es jetzt endlich mit der Richtigen geklappt hat, sollte jedoch kein Grund sein, alles einfach wieder zu vergessen! Ganz im Gegenteil wird Ihre Partnerschaft sehr davon profitieren, wenn Sie auch weiterhin auf eine gute Kommunikation mit Ihrer Liebsten achten.

Miteinander zu sprechen gehört zum Wichtigsten, was Sie für die Liebe tun können. Denn schließlich hat Ihre Gefährtin (genau wie Sie) eine einzigartige Persönlichkeit sowie eigene Meinungen und Ansichten über alles Mögliche – und die werden Sie noch lange nicht alle kennen gelernt haben! Nehmen Sie sich also vor allem genug Zeit, der Frau Ihres Herzens zuzuhören. Wer nebenbei fernsieht oder Zeitung liest, verpasst sicher das eine oder andere wichtige Detail, selbst wenn er an den richtigen Stellen »Ja, Liebling«, »Mhm« und Ähnliches einfließen lässt!

Zuhören als Liebeserklärung

Für viele Frauen ist es eine Liebeserklärung, wenn Sie sich abends Zeit für sie nehmen und sie Ihnen von ihrem Tag erzählen kann. Sie wissen ja: Kommunikation bedeutet für Frauen einfach alles. Und weil Sie nun einmal der wichtigste Mensch im Leben Ihrer Liebsten sind, möchte sie ihre Gedanken, Sorgen und Nöte mit Ihnen teilen! Das bedeutet nicht, dass Sie Abend für Abend nichts anderes mehr tun sollen, als ganz Ohr für die Erzählungen Ihrer Partnerin zu sein. Es festigt jedoch jede Beziehung (und damit auch das Liebesglück), wenn sie weiß, dass Sie ihr zuhören, wenn ihr das wichtig ist.

Gemeinsame Mahlzeiten bieten immer eine gute Gelegenheit, um miteinander zu reden (oder Ihrer Partnerin einfach nur zuzuhören – schließlich gibt es ja zum Glück genug Frauen, die eine Unterhaltung auch ganz allein bestreiten können). Wenn es Ihnen schwer fällt, gleich nach dem Aufstehen oder nach der Arbeit so viel zu hören zu bekommen, dann sagen Sie es Ihrer Liebsten einfach! Und zwar am besten nicht, wenn Sie gerade mitten im Redefluss ist, sondern in einem ruhigen, entspannten Augenblick. Bieten Sie ihr auf jeden Fall eine »Ausweichmöglichkeit« an, damit sie nicht denkt, Sie würden gar nichts mehr von ihr hören wollen.

Kommunikation nach Maß

Die meisten Frauen können es durchaus verstehen, dass ihre Männer beim Nachhausekommen erst einmal eine Ruhepause brauchen. Zumindest dann, wenn sie wissen, dass sie nach dem Abendessen bei einem Gläschen Wein wieder ganz Ohr für sie sind – und ganz entspannt noch dazu! In der ersten Verliebtheit fällt es oft schwer, sich vorzustellen, dass man einmal nicht mehr diese langen, tiefsinnigen Gespräche mit seiner Liebsten führt. Dennoch kommt es in vielen Beziehungen früher oder später dazu, dass kaum noch über Wünsche, Träume und Pläne geredet wird, sondern höchstens noch darüber, was es zu Essen geben soll und was das Fernsehprogramm zu bieten hat.

Falls Sie das erschreckend finden, haben Sie ganz Recht, denn dann ist die Liebe schon lange von der Gewohnheit überdeckt. Vielleicht ist man dann nur noch deshalb zusammen, weil man gar nicht auf die Idee kommt, dass es auch anders sein könnte. Damit es erst gar nicht so weit kommt, hilft vor allem eines: Reden Sie miteinander! Und zwar nicht nur über alltägliche Dinge, sondern über alles, was Ihnen wichtig ist: Zukunftspläne, Erinnerungen, Wünsche und Träume. Und über Ihre Liebe und darüber, was Ihre Liebste Ihnen bedeutet – so halten Sie Ihr Liebesglück lebendig und sorgen dafür, dass es auf Dauer halten kann, was alles andere als selbstverständlich ist.

Gemeinsame Unternehmungen

Sie möchten dafür sorgen, dass das Gefühl von Zusammengehörigkeit zwischen Ihnen wächst? Dass Sie mehr und mehr ein Team bilden, das gemeinsam durch dick und dünn geht? Und dass Sie sich in jeder Lebenslage besser kennen lernen? Dann sollten Sie unbedingt möglichst viel zusammen unternehmen. Als Paar ist man ja schon von Haus aus oft gemeinsam unterwegs – man geht aus, besucht Freunde, geht zusammen zum Shopping und vieles mehr. Neben diesen eher alltäglichen Dingen können Sie aber noch viel mehr miteinander erleben: nämlich bei Ausflügen und Reisen, die zu zweit einfach mehr Spaß machen.

Möglichkeiten dafür gibt es viele, und je nach Typ und Geschmack wird man verschiedenen Interessen folgen. Wer sich für Kultur begeistert, geht gemeinsam ins Museum oder besucht Ausstellungen in der näheren und weiteren Umgebung. Wer gerne Sport treibt, kann ein Skiwochenende, eine Radtour oder einen Ausflug in die Berge unternehmen. Vielleicht begeistert auch beide ein Wochenendtrip in eine große Stadt – mit Sehenswürdigkeiten, Shopping, Ausgehen und allem, was dazugehört.

Reisen verbindet

Reisen verbindet, das gilt besonders für frisch verliebte Paare. Sowohl im Club-Urlaub als auch auf einer Treckingtour passieren immer wieder kleine und große Abenteuer. Und je mehr gemeinsame Erinnerungen an aufregende Orte und interessante Erlebnisse man hat, desto stärker fühlt man sich miteinander verbunden. Ich kann Ihnen daher nur empfehlen, so bald wie möglich mit Ihrer Liebsten ins Auto oder in den Flieger zu steigen und neue Horizonte zu erkunden. Alles, was Sie gemeinsam unternehmen, stärkt das Wir-Gefühl zwischen Ihnen – und verschafft Ihnen einen Vorrat an gemeinsamen persönlichen Erinnerungen.

Wie bei allem, was man zu zweit unternimmt, ist es auch bei Ausflügen und Reisen wichtig, dass möglichst beide Partner mit der Gestaltung einverstanden sind. Wenn Sie darauf geachtet haben, sich eine Partnerin mit ähnlichen Interessen zu suchen, dann sollte es eigentlich kein Problem sein, etwas Passendes zu finden.

Zeigen Sie sich gegenseitig Ihre Welt!

Besonders interessant wird es dann, wenn Sie Ihrer Partnerin etwas zeigen können, das für sie noch Neuland ist, Ihnen aber am Herzen liegt – und umgekehrt. Denn sicher gibt es manche Dinge, die bisher nur für einen von Ihnen ein Thema waren und die er mit Begeisterung dem anderen zeigen möchte. Man kann die spannendsten Dinge kennen lernen, wenn man sich von seinem Partner etwas Neues nahe bringen lässt.

Wer auf diese Weise seine Interessen und auch sein bisheriges Leben mit seiner Liebsten teilt, der ist wirklich auf dem Weg zum großen Glück. Solange man sich dabei nicht von missionarischem Eifer übermannen lässt, sondern sich einfach gegenseitig die Möglichkeit bietet, über den eigenen Horizont hinauszusehen, ist jeder gemeinsame Ausflug auf Neuland ein ganz besonderes Erlebnis zu zweit.

Wenn Sie die Gemeinsamkeiten noch weiter stärken wollen, habe ich einen Geheimtipp für Sie: Lernen Sie zusammen etwas, was für Sie beide völlig neu ist. Ob es sich um ein Hobby, eine Sportart oder eine Sprache handelt, hängt ganz von Ihren Vorlieben und denen Ihrer Liebsten ab. Interesse sollte bei Ihnen beiden vorhanden sein. Es gibt kaum etwas Verbindenderes, als gemeinsam fremde Gebiete zu erforschen oder neues Wissen zu meistern. Die Erfahrung, zu zweit etwas Neues geschafft zu haben, schmiedet ein ganz besonderes Band zwischen zwei Partnern.

Warum auch Eigenständigkeit verbindet

Wer verliebt ist, der möchte am liebsten 24 Stunden am Tag an der Seite seiner Liebsten verbringen – und das am besten sieben Tage die Woche … So schön das vielleicht in der ersten Zeit sein mag, so schädlich kann es für die Beziehung werden, wenn Sie es damit übertreiben. Sicher, Nähe ist schön und wichtig für jede Beziehung. Und der Liebe tut es nur gut, wenn man viel gemeinsam unternimmt. Trotzdem sollte man es nicht so weit kommen lassen, dass man immer alles gemeinsam macht – denn dann geht man sich früher oder später ganz leicht gegenseitig auf die Nerven.

Tatsächlich verträgt das Liebesglück es nicht besonders gut, wenn man immer nur wie in einem Mobile umeinander kreist. Zur wahren Liebe gehören zwei eigenständige Persönlichkeiten, und die sollten in der Partnerschaft immer erhalten bleiben. Auch wenn man sich gegenseitig ergänzen möchte, will man sicher nicht voneinander abhängig sein. Das hätte mit Liebe und Glücklichsein auch kaum etwas zu tun. Wer dagegen bei aller Liebe eigenständig bleibt und sich weiterhin um seine eigenen Interessen kümmert, der hat seiner Partnerin viel mehr zu bieten. Erst aus einer gewissen Eigenständigkeit heraus ergeben sich immer neue Impulse, mit denen eine Beziehung und damit auch das Liebesglück bereichert werden kann.

Die glücklichsten Paare sind aus Erfahrung die, bei denen beide Partner auch außerhalb der Beziehung ein erfülltes Leben führen – mit Beruf, Freunden, Hobbys, eigenen Unternehmungen, eben einfach mit allem, was für sie besonders wichtig ist. Nur so bleibt das Verhältnis zwischen trauter Zweisamkeit und den dazugehörigen Gemeinsamkeiten einerseits und der eigenen individuellen Persönlichkeit andererseits ausgewogen.

Neue Impulse für die Partnerschaft

Wer auch einmal auf eigene Faust etwas unternimmt, hat für die Partnerschaft mehr zu bieten. Und bleibt einfach interessanter, da er einen kleinen Teil eigenes Leben behält, der unabhängig von der Partnerin stattfindet. Viele

Menschen verbringen auf jeden Fall eine Menge Zeit ohne Partner bei ihrer Arbeit. Wer sein Arbeitsleben allein jedoch nicht besonders erfüllend findet, sollte durch Sport oder Hobbys für einen gewissen Ausgleich sorgen. Wenn Sie auch außerhalb der Beziehung aktiv sind, haben Sie außerdem immer wieder etwas zu erzählen, und es gibt Seiten an Ihnen, die Ihre Partnerin nicht hundertprozentig kennt – das erhält die Spannung!

Allerdings sollten Sie kein Geheimnis daraus machen, was Sie außerhalb der Beziehung alles erleben, sondern die Liebste immer daran teilhaben lassen, indem Sie ihr genug darüber erzählen. Sonst kann es im schlimmsten Fall dazu kommen, dass sie sich ausgeschlossen fühlt oder sogar eifersüchtig wird – und das ist schließlich das Letzte, was Sie erreichen wollen!

Das Einzige, was ich in Bezug auf Eigenständigkeit nicht uneingeschränkt empfehlen würde, sind Männerabende oder Stammtische. Immerhin wird man dabei nur selten besonders aktiv, und viel zu erzählen hat man normalerweise auch nicht. Dafür werden Frauen leicht misstrauisch, wenn ihr Liebster sein Junggesellenleben auf diese Weise fortsetzen möchte – ganz abgesehen davon, dass es nicht besonders ansprechend ist, wenn ein verräucherter und nach Schnaps riechender Mann vor der eigenen Tür steht.

Das wahre Liebesglück

Die Liebe ist eine Kraft, die die Welt verändern kann. Es gibt unzählige Werke von Schriftstellern, Philosophen,

Psychologen und Soziologen, die versuchen, diese Kraft zu ergründen. Unabhängig davon bedeutet das wahre Liebesglück etwas ganz Persönliches, das für jeden Menschen anders aussehen und eine andere Bedeutung haben kann. Und dennoch gehören einige Dinge für praktisch jeden zur Liebe. Dazu zählen neben den intensiven Gefühlen und der erotischen Anziehungskraft, die der Partner in einem auslöst, vor allem Vertrauen, Verantwortungsbewusstsein und Anerkennung.

Vertrauen

Ohne gegenseitiges Vertrauen kann keine Partnerschaft dauerhaft funktionieren; wenn es fehlt, entstehen schnell Ängste, Eifersucht und Misstrauen – Gefühle, die die Beziehung früher oder später zerstören. Wenn Sie Ihr Liebesglück ein Leben lang genießen wollen, sollten Sie also auf jeden Fall dafür sorgen, dass Ihre Partnerin Vertrauen zu Ihnen hat – und ihr selbst so viel Vertrauen wie möglich entgegenbringen.

Das beste Mittel dafür besteht darin, immer offen zu bleiben und sich gegenseitig so zu akzeptieren, wie man nun einmal ist. Schließlich haben Sie sich ja viel Mühe gegeben, die richtige Frau zum Glück zu finden. Daher sollte Ihnen das eigentlich nicht besonders schwer fallen! Außerdem bedeutet Vertrauen, dass man ehrlich zueinander ist und über alles spricht, was einem am Herzen liegt. Wer seiner Liebsten zeigt, dass er immer ein offenes Ohr für sie hat und sie auf keinen Fall anlügen würde (außer vielleicht, wenn es um das geheime Weihnachtsgeschenk für sie geht), der hat die besten Aussichten, dass sie sich ihm gegenüber genauso verhält und ihm ihr vollstes Vertrauen schenkt.

Verantwortungsbewusstsein

Das Liebesglück hängt immer von den Menschen ab, die es miteinander suchen. Daher hat jeder selbst die Verantwortung dafür in der Hand, ob und wie er es findet. Indem Sie darauf geachtet haben, sich eine passende Partnerin zu suchen und nicht einfach nur auf äußere Anziehungskraft anzuspringen, sind Sie verantwortungsbewusst vorgegangen. Und wenn Sie seitdem mit Ihrer Liebsten glücklich sind, haben Sie es scheinbar richtig gut gemacht!

Um das Liebesglück zu halten, sollten Sie auch in Zukunft die Verantwortung dafür selbst in die Hand nehmen und nicht einfach darauf warten, was das Schicksal so bringt. In langjährigen, glücklichen Beziehungen fühlen sich die Partner fast immer für das Wohlergehen des anderen genauso verantwortlich wie für das eigene. Für sie ist Liebesglück nicht nur ein Geschenk des Himmels, sondern sie betrachten die Partnerschaft auch als eine Verpflichtung – im positiven Sinn. Sie sehen es als ihre Aufgabe an, dafür zu sorgen, dass man auch nach Jahren als Paar immer wieder Momente des Glücks miteinander erlebt.

Wer an seine Partnerschaft auf diese Weise herangeht, erhöht die Chancen auf dauerhaftes Glück ganz gewaltig. Die gegenwärtigen hohen Scheidungsraten basieren zum Teil auch darauf, dass viele Menschen nur eine geringe Frustrationstoleranz mit in die Beziehung bringen.

Sobald es einmal nicht nach Wunsch läuft, werfen viele lieber alles hin, statt gemeinsam mit dem Partner daran zu arbeiten, dass die Liebe auch schwierige Zeiten übersteht. Wenn Sie Ihr Liebesglück für das ganze Leben erhalten möchten, sollten Sie die Verantwortung dafür akzeptieren und dazu bereit sein, Zeit und Mühen zu investieren. Man muss nicht gleich heiraten, um sich in aller Form dazu zu verpflichten. Allerdings ist das Motto »In guten wie in schlechten Zeiten« sicher nicht das schlechteste!

Anerkennung

Anerkennung kann zweierlei bedeuten: Wer die Leistung eines anderen anerkennt, der bewundert sie und druckt seine Wertschätzung dafür aus. Wer jedoch eine andere Meinung anerkennt, der akzeptiert diese, auch wenn sie von seiner eigenen abweicht, und nimmt entsprechend Rücksicht.

Beide Bedeutungen sind für das wahre Liebesglück sehr wichtig. Schließlich möchte jeder für den Menschen, den er über alles liebt – in diesem Fall für Sie –, etwas Besonderes sein und seine Anerkennung und Wertschätzung spüren. Außerdem wünscht man sich, dass der andere einen so akzeptiert, wie man ist, und Rücksicht darauf nimmt, wie man selbst denkt und fühlt. Liebe bedeutet schließlich nicht, ein Wunschbild zu lieben, dem die Partnerin so gut es geht entsprechen muss. Wer wirklich liebt, der akzeptiert seine Partnerin mit all ihren Eigenheiten, er liebt sie, gerade weil sie so ist, wie sie ist.

Wer in seiner Beziehung darauf achtet, seine Partnerin

auch dann nicht abzulehnen, wenn sie gerade die eine oder andere Macke zeigt, der beweist, dass er sie liebt. Und wer noch dazu seine Anerkennung dafür ausdrückt, was für ein wunderbarer Mensch sie alles in allem doch ist, der macht sie vermutlich zur glücklichsten Frau der Welt.

Falls Sie sich jetzt fragen, was Sie davon haben, wenn Ihre Liebste sich geliebt und glücklich fühlt, will ich es Ihnen gerne verraten: Sie werden auch Liebe und Anerkennung von ihr bekommen. Denn wer viel Liebe gibt, bekommt viel zurück – keine Frau lässt es kalt, wenn sie einen so wunderbaren, liebevollen und aufmerksamen Partner hat! Sie wissen ja: Wenn Sie das wahre Liebesglück erleben wollen, dann sollten Sie auch aktiv werden. Indem Sie Ihrer Liebsten all Ihre Anerkennung zeigen, sind Sie genau auf dem richtigen Weg!

Wie Sie Rosen ernten

Eigentlich wissen Sie jetzt alles, was für ein erfülltes, glückliches Leben zu zweit wichtig ist. Sie haben die richtige Frau gefunden, ihr Herz erobert, und wenn Sie so weitermachen, wartet eine lange, wunderbare Beziehung auf Sie.

Die Liebe ist neben all ihrer Kraft etwas außergewöhnlich Schönes, das Sie in jedem Moment in vollen Zügen genießen sollten. Und sie entfaltet sich jeden Tag aufs Neue – daher liegt es ja so sehr in Ihrer Hand, dass sie auch auf Dauer so wunderschön bleibt wie in den ersten verliebten Stunden und Tagen.

Die besten Mittel dafür kennen Sie jetzt. Wer jeden

Tag etwas aus Liebe tut, der bewahrt seine Partnerschaft davor, irgendwann zur Gewohnheit zu werden. Es gibt ein altes Sprichwort darüber, dass derjenige, der sein Glück finden will, zuerst einmal mutig sein muss. Das bedeutet, dass man es selbst in der Hand hat, sein Glück – und damit auch sein Liebesglück – zu finden, und dass man dafür vor allem eines tun muss: immer wieder in positiver Weise aktiv werden. Und glauben Sie mir: Wer Rosen sät, der wird auch Rosen ernten …